錢穆先生全集

錢穆先生全集

［新校本］

中國學術思想史論叢

（五）

九州出版社

圖書在版編目（CIP）數據

中國學術思想史論叢．5／錢穆著．——北京：九州出版社，2011.5（2020.12重印）

（錢穆先生全集）

ISBN 978-7-5108-0894-4

Ⅰ.①中… Ⅱ.①錢… Ⅲ.①學術思想－思想史－中國－文集 Ⅳ.①B2-53

中國版本圖書館 CIP 數據核字（2011）第 046747 號

中國學術思想史論叢（五）

作　　者	錢　穆　著
責任編輯	劉瑞蛟　郝軍啓
出版發行	九州出版社
裝幀設計	陸智昌　張萬興
地　　址	北京市西城區阜外大街甲 35 號
郵　　編	100037
發行電話	（010）68992190/3/5/6
網　　址	www.jiuzhoupress.com
印　　刷	三河市東方印刷有限公司
開　　本	635 毫米×970 毫米　16 開
插頁印張	0.25
印　　張	26.25
字　　數	294 千字
版　　次	2011 年 5 月第 1 版
印　　次	2020 年 12 月第 3 次印刷
書　　號	ISBN 978-7-5108-0894-4
定　　價	498.00 元（全十冊）

目次

序 …………………………………………………………… 一

一 初期宋學 ………………………………………………… 一

二 盧陵學案別錄

三 論宋代相權 …………………………………………… 一五

* 四 論慶曆熙寧之兩次變政 …………………………… 二九

* 五 王荆公的哲學思想 ………………………………… 四七

* 六 明道溫公對新法 …………………………………… 五五

* 七 論關於荆公傳說之聞鵑辨姦兩案 ……………… 六九

八五

八　讀智圓閑居編..九七

九　讀契嵩鐔津集..一〇五

一〇　濂溪百源橫渠之理學....................................一二九

一一　論太極圖與先天圖之傳授................................一五三

一二　正蒙大義發微..一六七

一三　二程學術述評..一九九

一四　朱子心學略..二二三

一五　朱子學術述評..二六一

＊一六　略論朱子學之主要精神................................二八九

一七　周程朱子學脈論..二九七

一八　程朱與孔孟..三二五

一九　辨性..三三三

二〇　象山龍川水心..三九五

序

本册所收全屬兩宋。余之治宋代學術始自文學，自遍讀韓、柳兩集後，續讀歐陽永叔、東坡、荊公集，而意態始一變。始有意於學術文。進誦朱文公、王陽明兩集，又進而誦黃、全兩學案，有意改寫全氏學案，而學力未充，遂以擱置。時皆在余三十歲以前。自後乃致力於寫先秦諸子繫年，近三百年學術史，及國史大綱。三書成，已在抗戰中期，在成都曾寫此册所收之一部分。抗戰勝利後，在江南大學又續寫一部分。及新學案成，乃一意撰寫研朱餘瀋，述朱學之流衍，自元迄清。而朱子前諸家，迄未有所續論。今年事已衰，兩目失明，此册付印未能再校，略記其經過如此。

一九七八年春錢穆自識於士林外雙溪之素書樓，時年八十有四。

初期宋學

東漢儒學既衰，直要到北宋始復興。北宋儒學，應推胡安定（瑗）孫泰山（復）兩人爲肇祖。史稱兩人同學於泰山，攻苦食淡，十年不輟。安定得家書，上有「平安」二字，即投澗中，不復展，恐擾其心。他們用心如此，終爲此下儒學打開一出路。

首當注意者，是他們的重振師道。此乃王通所遊想，韓愈所力言，而至是始實現。孫復立泰山書院，其高第弟子石介，事師尤盡禮，時人謂：「魯人既素高此兩人，由是始識師弟子之禮，莫不嗟嘆之。」（歐陽修語。）而胡安定尤應推爲中國近代史上第一大教育家。他歷主蘇州、湖州教授，凡二十餘年，創興教法，開立科條；分設「經義」、「治事」二齋。「經義」則選心性疏通，有器局，可任大事者，使之講明六經。「治事」則一人各治一事，又兼攝一事，如治民、講武、堰水、歷算之類。使以類羣居講習，時時召使各論所學，爲定其理。或自出一義，使人人對，爲可否之，或即當時政事，俾之折衷。又提倡樂教，每公私試罷，諸生會合雅樂詩歌，諸齋平居亦自歌詩奏樂，琴瑟聲徹外。泰山書院純屬私人講學規模，蘇、湖講學，則爲正式的學校教育，不限於私人間。慶曆中，中央詔令下

蘇、湖取其法，著爲令，施於太學。又聘安定親來掌教。自東漢以下，朝廷博士制度已衰，社會亦無講學風，學業限於門第中，於是有佛家寺院，起而擔當社會教育之職責。儒學不敵佛教，此是一大原因。直至宋初國家教育與私人講學皆得復興，而儒學始重光，則安定之功最大。

第二當注意者，兩漢教育，重在經籍，偏重在書本上。博士講經，僅知章句家法，古文學興於民間，亦只偏重訓詁字義，東漢儒學之衰在此。依當時人語，則是有「經師」而無「人師」。經學中之微言大義，應知從人生實際事物着眼，不在書本之章句訓詁上。此一趨勢，直到北宋，纔見扭轉，於是乃有新經學之曙光。其時所注意者，不在易、春秋兩經。石介謂：「盡孔子之心者大易，盡孔子之用者春秋。是二大經，聖人之極筆，治世之大法。」此可謂是宋初新儒之共同意見。故孫復有春秋尊王發微，又有易說，胡瑗有易解，亦有春秋說，只因易、春秋同爲講明人事之書。伊川易傳頗承胡易，而其著精神處亦在實際人事，此乃宋初學風特徵。不僅與唐人尚文學詩賦有異，亦與漢人尚章句訓詁有別，從此始走上了儒學正路。

除卻易、春秋，他們又注意到洪範與周官。胡瑗有洪範口義，發明天人合一之旨。又詳引周官法以推演八政，乃由社會人事轉入政治制度。石介亦云：「周禮、春秋，萬世之大典。周禮明王制，春秋明王道。執二大典以興堯、舜、三代之法，如運諸掌。」稍後李覯遂有周禮致太平篇。此都是宋儒之通經致用。時代既與兩漢不同，斯其研尋之對象，亦自與兩漢有別。

第三當注意者，則爲宋儒之道統觀。孫、石二氏倡之尤力。孫復與張洞書，已言「自漢至唐不叛

二

不雜，惟董仲舒、揚雄、王通、韓愈」。石介更張其辭，其言道統，自韓愈以下，及於當代，則爲柳仲塗、士建中、孫明復。柳開初名肩愈，字紹先。嗣名開，字仲塗。卽謂有意開示塗轍。以今語譯之，卽一種打先鋒的啟蒙運動也。又自號補亡先生，卽欲補六經之亡缺，有意於如王通之續經。石介字守道，介如石，亦寓強立不反之意。其他如孫復是要光復舊傳統。士建中是要建中立極，重定新標準。只看此諸人之取名，已可見其一番蓬勃粗豪之氣象，正爲學術思想史上啟蒙革新時代所應有。石介旣師孫復，亦極尊柳開，其贈張績詩，卽以柳承韓。又有尊韓篇。又作怪說，以佛、老、楊億爲三怪。唐代正惟以釋、道指導人生，以文學應對世務，石介目之爲三怪，正爲宋初之一種文藝復興。又有中國論，則是一種中國本位文化運動也。又有唐鑑，大抵宋儒皆不喜唐，皆主復古，遵唐則不脫上述之三怪，惟有尊韓愈，乃能循之復古。此乃思想上一種革新啟蒙之大波，自此偏向理想，輕視現實。石介又有辨惑篇，謂天地間必然無有者三：無神仙，無黃金術，無佛。兩漢提倡六經，乃以戰國百家爲對象；宋初尊儒，則以唐代流行社會之佛、老爲對象。故其時新學風有三，一爲古文運動，卽是一種新文學運動。二爲新教育運動，尊孔孟，排老釋，打開門第傳統，寺院逃世、進士詩賦輕薄之三種舊格式，而創興新書院與學校講學制度，而人師尤要於經師。其三則爲變法運動，此則根據經術，發揚大義，擺棄古經籍之注疏訓詁束縛，而求實見之於當時人文大羣之公共事業。前兩路皆蹈襲昌黎，後一路則唐代人尚少開闢。如啖助、趙匡、陸淳之治春秋，雖能不惑於傳註，而仍未逮宋學精神。最多只算是打開了此下新注疏、新經學之大門，但不能說此等已是新儒學。故宋初論學，必推尊

董仲舒、揚雄、王通以至韓愈。揚、王爲其不縛於傳註，擬經、續經，能繼舊聖作新聖；董仲舒則漢創制，興一王大法，更是通經致用之好榜樣。至於馬融、鄭玄，則爲當時人所忽視。此爲漢學、宋學之主要分界處，所當特加注意者。

除卻上述三途，更有完養心性的大理論與其工夫所在，此乃以下宋學更重要的中心精神，即激於唐代之釋、老而來。在初期宋學中，北系孫復、石介一支，對此似少討論。南系安定一支，則接觸到此方面者較多。胡瑗在太學，以「孔、顏所好何學論」命題，即其證也。故北系重韓愈，而南系特重顏子。此是一絶大界線。安定高第門人徐積嘗謂：「人當先養其氣，氣完則精神全，所謂先立其大者也。」又作荀子辨，並謂情非不正，聖人非無情。此皆見安定一系與完養心性問題之研究較接近，故得遠爲二程開先也。徐積又云：

> 艮言「思不出其位」，正以戒在位者。若夫學者則無所不思，無所不言，以其無責，可以行其志。若云「思不出位」，是自棄於淺陋之學也。

是要主張無所不思，無所不言，正見初期的宋學精神。

初期宋學氣派之開闊，如胡瑗之道德，歐陽修之文章，范仲淹之氣節，堪稱鼎足之三峙，更與當時以甚大之影響。范仲淹爲秀才時，即以天下爲己任，自稱當「先天下之憂而憂，後天下之樂而樂」。

此與徐積言學者當「無所不思，無所不言」之意正相發明。故達而在朝，則爲大政治家如范文正。窮

而在野，則爲大教育家如胡安定。此乃初期宋學所謂明體達用之最要標準也。歐陽修爲文章直接韓

愈，而歐陽生平志事，亦不在文章。故曰：「文學止於潤身，政事可以及物。」其對佛教意見亦與愈

不同。韓愈闢佛，而歐陽不闢佛。著爲本論三篇，大意謂：「佛法爲中國患，其本在於王政闕，禮義

廢，故莫若修其本以勝之。」羅大經捫蝨新語謂：「此論一出，而韓愈原道所謂『人其人，火其書』

之語幾廢。」此可見其影響矣。故本論盛讚堯、舜、三代之爲政，舉其大者曰井田，曰禮樂，曰學校。

惟歐陽修頗主古今異宜。故曰：「儒者之於禮樂，不徒誦其文，必能通其用。不獨學於古，必可施於

今。」於周禮亦頗致疑點。於新莽、北周宇文之模古改制，皆有譏辨。(詳居士集進士策問。)而歐陽之於

經術，尤多達見，(有易童子問)疑河圖、洛書，疑春秋三傳。(有春秋論上、中、下。)於僞說亂

經，申駁不遺餘力，直有「百世以俟知者」之概。(可看居士集四十三廖氏文集序。)此見歐陽之於宋初，

實已邁進了一大步。而歐陽不喜談心性，(看居士集四十七答李詡第二書。)並於中庸多致疑難。其於「自

誠明謂之性」，「不勉而中，不思而得」諸語，均謂是空言，疑其傳之謬。(參讀進士策問。)故歐陽實是

初期宋學中一位氣魄寬大，識解明通，而又髦秀可愛之人物也。

但無論道德、文章、氣節、政事，會宗歸極，仍必歸宿到幾個基本的思想與理論上來。這就轉入

了宋學之第二期。與歐陽同時，接着有王安石、劉敞，兩人皆博學，旁及佛、老，又好談性理，與初

期宋學已不同。乃成爲在初、中兩期宋學的夾縫中人物。劉敞有公是先生弟子記與七經小傳。宋人經

學新說，多自《七經小傳》開先。其弟子記於歐、王兩家頗多評駁。蓋此三人學術路徑皆相近，而又交遊較密也。弟子記明白反對歐陽不談心性之態度，（凡兩條，已採入《學案》。）又辨荆公「太極為性，五行為情」說之不當。而論王霸意見，則與荆公相同。司馬溫公論王霸則與李泰伯同，與王、劉適成一對比。荆公刻深勝過廬陵，博大超於原父，彼乃是初期宋學一員押陣大將，而中期宋學亦已接踵開始了。

荆公思想，對當時有大貢獻者，舉要言之，凡兩項。一為王霸論，二為性情論。王、霸之辨原本孟子，但荆公別有新創。荆公謂：「王、霸之異在心，其心異則其事異。所謂心異者，王者其心非有求，為吾所當為而已。故王者知為之於此，不知求之於彼。霸者之心為利，而假王者之道以示其所欲。其有為也，惟恐民之不見而下之不聞。」此項辨論，推衍為以後之辨義、利。自東漢以下，儒者大羣福利之學衰，釋、老出世之學興。隋唐以下，天台、禪、華嚴繼起，特拈佛經「心、佛、眾生三無差別」一語，張皇幽眇，把佛的涅槃挽回到眾生的煩惱中來。說煩惱即淨土，眾生即佛，而綜綰之於一心。天台之「一心三觀」，華嚴之「理事無礙」，乃至「事事無礙」，禪宗之「本來無一物」乃至「本分為人」，皆已把佛家出世精神極度沖淡。然亦僅在消極方面立言，終缺一段積極精神。所為不同於莊老之玩世者，在其尚有一番宗教生活之嚴肅意味而已。因此在理論上，世、出世間終是兩橛。唐代人物，一面建功立績，在世間用力。一面求禪問法，在出世間討歸宿。始終是分為兩扇的人生觀。宋儒自胡安定、孫泰山、石徂徠

以下，都要回頭一意走向大羣福利政治教育一方面來。但對佛家理論，或效韓愈之昌言排斥，則如石

介。或師歐陽修之存而不論，自下功夫。到底未能將儒、釋疆界清楚分別或消融歸一。荊公直承胡、

范、歐陽而起，頗欲於道德、文章、事業三面兼盡。其於韓愈，亦已漸趨擺脫，而欲直接孟子。於佛

書亦多所探究。此皆已接近了中期宋學的精神。其王霸論直從心源剖辨，認爲王道、霸術相異，只在

一心。正如佛家心眞如門與心生滅門只是一心，更無別法。但眞如、生滅會一，最多只解淡了此些出世

要求，在世事上仍不能有積極性之建立；今謂王霸合一，則漢、唐事功全可卽是王道路脈，只在建志

運心處有不同。禪宗謂「運水搬柴卽是神通妙道」，惟運水搬柴僅是日常本分，今荊公辨王霸，亦猶

是運水搬柴之與神通妙道，而已把人生大羣積極價值扶植起來。此其由虛轉實、由反歸正之大綱節所

在也。

荊公又有大人論，謂：

孟子曰：「充實而有光輝之謂大，大而化之之謂聖，聖而不可知之謂神。」此三者皆聖人之名。

由其道而言謂之神，由其德而言謂之聖，由其事業言謂之大人。道存乎虛無寂寞不可見之間，

苟存乎人，則所謂德也。是以人之道雖神，不得以神自名，名乎其德而已。夫神雖至矣，不聖

則不顯。聖雖顯矣，不大則不形。稱其事業以大人，則其道之爲神，德之爲聖可知。故神之所

爲，當在於盛德大業。德則所謂聖，業則所謂大也。世以爲德業之卑，不足以爲道，道之至在

於神耳，於是棄德業而不為。夫為君子者，皆棄德業而不為，則萬物何以得生乎？故曰神非聖

不顯，聖非大不形，此天地之全，古人之大體也。

佛家有法、報、應三身說，又分自性身受用身，與變化身；荊公此論頗似之。「神」猶佛之法身或自

性身也。「聖」猶佛之報身或受用身。「大」即佛之應身或變化身也。三身即一佛，猶謂大人、聖人、

神人皆一聖。依荊公理論，則道德神聖皆即事業。大事業始是真道德，真神聖。佛家以法身為主，依

法身而有報身、應身，是謂由真轉俗。荊公則恰來一倒轉。以大人為主，依大人而有聖人、神人，則

為由俗顯真。何以大人即為聖神，事業即為道德，其本在心地。此在王霸論已經發揮，猶如佛家亦必

建本心地，始可縮真如門，生滅門為一，始可謂「生滅即涅槃，煩惱即菩提」也。今儒家亦建本心

地，始可謂事業即道德神聖，功利霸術即天德王道，所差只在心上。荊公新政即本此等見解，故青

苗、均輸持籌握算，不害其為王政。當時反對者，其理論立場，皆不能如荊公之高。故反對者自反

對，力行者自力行。只有程明道了解荊公哲學立場，故其反對理論亦頗不如同時人之褊狹也。

與荊公王、霸之辨意見相同者尚有劉原父（敞）。至李泰伯（覯）則謂：

天下無孟子可也，不可無六經。無王道可也，不可無天子。（常語）

此等意見，以今語譯之，猶謂寧可無好政治，卻不可無一中央統一政府。其意頗近荀子尚禮一派。司馬光意見與李覯大同。謂：

霸之為言伯也。齊桓、晉文，天子册命，使續方伯之職，謂之霸主。而後世學者，乃更以皇帝王霸為德業之差，謂其所行各異道，此乃儒家之末失也。(溫公集六十一答郭純長官書)

又曰：

合天下而君之之謂王，分天下而治之曰二伯。自孟荀而下，皆曰由何道而王，由何道而霸，道豈得有二哉！方伯，漬也，天子，海也，小大雖殊，水之性奚以異哉。(迂書道同)

此完全在名分上立論，與李覯意見大同。因溫公乃史學派，主經驗主義，與荊公為經學派、主理想主義者分歧。若論史實，溫公之說或為更得古史之真相。抑且溫公理論，亦同樣看重實際事業，不欲德、業分途，故說王、霸無二。當知此乃初期宋學一共同精神，由釋返儒，由出世思想轉回淑世主義，都先看重社會大羣福利事業，此則溫公、荊公之所同。惟溫公意見，終不能把心性、事業融成一片，仍在韓愈、歐陽修路上，仍跳不出唐人境界。荊公分辨王、霸，並非輕蔑事業，並非把德、業分

途。只有照荊公意見，始能把事業價值眞提高，始能把事業與道德神聖眞融成一片。其關捩則在從心地上建本，出世、入世，由此綰合。同時惟程明道對儒、釋思想，用過深切功夫，因此對荊公王霸論極表贊同。稍稍把此番理論，從大羣集體的政治意味上轉到小己性行的修養方面，便成爲義、利之辨。推衍之極，至南宋張南軒（栻）乃謂「只此心稍有所向便是利」。如此則義、利之辨，仍只建本於一心，仍只分辨於一心。故他們極尊董仲舒「正其誼不謀其利，明其道不計其功」之二語。其實此處並非看不起功利，只要把功利與心性打成一片。若拋卻心性而談功利，自然有一派人會拋卻功利而談心性，如是則最高仍在唐人境界下。今宋儒則要超越唐人，回復三代。此非只是歷史上之復古，乃是一種功利與心性之融成一片，卽世、出世之融成一片，亦卽是儒、釋融成一片之一種理想境界。乃思想史上之一種更深更進之結合也。溫公似乎未嘗接觸到此一難題，故其政治人格，雖爲此下宋儒所祖護，但在思想理論路線上，則宋人並不認爲是正統。朱子已謂「涑水格物未精」，元儒吳草廬（澄）甚至謂其尚在「不著不察」之列。荊公之政治人格大受後人詆排，但在思想系統上，則始終有其不動搖的地位。朱子與陳龍川辨王霸、義利，一偏一圓之間，荊公的王霸論與大人論，不能不說在宋學上有大貢獻。到底事功須從心性中流出，而事功又包不盡心性，一有哲學頭腦的人也。精其理則聖人也。精其理之道，在乎致其一。致其一，則天下之物，可以不思而得也。」觀此知荊公確是一有哲學頭腦的人也。他要在萬物中求理，要在理中求一致。他的思想，在求高度的系統與組織，因此他在初期宋學中亦最爲卓出。

荊公尚有致一論，謂：「萬物莫不有至理，

一〇

其次要說及他的性情論。隋唐間佛家早已盛談心性，而儒家於此轉沉寂。韓愈、李翱始亦談論及

此，尤其是李翱之復性書，值得注意。他云：

人之所以為聖人者，性也。人之所以惑其性者，情也。情既昏，性斯匿矣。非水火清明之過。沙不渾，流斯清矣。煙不鬱，光斯明矣。情不作，性斯充矣。性與情不相無，然無性則情無所生，是情由性而生。情者，性之動也，百姓溺之而不能知其本。聖人者，人之先覺者也。覺則明，否則惑。惑則昏，明與昏謂之不同。性本無有，則同與不同離矣。夫明者所以對昏，昏既滅，則明亦不立矣。(復性書上篇)

或問曰：「人之昏久矣，將復其性者必有漸，敢問其方。」曰：「弗慮弗思，情則不生。情既不生，乃為正思。正思者，無慮無思也。」(中篇)

此文，顯然是陽儒陰釋。開頭即曰「人之所以爲聖人者性也」，此即襲佛性義。其性、情分說，正是心眞如門與心生滅門之老圈套。「弗思弗慮乃爲正思」，此是禪宗大綱領。但佛家本求出世，儘可弗思弗慮。儒家主張淑世，卽「思不出其位」尚須矯正，應該無所不思。情、思相生，卻不能說有思無情。故必主張情非惡，始可把人生扭轉到積極正面來。在西方文藝復興時代，把人生由靈魂挽轉到肉體。同樣有似於北宋之初期，如徐積、劉敞諸人，都主張人情非惡，都要駁擊荀子。當知如此立論，

始可由釋轉儒。荊公在此方面亦有大貢獻。他的性情論，亦在駁斥李翱的性善情惡論。他說：

喜怒哀樂未發於外而存於心，性也。喜怒哀樂發於外而見於行，情也。性者情之本，情者性之用，性情一也。

若夫善惡則猶中與不中也。曰：「然則性有惡乎？」曰：「孟子曰：『養其大體為大人，養其小體為小人。』揚子曰：『人之性善惡混。』是知性可以為惡也。」（性情）

此處荊公主張性、情一體，但又主張性亦可以為惡。佛有闡提性，天台宗已言之。荊公以未發存中為性，已發見行為情，則善、惡之辨正在未發、已發之際。人生萬不能不發，抑且無時不發，然則如何充善去惡，正當在此未發、已發之際。同時周濂溪說「幾善惡」，又主張「主靜立人極」，此下程門乃專以「未發以前氣象」開示來學，荊公路脈頗與相近。荊公又說：

太極者，五行之所由生，而五行非太極也。性者，五常之太極也，而五常不可以謂之性。太極生五行，然後利害生焉，而太極不可以利害言也。性生乎情，有情然後善惡形焉，而性不可以善惡言也。（原性）

然則荆公主張性可以爲善，亦可以爲惡，卻不主張性有善惡。劉敞反對其說，云：

太極者，氣之先而無物之物者也。人之性亦無物之物乎？聖人之言人性也，固以有之爲言，豈無之爲言乎？是亂名者也。（公是先生弟子記）

此一異同，後來宋學上成爲一嚴重之糾紛，而劉、王當時已啟其端。佛學到底對實際人生有厭離怯弱之意。荆公主張性、情一，情亦可以爲善，如此則一般性善情惡的意見已推翻，使人再有勇氣熱情來面對真實人生，此乃荆公在當時思想界一大貢獻。惟荆公以性分體、用言，（性者情之本，本即體也。）又分已發、未發前後兩截言，此等見解，實受佛家影響。先秦孔孟思想並不如此。孟子只就人情發露處指點說性善，這是一種人文的一元論，或惟實的一元論。並未在人情發露之前或裏，來推想另一個存中不發之本體。孟子只說「如火始然，如泉始達」，並未想到未然以前之火，與未達以前之泉。惻隱、羞惡、辭讓、是非皆指心，皆已發，實即皆指情。是非亦只是情，乃是一種辨析是非之情，並不指一種曉辨是非之知。曉辨是非之知，非盡人能有。辨析是非之情，則人人有之。不論辨得對不對，總之他要辨析。猶之羞惡之情，人人有之，然亦有用來羞惡惡衣惡食者。惻隱之情人皆有之，然亦有婦人姑息與下井救人者。然此皆無害於性之善。孟子論性，即指人情之發露，並未說別有一未發本體。已發、未發之說，起於中庸。而後人說此未發本體，則實自佛家真如涅槃的意境下脫胎化出。可惜劉原

父對此並沒有詳明深透的辯駁，此問題遂成爲將來宋學上極費分疏的一件事。

今若隨宜劃分周、邵、張、程爲第二期宋學，則初期、二期之間，顯有不同。初期氣魄較濶大，二期思想較深密。擬之孔門，初期略如先進弟子回、賜、由、求，二期略如後進弟子游、有、曾。只荆公議論入細，已接觸到二期思想上的主要問題。如其辨性、情，實頗近濂溪。此後晦翁仍沿此路。惟二程覺到劃分性、情爲先後二截之不妥，但亦不能深切糾正。明道對荆公頗極欣賞，謂：

> 卻實在塔中，去相輪近也。（語錄一）

> 介甫談道，正如對塔說塔上相輪，某則直入塔中，辛勤登攀。雖猶未見相輪，能如公之言，然

是明道只說荆公工夫未到家，卻仍佩服他見地，佩服他能說。又謂荆公「舊年說話煞得」。又曰：「介甫所見，終是高於世俗之儒。」當時亦謂程伊川「不偏之謂中，不易之謂庸」即荆公語。（晁說之說。）朱子亦謂荆公新經儘有好處。又云：「某嘗欲看一過，與摭撮其好者而未暇。」又曰：「易是荆公舊作，卻自好。」又曰：「介甫解書亦不可不看。」王、程兩家經學，直到南宋還是對立並行，故紹興二十五年有「取士毋拘程頤、王安石一家之說」的詔書，可見荆公學術思想在宋學中之地位與力量。

盧陵學案別錄

宋元學案卷四盧陵學案，目錄云：「全氏補本。」然全氏此卷底稿已殘缺，今本特王梓材以意葺錄者。僅據謝山學案劄記鈔入易童子問三卷，又據謝山序錄鈔文集本論中、下兩篇，殊不見盧陵論學精神，且亦恐非謝山意也。爰就盧陵文別錄數篇，稍見其大體焉。

盧陵論學，首宜大書特書者，厥爲其對於經學之見解。今居士集卷四十三有廖氏文集序曰：

自孔子歿而周衰，接乎戰國，秦遂焚書，六經於是中絶。漢興，蓋久而後出。其散亂磨滅，既失其傳，然後諸儒因得措其異說於其間。如河圖、洛書，怪妄之尤甚者。余嘗哀夫學者知守經以篤信，而不知僞說之亂經也。屢爲說以黜之，而學者溺其久習之傳，反駭然非余。以一人之見，決千歲不可考之是非，欲奪眾人之所信，徒自守而世莫之從也。余以謂自孔子沒，至今二千歲之間，有一歐陽修者爲是說矣，又二千歲，焉知無一焉與修同其說也？又二千歲，將復有一人焉，然則同者至於三，則後之人不待千歲而有也。同予說者既眾，則眾人之所溺者，可勝

而奪也。夫六經非一世之書，其將與天地無終極而存也。以無終極視數千歲，於其間，頃刻

爾。是則余之有待於後者遠矣，非汲汲有求於今世也。

之遺文百餘篇，號朱陵編者，其論洪範，以為九疇聖人之法爾，非有龜書出洛之事也。余乃知

不待千歲，而有與余同於今世者。始余之待于後世也，冀有因余言而同者爾。若侟者，未嘗聞

余言，蓋其意有所合焉。然則舉今之世，固有不相求而同者矣，亦何待於數千歲乎？……知所

待者必有時而獲，知所畜者必有時而施。苟有志焉，不必有求而後合。余嘉與侟不相求而兩得

也，於是乎書。

衡山廖倚與余遊三十年，已而出其兄偁

按：此文作於嘉祐六年，可見廬陵治經之意態矣。其易童子問疑十翼，春秋論（上、中、下三篇，居士集

卷十八）疑三傳，爲詩本義不守毛、鄭，皆不輕信前人傳注舊說，而獨窮遺經於二千歲之上者。王厚

齋曰：「歐陽公以河圖、洛書爲怪妄。東坡云：『著於易，見於論語，不可誣也。』南豐云：『以非所

習見，則果於以爲不然，是以天地萬物之變，爲可盡於耳目之所及，亦可謂過矣。』蘇、曾皆歐陽公

門人，而議論不苟同如此。」自今觀之，更可見廬陵之卓然特出，其所稱於廖偁者之洵不虛也。而於

當時特有關係者，則爲對於周禮之意見。今居士集卷四十八有策進士問數篇道其意云：

問：六經者，先王之治具，而後世之取法也。

書載上古，春秋紀事，詩以微言感刺，易道隱而

深矣,其切於世者,禮與樂也。自秦之焚書,六經盡矣,至漢而出者,皆其殘脫顛倒,或傳之老師昏耄之說,或取之冢墓屋壁之間,是以學者不明,其出最後,然其為書備矣。其天地萬物之統,制禮作樂,建國君民,養生事死,禁非道善,所以為治之法,皆有條理。三代之政美矣,而周之治迹所以比二代而尤詳,見於後世者,周禮著之故也。然漢武以為「瀆亂不驗之書」,何休亦云「六國陰謀之說」,何也?然今考之,實有可疑者。

夫內設公卿大夫士,下至府史胥徒以相副貳,外分九服,建五等,差尊卑以相統理,此周禮之大略也。而六官之屬,略見於經者,五萬餘人,而里閭縣鄙之長,軍師卒伍之徒不與焉。王畿千里之地,為田幾井,容民幾家,王官王族之國邑幾數,民之貢賦幾何,而又容五萬人者於其間。其人耕而賦乎?如其不耕而賦,則何以給之?夫為治者,故若是之煩乎?此其一可疑者也。

秦既誹古,盡去古制。自漢以後,帝王稱號,官府制度,皆襲秦故。以至於今,雖有因有革,然大抵皆秦制也。未嘗有意於周禮者。豈其體大而難行乎?其果不可行乎?夫立法垂制,將以遺後也,使難行而萬世莫能行,與不可行等爾。然則反秦制之不若也。脫有行者,亦莫能興,或因以取亂,使王莽、後周是也。則其不可用決矣。此又可疑也。然其祭祀衣服車旗,似有可采者,豈所謂郁郁之文乎?三代之治,其要如何?周禮之經,其失安在?宜於今者,其理安從?其悉陳無隱!

又問：「三王之治，損益不同，而制度文章，惟周為大備。周禮之制，設六官以治萬民，而百事理。夫公卿之任重矣，若乃祭祀天地日月宗廟社稷四郊明堂之類，天子大臣所躬親者，一歲之間有幾？又巡狩朝會師田射耕燕饗，凡大事之舉，一歲之間又有幾？而為其民者，亦有畋獵學校射鄉飲酒，凡大聚會，一歲之間有幾？又有州黨族官歲時月朔春秋醑禜詢事讀法，一歲之間又有幾？其齋戒供給期召奔走廢日幾何？由是而言，疑其官不得安其府，民不得安其居，萬民亦何暇修政事、治生業乎？何其煩之若是也？然說者謂周用此以致太平，豈朝廷禮樂文物，萬民富庶豈弟，必如是之勤且詳，然後可以致之歟？後世苟簡，不能備舉，故其未能及於三代之盛歟？然為治者果若是之勞乎？用之於今，果安焉而不倦乎？抑其設施有法，而弟弗深考之歟？諸君子為言之！」

按：此問在仁宗嘉祐二年，程顥、張載、朱光庭、蘇軾、蘇轍、曾鞏皆以是科及第。前策尚在嘉祐二年前，李覯作周禮致太平論則在皇祐四年。

宋儒自胡安定以經義、時務分齋講學，一時風氣競務於通經致用，盱江李泰伯遂為周禮致太平論；及王介甫用事，乃依會周禮行新法。此皆廬陵鄉人，接聞廬陵之風聲而起者。廬陵獨深不喜迂今論，及其致疑於周禮者，蓋有感於時論而發。及南渡以後，如葉水心、馬貴與之徒，皆競言周媚古之見。凡其致疑於周禮者，蓋有感於時論而發。及南渡以後，如葉水心、馬貴與之徒，皆競言周禮成法不足推行於後世矣。然水心仍擺脫偽見未盡，顧以譏盧陵謂：「歐陽氏策，為三代井田禮樂而

發者五，似歎先王之道不得行於後世者；然其意則不以漢、唐爲非，豈特不以爲非，而直謂唐太宗之治幾乎三王；則不必論矣。」而不知此正廬陵之卓然特出於時流者。

廬陵論政制頗疑周禮，論心性又疑及中庸。今居士集策問有及此者，云：

問：「禮、樂之書，散亡而雜出於諸儒之記，獨中庸出於子思。子思，聖人之後也，其所傳宜得其眞，而其說有異乎聖人者，何也？論語云：『吾十有五而志于學，三十而立，四十而不惑，五十而知天命。』蓋孔子自年十五而學，學十五年而後有立，其道又須十年而一進。孔子之聖，必學而後至，久而後成，而中庸曰：『自誠明謂之性，自明誠謂之教。』自誠明，生而知之也；自明誠，學而知之也。若孔子者，可謂學而知之者。孔子必須學，則中庸所謂『自誠而明』，不學而知之者，誰可以當之歟？堯用四凶，其初非不思也，蓋思之不能無失耳，故曰『惟帝其難之』。舜之於事，必問於人而擇焉，故曰『舜好問』。禹之於事，己所不決，人有告之言，則拜而從之，故曰『禹拜昌言』。湯之有過，後知而必改，故曰『改過不吝』。孔子亦嘗有過，故曰：『幸，苟有過，人必知之。』而中庸曰：『誠者不勉而中，不思而得。』夫堯、思慮常有失，舜、禹常待人之助，湯與孔子常有過；此五君子者，皆上古聖人之明者，其勉而思之，猶有不及，則中庸之所謂『不勉而中，不思而得』者，誰可以當之歟？此五君子者，不足當之，則自有天地已來，無其人矣。豈所謂虛言高論，而無益者歟？夫孔子必學而後至，堯

之思慮或失，舜、禹必資於人，湯、孔不能無過，此皆勉人力行不怠有益之言也。若中庸之誠明不可及，則怠人而中止，無用之空言也。故予疑其傳之謬也。吾子以為如何？

自唐李翱復性書盛推中庸，宋儒尤樂道，范文正亦爾，廬陵疑之。蓋不徒疑中庸也，凡當時言心、言性之說，廬陵皆不喜，居士集卷四十七有答李詡第二書暢論其意。書曰：

修白：前辱示書，及性詮三篇，見吾子好學善辯，而文能盡其意之詳。今世之言性者多矣，有所不及也，故思與吾子卒其說。修患世之學者多言性，故常為說曰：夫性，非學者之所急，而聖人之所罕言也。易六十四卦不言性，其言者，動靜得失吉凶之常理也。春秋二百四十二年不言性，其言者，善惡是非之實錄也。詩三百五篇不言性，其言者，政教興衰之美刺也。書五十九篇不言性，其言者，堯、舜、三代之治亂也。禮、樂之書雖不完，而雜出於諸儒之記，然其大要，治國修身之法也。六經之所載，皆人事之切於世者，是以言之甚詳。至於性，百不一二言之，或因言而及焉，非為性而言也。予之所謂不言者，非謂絕而無言，蓋其言者鮮，而又不主於性而言也。論語所載七十二子之問於孔子者，問孝問忠，問仁義，問禮樂，問修身，問為政，問朋友，問鬼神者有矣，未嘗有問性者。孔子之告其弟子者凡數千言，其及於性者，一言而已。予故曰「非學者之所急，而聖人之所罕言」也。書曰：「習與性成」，

語曰：「性相近，習相遠」者，戒人慎所習而言也。〈中庸〉曰：「天命之謂性，率性之謂道」者，明性無常，必有以率之也。〈樂記〉亦曰：「感物而動，性之欲」者，明物之感人無不至也。然終不言性果善果惡，但戒人慎所習與所感，而勤其所以率之者爾。予故曰「因言以及之，而不究」也。修少好學，知學之難，凡所謂六經之所載，七十二子之所問者，學之終身有不能達者矣。於其所達，行之終身有不能至者矣。以予之汲汲於此，而不暇乎其他，因以知聖賢所皇皇以是汲汲者，學之行之，或未至其一二，而好為性說，以窮聖賢之所罕言而不究者。執後儒之偏說，事無用之空言，此予之所不暇也。或有問曰：「性果不足學乎？」予曰：「性者，與身俱生，而人之所皆有也。為君子者，修身治人，而己性之善惡不必究也。」使性果惡邪？身不可以不修，人不可以不治。為君子者，修其身，雖君子而為小人，書曰：「惟聖罔念作狂」是也。能修其身，雖小人而為君子，書曰：「惟狂克念作聖」是也。治道備，人斯為善矣，書曰：「黎民於變時雍」是也。治道失，人斯為惡矣，書曰：「殷頑民」，又曰：「舊染汙俗」是也。故為君子者，以修身治人為急，而不窮性以為言。夫七十二子之不問，六經之不主言，或雖言而不究，豈略之哉？蓋有意也。使孟子曰人性善矣，遂怠而不教，則是過也。使荀子曰人性惡矣，遂棄而不教，則是過也。使揚子曰人性混矣，遂怠而不教，則是過也。或又問曰：「然則三子言性過歟？」曰：「不過也。」「其不同，何也？」曰：「始異而終同也。」

肆而不教，則是過也。然三子者，或身奔走諸侯以行其道，或著書累千萬言以告於後世，未嘗不區區以仁義禮樂為急，蓋其意以謂善者一日不教，則失而入於惡，惡者勤而教之，則可使至於善。混者驅而率之，則可使去惡而就善也。其說與書之「習與性成」，語之「性近習遠」，中庸之「有以率之」，樂記之「慎物所感」，皆合。夫三子者，推其言則殊，察其用心則一，故予以為推其言不過始異而終同也。凡論三子者，以予言而一之，則讀讀者可以息矣。予之所說如此，吾子其擇焉。

昔閻百詩辨偽古文尚書，毛西河語之曰：「姚立方，子之廖偁。」此以百詩之疑經辨偽上擬廬陵也。今觀廬陵此書，又儼然顧亭林之先聲矣。廬陵友人劉公是特辨之，又不啻張蒿菴之折亭林也。近人奉顧、閻為清學開山，謂其議論途轍，足以一反宋人之所為；豈謂宋學啟先，此等議論途轍，固已先清儒而有乎？

然廬陵雖疑經辨偽，不喜言心性，而廬陵胸中自有一番古聖人及所謂古聖人之道者在，其意可徵之於本論之上篇。（居士集第十七。）其言曰：

佛法為中國患千餘歲，世之卓然不惑而有力者，莫不欲去之。已嘗去矣，而復大集。攻之暫破而愈堅，撲之未滅而愈熾，遂至於無可奈何。是果不可去邪？蓋亦未知其方也。夫醫者之於疾

也，必推其病之所自來，而治其受病之處。病之中人，乘乎氣虛而入焉，則善醫者不攻其疾，而務養其氣，氣實則病去，此自然之效也。故救天下之患者，亦必推其患之所自來，而治其受患之處。佛為夷狄，去中國最遠，而有佛固已久矣。堯、舜、三代之際，王政修明，禮義之教充於天下，於此之時，雖有佛，無由而入。及三代衰，王政闕，禮義廢，後二百餘年，而佛至乎中國。由是言之，佛所以為吾患者，乘其闕廢之時而來，此其受患之本也。補其闕，修其廢，使王政明而禮義充，則雖有佛，無所施於吾民矣。此亦自然之勢也。昔堯、舜、三代之為政，設為井田之法，籍天下之人，計其口而皆授之田，凡人之力能勝耕者，莫不有田而耕之。斂以什一，差其征賦，以督其不勤。使天下之人力，皆盡於南畝，而不暇乎其他。然又懼其勞且怠而入於邪僻也，於是為制牲牢酒醴以養其體，弦匏俎豆以悅其耳目，因其死葬而為喪祭之禮，因其田獵而為蒐狩之禮，因其嫁娶而為婚姻之禮，因其飲食羣聚而為鄉射之禮。非徒以防其亂，又因而教之，使知尊卑長幼凡人之大倫也。故凡養生送死之道，皆因其欲而為之制。飾之物采而文焉，所以悅之使其易趣也。順其情性而節焉，所以防之使其不過也。然猶懼其未也，又為立學以講明之。故上自天子之郊，下至鄉黨，莫不有學。擇民之聰明者而習焉，使相告語而誘其愚惰。嗚呼，何其備也！蓋三代之為政如此，其慮民之意甚精，治民之具甚備，防民之術甚周，誘民之道甚篤。行之以勤，而被於物者洽，浸之以漸，而入於人者深。故民之生也，不用力乎南畝，則從事於禮樂之際。不在其家，則在乎學。

庠序之間。耳聞目見，無非仁義。樂而趣之，不知其倦。終身不見異物，又奚暇夫外慕哉？故曰：雖有佛，無由而入者，謂有此具也。及周之衰，秦併天下，盡去三代之法，而王道中絕。後之有天下者，不能勉彊，其為治之具不備，防民之漸不周，佛於此時乘間而出。千有餘歲之間，佛之來者日益眾，吾之所為者日益壞。井田最先廢，而兼并游惰之姦起。其後所謂蒐狩婚姻喪祭鄉射之禮，凡所以教民之具，相次而盡廢，然後民之姦者有暇而為佗。其良者，泯然不見禮義之及己。夫姦民有餘力，則思為邪僻。良民不見禮義，則莫知所趣。佛於此時乘其隙，方鼓其雄誕之說而牽之，則民不得不從而歸矣。幸而有一不惑者，方艴然而怒曰：「佛何為者，吾將操戈而逐之。」又曰：「吾將有說以排之。」夫千歲之患，徧於天下，豈一人一日之可為？民之沈酣，入於骨髓，非口舌之可勝。然則將奈何？曰：莫若修其本以勝之。昔戰國之時，楊、墨交亂，孟子患之，而專言仁義。故仁義之說勝，則楊、墨之學廢。漢之時，百家並興，董生患之，而退修孔氏。故孔氏之道明，而百家息。此所謂修其本以勝之之效也。今八尺之夫，被甲荷戟，勇蓋三軍，然而見佛則拜，聞佛之說則有畏慕之誠者，何也？彼誠壯佼，其中心茫然，無所守而然也。一介之士，眇然柔懦，進趨畏怯，然而聞有道佛者，則義形於色，非徒不為之屈，又欲驅而絕之者，何也？彼無佗焉，學問明而禮義熟，中心有所守以勝之也。然則禮義者，勝佛之本也。今一介之士，知禮義者，尚能不為之屈，使天下皆知禮義，則勝之矣。此自然

势也。

此意盧陵又時發之於試進士之策問。曰：

問：禮樂，治民之具也。王者之愛養斯民，其於教導之方，甚勤而備。故禮防民之欲也周，樂成民之俗也厚。苟不由焉，則賞不足勸善，刑不足禁非，而政不成。大宋之興八十餘歲，明天子仁聖，思致民於太平，久矣！而天下之廣，元元之眾，州縣之吏，奉法守職，不暇其他，使愚民目不識俎豆，耳不聞弦匏，民俗頑鄙，刑獄不衰，而吏無任責。夫先王之遺文具在，凡歲時吉凶聚會，考古禮樂，可施民間者，其別有幾？順民便事，可行於今者有幾？行之固有次第，其所當先者又有幾？禮樂興而後臻於富庶歟？將既富而後教之歟？夫政緩而迂，鮮近事實；教不以漸，則或戾民。欲其不迂而政易成，有漸而民不戾者，其術何云？儒者之於禮樂，不徒誦其文，必能通其用。不獨學於古，必可施於今。願悉陳之無讓！

按：此策在慶曆二年。

問：古者為治有繁簡，其施於民也有淺深，各適其宜而已。三代之盛時，地方萬里，而王所自

治者，千里而已，其餘以建諸侯。至於禮樂刑政，頒其大法而使守之，則其大體蓋簡如此。諸侯大小國蓋數千，必各立都邑，建宗廟，卿士大夫朝聘祭祀，訓農練卒，居民度土，自一夫以上，皆有法制。則其於眾務，何其繁也？今自京師至於海隅徼障，一尉卒之職必命於朝，政之大小皆自朝出，州縣之吏，奉行而已。是舉天下皆所自治，其於大體，則為繁矣。其州縣大小，邑間田井，訓農練卒，一夫以上，略無制度，其於眾務，何其忽而簡也？夫禮以治民，而樂以和之，德義仁恩，長養涵澤，此三代之所以深於民者也。政以一民，刑以防之，此其淺者爾。今自宰相至于州縣有司，莫不行文書，治吏事，其急在於督賦斂、斷獄訟而已。此特淺者爾。禮樂仁義，吏不知所以為，而欲望民之被其教，其可得乎？夫治大以簡，則力有餘，治小以繁，則事不遺。制民以淺則防其僻，漸民以深則化可成。此三代之所以治也，今一切悖古，以繁，故為國百年而仁政未成，生民未厚者，以此也。然若簡其當繁而繁其可簡，務其淺而忽其深，法政弛張盡淺深之術，諸侯井田不可卒復，施於今者何宜？禮樂刑欲使國體大小適繁簡之宜，諸侯井田不可卒復，施於今者何宜？禮樂刑政不可卒成，用於今者何便？悖古之失，其原何自？修復之方，其術何始？迹治亂，通古今，子大夫之職也，其悉心以陳焉！

大體言之，廬陵之學，猶是安定以來經義、時務並重之旨，即劉彝仲所謂「明體達用以為政教之本」者也。葉氏習學記言論之曰：「以經為正，而不汩於章讀箋註，此歐陽氏讀書法也。」又曰：「歐陽氏

語，文學止於潤身，政事可以及物。」故史稱：「學者求見，所與言未嘗及文章，惟談吏事。」其策問亦多為三代井田禮樂而發。然惜其耗心力於文章者猶多。其贈荊公詩云：「翰林風月三千首，吏部文章二百年。老去自憐心尚在，後來誰與子爭先。」而荊公酬之云：「欲傳道義心雖壯，強學文章力已窮。他日若能窺孟子，終身何敢望韓公。」故荊公論學，由文章、政事而寖寖及夫性道，然猶不免文章習氣，而於政事尤急切。至伊、洛出，始一掃文辭之習，而於政事亦置於後圖，惟汲汲以辨性明道為先。此則宋學先進、後進之所由異也。

（民國二十六年五月燕京大學文學年報三期）

論宋代相權

一

宋代政制號爲沿襲唐舊，然多所變異，如宰相職權之低抑，亦其一端。

唐代三省體制，宋雖存其名，而實際則甚不同。宋初宰相亦稱「同中書門下平章事」，實則但就中書內省爲政事堂，與樞密對稱「兩府」，亦曰「兩地」。其門下及中書外省，惟以他官主判，未嘗預聞政事。故宋史職官志謂：

宰相不專任三省長官，尚書、門下並列於外，又別置中書禁中，是謂政事堂，與樞密對掌大政。

樞密在唐代，起於代宗以後，僅如漢之中書謁者令。雖權任時稱侔宰相，然特以宦者任之，終非朝廷正職。五代梁有崇政使，任出納密命，蓋即唐之樞密，乃始更用士人，未專行事於外。至郭崇韜、安重誨爲之，始復唐樞密之名，而權侔宰相矣。然亦備顧問，參謀議於中，未預行事於外。至郭崇韜、安重誨爲之，始復唐樞密之名，而權侔宰相矣。然亦備顧問，參謀議於中，

相，武事任樞密。樞密之任既重，而宰相自此失職。（參通考卷五八樞密院。）宋代因之，遂分文事任宰相，武事任樞密，招置義軍刺配，軍分三邊，而宰相自此失職。

李昉等不知。招置義軍刺配，軍分三邊，而宰相自此失職。（參通考卷五八樞密院。）故太宗命曹彬取幽州，宰相不獲預聞兵事，是宰相

與樞密院計議，一日六召，而中書不預聞。（詳長編卷二七雍熙三年六月戊戌。）故太宗命曹彬取幽州，宰相不獲預聞兵事，是宰相

趙普等亦不知之。（田錫咸平集卷一上太宗答詔論邊事。）其伐遼獨與樞密院計議，一日六召，而中書不預聞。真宗時田錫上疏，謂：

之權已失其半，而國家軍政之不能振作，亦可想像而知。真宗時田錫上疏，謂：

樞密院公事，宰相不得與聞，中書政事，樞密使不得與議，致兵謀不精，國計未善，此政化鬱

埋之大者。（長編卷四三咸平元年二月乙未）

慶曆間，富弼知諫院，時西事方興，力論邊事係國安危，不當專委樞密。謂宰相當通知樞密院事。其時相臣遂皆加判樞密院。已而以判爲太重，改兼樞密院使，然不久而其制卽廢。仁宗亦謂軍國之務，當悉歸中書。樞密非古官，然未欲遽廢，則其意可知。及神宗時，元豐正名，百司庶官，各還本職，而樞密兵政獨不歸兵部。議者以爲言，上曰：

中國學術思想史論叢（五）

三〇

祖宗不以兵柄歸有司，故專命官以統之，互相維制，何可廢也？（宋史卷一六二職官志）

則宋室歷世相傳，其故抑相臣不使預知兵事之意，昭然若揭矣。

二

宋宰相既不得預兵事，而財政之權乃亦非宰相所能握，所謂「中書治民，樞密主兵，三司理財」。「三司」謂戶部、鹽鐵、度支。其先亦由唐肅宗以下，兵寇頻仍，經費竭蹶，故每以宰相兼判度支、鹽鐵。宋太祖開寶五年，嘗命參知政事薛居正，兼提點三司淮南、江南諸路水陸轉運使。明年，薛拜相，仍領轉運使事。又命平章事沈義倫兼提點劍南轉運使。蓋猶襲唐之遺制。然循是而後，則度支、鹽鐵與戶部三司，乃駸駸脫離相權而獨立。宋史職官志謂：

天下財賦，內庭諸司，中外筦庫，悉隸三司。（宋史卷一六一）

此在宋人，亦頗有非議。太宗端拱元年，著作郎直史館羅處約上疏，請復尚書省，曰：

臣以三司之制非古也。蓋唐中葉之後，兵寇相仍，以賦調箕權之所出，故自尚書省分三司以董之。然蠹弊相沿，為日已久。以臣所見，莫若復尚書都省故事，以今三司錢刀、粟帛、箕權、度支之事，均在二十四司，如此則各有司存，可以責其集事。今則金部、倉部，安能知儲廩、帑藏之盈虛，司田、司川，孰能知屯役、河渠之遠近。有名無實，積久生常。堆案盈几之籍，何嘗能省覽之乎？（宋史卷四四○本傳）

又淳化二年御史中丞王化基言五事：其一為復尚書省，亦主廢三司。真宗咸平二年，右司諫直史館孫何又言之。咸平四年，楊億上疏，亦謂：

卷一六八職官志

租庸箕權由別使總領，尺籍伍符非本司校定，事有所分，政非自出，周之六官於是廢矣。（宋史

仁宗嘉祐七年，司馬光為諫官，以天下財用不足，請建置總計使，其疏曰：

食貨者天下之急務，今窮乏如是，而宰相不以為憂者，以非己之職故也，臣願復置總計使之

官，使宰相領之。（長編卷一九六）

故王安石為相，首創「制置三司條例司」，以整頓全國之財政，而乃為舉朝所反對。溫公與呂惠卿論新法於神宗前，曰：

三司使掌天下財，不才而黜可也，不可使兩府侵其事。（東坡集卷三六司馬溫公行狀）

然則宰相不得預聞財政，而宰相之權又去其半矣。

仁宗時，范鎮疏乞中書樞密院通知兵民財利有云：

臣伏見周制，冢宰制國用，唐宰相兼鹽鐵、轉運，或判戶部，或判度支。今中書主民，樞密院主兵，三司主財，各不相知。故財已匱而樞密院益兵無窮，民已困而三司取財不已。中書視民之困，而不知使樞密減兵，三司寬財，以救民困者，制國用之職，不在中書也。（長編卷一七九）

夫以宰相當全國之大任，而不能預聞軍事，又不能預聞國用，則宰相之權任可知，而其所能建白者，亦有限矣。

及於靖康蒙難，宋室南渡，臣僚言：

宰相之職，無所不統。本朝沿五代之制，政事分為兩府，兵權付於樞密，比年又置御營使，是政出於三也。請罷御營司，以兵權付之密院，而以宰相兼知，庶幾可以漸議兵政。（宋史卷一六二職官志）

遂於建炎四年詔：「自今宰相兼知樞密院事。」（同上。）而臣僚又言：

近以宰相兼樞密院，蓋欲使宰相知兵也。宰相今雖知兵，而財穀出入之原，宰相猶未知也。望法李唐之制，委宰相兼領三司使職事，財穀出納之大綱，宰相領之於上，而戶部治其凡。（同上）

遂於孝宗乾道二年詔：「自今宰相可帶兼制國用使，參政可同知國用事。」（同上。）自此相權始復，然於大局已無補矣。

三

宰相之權，兵、財以外，官人進賢，最其大者。而宋之相權於此亦絀。

唐崔祐甫拜門下侍郎、同中書門下平章事，未踰年，除吏七八百員。（舊唐書卷一一九本傳。）張延賞拜平章事，是年除吏千五百員。（唐書卷一二七本傳。）李吉甫自翰林承旨拜平章事，謂裴垍曰：「吉甫自尚書郎流落遠地十餘年，方歸，便入禁署。今才滿歲，後進人物，罕所接識。宰相之職，宜選擢賢俊。卿多精鑒，今之才傑，爲我言之。」垍取筆疏其名氏，得二十餘人。數日之間，選用略盡。當時翕然稱吉甫有得人之譽。（舊唐書卷一四八裴垍傳。）李德裕起草縱橫，皆獨決。在位久，朝臣爲所抑者皆冤之，中貴人在上前言德裕太專。（舊唐書卷一七四本傳。）此唐代宰相有用人大權之略可見者。而宋代則用人之權復不在宰相。

宋史卷二九四蘇伸奏：

太宗皇帝始用趙普議，置考課院以分中書之權，今審官是也。

《涷水紀聞》載：

太宗患中書權太重，向敏中時為諫官，請分中書吏房置審官院，刑房置審刑院。熙寧間，置審官西院以主武選，於是改審官院為審官東院焉。

又《實錄》載：

淳化四年，以幕職州縣考課院歸流內銓，命翰林學士蘇易簡領其事，自後命近臣主之。淳化三年，詔置三班院，以崇儀副使蔚進掌之。先是供奉官等悉隸宣徽院，至是別置三班院以考殿最。自後多命近臣以主之。（通考卷五二吏部尚書）

此皆王室自攬用人大權之證。時議亦多反對。

《宋史柳開傳》，開建言：

宰相、樞密，朝廷大臣，委之必無疑，用之必至當。銓總僚屬，評品職官，內則主管百司，外則分治四海。今京朝官則別置審官，供奉、殿直則別立三班，臣欲望停審官、三班，復委中

書、樞密。（卷四四〇）

楊億上疏亦言曰：

國家慮銓擬不允，置審官之司。憂議讜或濫，設審刑之署。臣以為在於紀綱植立，不在於琴瑟更張。若辨論官材，歸於相府，卽審官之司可廢矣。詳評刑辟，屬於司寇，卽審刑之署可去矣。出納詔命，關於給事中，卽封駁之局可罷矣。（宋史卷一六八〈職官志〉）

是則宋設審官院剝奪相權，議其非者，固非一人也。

史稱：

宋太宗淳化時，因言「多士滿朝，朕試令索班簿閱之，求一材中轉運使三司判官者，了不可得，雖多亦奚以為？」宰相呂蒙正對曰：「臣職在辯論官材，總領眾職，而使陛下勞於求賢，臣等之罪也。」上曰：「人心不同如面，朕以求人之要莫若責舉主。」因詔蒙正以下至知制誥，舉有器業可任以事者各一人。蒙正奏曰：「臣備位宰相，可以進退百官，今獨舉一二人，示天下以臨。」上曰：「前代亦合有宰相舉官故事，可令史館檢討之，何謂無也？」蒙正等再拜退。

此爲宋太宗下奪相權，不任宰相以用賢進才之證。

（長編卷三六會要選舉二七）

史又稱：

寇準在中書，喜用寒畯，同列屬目。吏持例簿以進，準曰：「宰相所以器百官，若用例，非所謂進賢退不肖也。」眞宗罷準相位，曰：「寇準以國家爵賞過求虛譽，無大臣體。」（長編卷六二景德三年二月）

嗟乎，此何言也！若呂蒙正之對太宗，若寇準之告吏，皆所謂眞識宰相之體任者。而宋之爲君者皆不喜。故知宋代深抑相權，蓋由其猜防之傳統，非偶然也。

四

卻掃編載：

唐之政令，雖出於中書門下，然宰相治事之地，別號曰「政事堂」，猶今之都堂也。故號令四方，其所下書曰「堂帖」。國初猶因此制。趙韓王在中書，權任頗專，故當時以謂堂帖勢力重於勅命。尋有詔書曰：其後中書指揮事，凡不降勅者曰「劄子」，猶堂帖也。太宗至道中，廣州通判馮拯封中書劄子奏呈，且論除授不當，太宗大怒，曰：「拯既無過，非理遭降資，雖萬里之外，爭肯不披訴也。且前代中書有堂帖指揮公事，乃是權臣假此名以威福天下。太祖已令削去，因何卻置劄子？劄子與堂帖乃大同小異耳。」張洎對曰：「劄子是中書行遣小事文字，猶京百司有符牒關刺，與此相似，別無公式文字可指揮常事。」帝曰：「自今但干近上公事，須降勅處分。其合用劄子，亦當奏裁，方可行遣。」至元豐官制行，始復詔尚書省已被旨許用劄子。

又按丁謂談錄云：

近代宰臣節帥除拜出自宸衷，不欲預聞於外，故以隔日宰臣百官出後，密召翰林學士懷具員冊入禁闥上前議定。是夕草制，謂之「內制」。中夜進入，五更降出，以麻紙大書之。一行只可言之矣。權在君而不在相，相臣則惟止於畫勅。是則所謂「焉用彼相」矣。

是則太宗並不許相臣於公事自有指揮，一一當聽命於勅旨。而勅旨之權，復與唐異。此王曾筆錄已詳

三字，謂之「白麻」。何者？緣黃紙始自唐高宗朝以來，只是中書出勅得使之，所以內制用麻紙。翌日，乃以繡幞蓋於箱中，置於案上，謂之「麻案」，臺於御座左右。候進呈事退，即降麻而宣之。訖，送中書出勅寫官告年月先後，署執政參政宰相銜。

此亦可見宋代宰臣畫勅實際情形之一斑也。

再以臺、諫論之，二者設職本不同。唐諫議大夫拾遺補闕，專以諫天子爲職。而御史臺自爲一局，所以糾察百官之罪惡。宋則臺、諫漸混爲一，乃專以繩外朝，非以諫內廷。明道中，宰相李迪除二人爲臺官，言者謂臺官必由中旨，乃祖宗法也。上曰：「祖宗法不可壞也。若宰相自用臺官，則宰相過失，無敢言者矣。」迪等皆惶恐。仍詔：「自今臺官有闕，非中丞、知雜保薦者，毋得除授。」（長編卷一二三。）此一事也。

慶曆四年，並有「自今諫官毋得用見任輔臣所薦之人」之詔。知制誥田況嘗言：

唐兩省諫官，皆中書、門下之屬官也。今諫議大夫無復職業，自司諫、正言、知諫院，皆遺補之任，而朝廷責其言如大夫之職矣。（長編卷一四二慶曆三年）

蘇東坡亦言：

建隆以來，未嘗罪一言者。縱有薄責，旋卽超升。許以風聞，而無官長。仁宗之世，議者謂宰相但奉行臺諫風旨而已。（經進東坡文集事略卷二十四萬言書上神宗皇帝）

此又宋制以臺諫抑相權之顯證。

且宋之給舍爲所遷官，實不任職，而其職常以他官兼領。如張詠以樞密直學士，何剡以待制，皆嘗領給事中。富弼、歐陽修亦以他官領中書舍人知制誥。（通考卷五一職官考及宋史各本傳。）此等素所居官，本非宰相之屬，而得封還詔書。故宰相權益縮，無可展布。神宗時，秀州判官李定，以王安石薦召對，擢太子中允，除監察御史裏行。宋敏求知制誥，封還詞頭，復下蘇頌，次又至李大臨，亦均封還，並落知制誥，一時稱「三舍人」。（宋史各本傳。）此在唐代，封駁卽宰相之權，在宋代，封駁乃以掣宰相之肘，此又其異也。

宋史職官志謂：

三省、六曹、二十四司，類以他官主判，雖有正官，非別敕不治本司事。故中書令、侍中、尚書令不與朝政，侍郎、給事不領省職，諫議無言責，起居不記注，中書常闕舍人，門下罕除常侍，司諫、正言非特旨供職，亦不任諫諍。至於僕射、尚書、丞、郎、員外，居其官不知其職者，十

常八九。故仕人以登臺閣、升禁從為顯官，而不以官之遲速為榮滯，以差遣要劇為貴途，而不以階、勳、爵邑有無為輕重。時人語曰：「寧登瀛，不為卿。寧抱槧，不為監。」（卷一六一）

宋初設官用意如此。後之論者均謂宋制在於中央集權，而不知復與唐之中央集權異。唐代之中央，權在三省，在宰相。宋則寧可謂其集權於帝王之一身而已。故朝權之絀，宮權之升，此實考論宋代政制者一絕當注意之點。

五

抑宋之宰相，不僅無預聞軍事、財政、用人之權而已。且又有宰執不許接對賓客之禁。淳化間，王禹偁上言：「庶官候謁宰相，並須朝罷於政事堂，樞密使預坐接見。」太宗詔從之。謝泌上言極論謂：「庶官候謁宰相、樞密使見賓客，是疑大臣以私也。天下至廣，萬機至繁，陛下以聰明寄於輔臣，自非接下，何以悉知外事？若令都堂候見，則庶官請見咨事，略無解衣之暇。今陛下伏覩明詔，不許宰相、樞密使見賓客，是疑大臣以私也。天下至廣，萬機至繁，陛下以聰明寄於輔臣，自非接下，何以悉知外事？若令都堂候見，則庶官請見咨事，略無解衣之暇。今陛下囊括宇宙，總攬英豪，朝廷無巧言之士，方面無姑息之臣，奈何疑執政，為衰世之事乎？（宋史

史稱太宗覽奏，即追還前詔，並以泌表送史館。然考此後宋制，宰相不許私見賓客如故。故文彥博、富弼入相，詔三官郊迎，范鎮曰：

隆以虛禮，不若推以至誠。近制，兩制不得詣宰相居第，百官不得間見，是不推之以誠也。願除謁禁。（宋史卷三三七本傳）

此則當時宰相私謁仍有禁也。石林燕語謂：

祖宗時，執政私第接見賓客有數，庶官幾不復可進。自王荊公欲廣收人材，於是不以品秩高卑皆得進謁。（卷六）

是此禁例，至荊公始全除耳。

又宰相坐論之禮，亦自宋而廢。王文正筆錄謂：

舊制，宰相早朝，上殿命坐，有軍國大事則議之，常從容賜茶而退。自餘號令除拜，刑賞廢置，事無巨細，並熟狀擬定進入，上於禁中親覽批紙尾，用御寶可其奏，謂之「印畫」，降出奉行而已。由唐室歷五代不改其制，抑古所謂「坐而論道」者。國初范質、王溥、魏仁溥在相位，自以前朝相，且憚太祖英睿，具劄子，面取進止。自是奏御寖多，或至旰昃，啜茶之禮尋廢，固無暇於坐論矣。

六

聞見近錄則謂：

故事執政奏事，坐論殿上。太祖皇帝卽位之明日，執政登殿，上曰：「朕目昏，持文字近前。」執政至榻前，密遣中使撤其坐。執政立奏事，自此始。

四四

此雖小說野聞，要之自范質、王溥以來，相體失尊，異乎往古。此在朱子曾慨乎言之，謂：

古者三公坐而論道，方可仔細說得。如今莫說教宰執坐，奏對之時，頃刻卽退。文字懷於袖間，只說得幾句，便將文字對上宣讀過，那得仔細指點？且說無坐位，也須有個案子，令開展在上，指畫利害，上亦知得仔細。今項刻便退，君臣如何得同心理會事？六朝時尚有「對案畫勅」之語。若有一案，猶使大臣略憑倚細說，如今公吏們呈文字相似，亦得仔細。（語類卷一二八）

朱子之語如此。然則宋相之對其君，其體制尚不及公吏之對上司。宋室不振，大端實在此。而從來論史者皆忽之，故爲略疏其概要。相權一隳，萬事隨之。

（民國三十一年九月金陵、齊魯、華西三大學中國文化研究彙刊第二卷，一九五八年六月臺北宋史研究集轉載。其後又有增訂。）

論慶曆熙寧之兩次變政

北宋自真、仁以來，積貧積弱，已處於必變之局，不必上智，莫不望朝廷之一變以自奮。故先之以慶曆，繼之以熙寧，君唱於上，臣應於下。後世乃謂獨荊公主變法，非也。然宋之政局，有不得以不變而又不可驟變者焉，如冗吏之壅政，即其一也。

自隋、唐行科舉，門第之勢日消，進仕之途日廣，已有士多官冗之患，迄於宋而其病益顯。今約略言歷代官數，西漢自丞相至佐史凡十三萬二百八十五員，（哀帝時數，兼諸府、州、郡胥吏在內。）後漢七千五百六十七員，晉六千八百三十六員，後魏七千七百六十四員，（內官二千五百七十六員，（內官二千六百二十一，外郡、縣官九千九百九十五。）唐一萬八千八百零五員千五百八十一，外郡、縣官一萬六千一百八十五。）此雖未可確據，要之隋、唐官吏，較之前代遠增，則信也。

至於宋則冗官之患，見於當時之稱說者，殊不勝舉。曾鞏謂景德官一萬餘員，皇祐二萬餘員，治平并幕職、州、縣官三千三百餘員，總二萬四千員。（元豐類稿卷三十議經費。）是皇祐、治平官數一倍於景德，亦已遠勝於唐之盛時矣。據包拯奏疏，謂景德、祥符中，文武官總九千七百八十五員，今內外

四七

官屬總一萬七千三百餘員，其未授差遣京官使臣及守選人，不在數內；較之先期，繞四十餘年，已逾一倍多矣。隋、唐雖設官寖多，然未有如本期之繁冗甚也。（包孝肅奏議卷一論冗官財用等。）此與曾鞏所舉數不同，而大體則一。眞宗咸平四年六月，有司言減天下冗吏凡十九萬五千餘人，此不在官數。其減者如此，其存者可想。

官冗之患首在耗財。包拯謂：「冗吏耗於上，冗兵耗於下。欲救其弊，在乎減冗雜而節用度。」（同見上篇。）否則用度不節，財力愈困，因益貧而益弱，其他終無可爲。而官冗之患尤不止此，蓋官冗則百務壅腫，將使政事無可推行也。包拯之言曰：

近歲以來，多有指名臣下為朋黨者。其間奮不顧身，孜孜於國，獎善嫉惡，激濁揚清之人，尤被奸巧誣罔，例見排斥，進一賢士必曰朋黨相助，退一庸才亦曰朋黨相嫉；遂使正人結舌，忠眞息心，不敢公言是非，明示勸戒。此最為國之大患。（包孝肅奏議卷一言七事）

又曰：

頃歲大臣顓政，頗惡才能之士，有所開建則讒其近名，或云沽激，欲求進達，遂使才能之士莫敢自效。縱能不顧忌諱，指陳事理，固亦困於沮撓，無得而施用矣。（同見上篇）

此當時官場風習之絕好描寫也。問其何以而然，則在於進仕之路之太廣，冗官之太多，而范希文言之尤深切。

仁宗慶曆三年，既擢任韓、范、富諸賢，方銳意政事，欲興革企太平，屢督促陳當世急務，而諸臣遜遜勿敢言。仲淹語人曰：「上用我至矣，然事有後先，且革弊於久安，非朝夕可能也，是固先矚其難矣。」一日，仁宗開天章閣召對，賜坐給筆札，使疏於前；仲淹不得已，退而列奏，謂：「國家革五代之亂，垂八十年，綱紀制度，日削月侵。官壅於下，民困於外，夷狄驕盛，盜賊橫熾，不可不更張以救之。然欲正其末，必端其本，欲清其流，必澄其源。」遂陳十事，而首曰「明黜陟」，次曰「抑僥倖」，又次「精貢舉」，又次「擇官長」，莫非為澄清吏治發。其言曰：

今文資三年一遷，武職五年一遷，謂之磨勘。不限內外，不問勞逸，賢不肖並進。假如庶僚中有一賢於眾者，理一郡縣，領一務局，思興利去害而有為也，眾皆指為生事。必嫉之、沮之、非之、笑之，稍有差失，隨而擠陷。故不肖者素餐尸祿，安然而莫有為也。雖愚暗鄙猥，人莫齒之，而三年一遷，坐至卿監、丞郎者，歷歷皆是。誰肯為陛下興公家之利，救生民之病，去政事之弊，葺紀綱之壞哉？

自眞宗皇帝恩意漸廣，大兩省至知雜御史以上，每遇南郊並聖節，各奏子充京官，少卿監奏一子充試銜。其正郎帶職員外郎並諸路提點刑獄以上差遣者，每遇南郊，奏一子充齋郎。其大兩省等官，既奏得子充京官，明異於庶僚，大示區別，復更每歲奏薦，積成冗官。假有任學士以上官，經二十年者，則一家兄弟子孫出京官二十人，仍接次陞朝，此濫進之極也。（上引均見范

文正政府奏議卷上答手詔條陳十事）

又曰：

故欲謀政事之興革，必先澄清吏治，否則雖有良法美意，誰與行之？欲澄清吏治，則興學校育人才，其本也。然其事不可驟企。次則莫如明黜陟、抑僥倖。范、富因首請詔中書、樞密通選逐路轉運按察使，卽委使自擇知州，知州擇知縣，不任事者皆罷之。其議本起於歐陽修。而韓琦陳八事，曰「選將帥、明按察、豐財利、抑僥倖、進有能之吏、退不肖之官、去冗食之人、謹入官之路」亦在仲淹陳十事前。則仲淹十事，固是當時公議也。而仲淹主持之尤力，其選監司，取班簿，視不才者一筆勾之。富弼曰：「一筆勾之甚易，焉知一家哭矣。」仲淹曰：「一家哭何如一路哭耶？」遂悉罷之。史稱當時按察使多所舉劾，人心不自安。任子恩薄，磨勘法密，僥倖者不便，於是謗毀浸盛，而朋黨之論滋不可解。范、韓卒以是去位。

五〇

荆公用事，仲淹已卒，然韓、富、歐陽諸賢猶在也。此諸賢者，固已襄贊慶曆之變政於前，而又牴牾熙寧之新法於後者，夫亦荆公之措施，固自與仲淹異乎？今考荆公新法，大抵主於富強，特仲淹所陳十事之第五以下耳。（仲淹十事，五曰「均公田」，六曰「厚農桑」，七曰「修武備」，八曰「減徭役」，乃與荆公新政相當。）

又曰：

吾法雖美，使推行吾法者而非其人，將若何？荆公似未之措意也。且冗官耗財，國何以富？荆公一意求富，徒開爭競言利之門，今日之興事而邀功者，即昔日尸素謀沮撓之輩也。此輩日進，正人日退。而荆公不之悟，一意孤行，受其包圍，往日之沮抑范、富慶曆之變政者，一變而爲今日之逢迎荆公熙寧之新法焉。風氣變矣，而病源則一。仲淹固君子，不幸爲羣小所沮；荆公亦君子，乃更不幸而爲羣小所賣。後世因認宋代人才，皆由范仲淹宏獎培成，皆由王介甫摧殘變壞，非無故也。

朱子有言：

今世有二弊：法弊、時弊。法弊，但一切更改之，卻甚易。時弊，則皆在人，人皆以私心爲之，如何變得？嘉祐間，法可謂弊矣，王荆公未幾盡變之，又別起得許多弊，以人難變故也。

（語類卷一零八）

治愈大則愈難為，監司不如做郡，做郡不如做縣。蓋這裏有仁愛心，便隔這一重。要做件事，都被下面做翻了，上面如何整頓？（語類卷一百十二）

東萊之誠朱子亦曰：

向見論治道書，其間如欲仿井田之意而科條州郡財賦之類。此固為治之具，然施之當有次第。今日先務，恐當啟迪主心，使有尊德樂道之誠，眾建正人以為輔助，待上下孚信之後，然後為治之具可次第舉也。儻人心未孚，驟欲更張，則眾口譁然，終見沮格。

朱子又言：

此皆有懲於熙寧之覆轍而言也。

古者王畿千里而已，然官屬已各令其長推擇。今天下之大，百官之眾，皆總於吏部。下至宰執幹辦使臣，特其家私僕爾，亦須吏部差注，所以只是袞袞地鶻突差將去，何暇論其人之材否！今期廷舉事，三省下之六部，六部下之監寺，監寺卻申上六部，六部又備申三省，三省又依所申行下。只祠祭差官，其人不過在朝職事官，其姓名亦豈難記，然省中必下之禮部，禮部行下

太常，太常方擬定申部，部申省，省方從其所申差官。不知何用如此迂曲？只三省事亦然，尚書關中書取旨，中書送門下審覆，門下送尚書施行。又如既有六部，卽無用九卿。周家只以六卿分職，漢人只以九卿釐庶務，事各歸一。本朝建官，重三疊四，多少勞擾！此須大有為後痛更革之。若但宰相有志，亦不能辦，必得剛健大有為之君自要做時方可。（語類卷一百十二）

又曰：

國初緣藩鎮彊，故收其兵權，置通判官。今已無前日可防之弊，卻依舊守此法，可謂不知變也。只通判是要何用？緣者事事不管，只任知州自為，彊者又必妄作以撓郡政，是何益哉！

又曰：

官制不若且就今日之官罷其冗員，存其當存者，亦自善。（約見語類同卷）

此皆就「法弊」言之也。荆公之新政則苦於國庫之支絀而謀大興財利，又苦於冗官之雍格，新政不易推行，而別爲張官局以領其事。則是官益冗而財利匱，與影競走，其何能及耶？昔太史公以老、莊、

申、韓同傳，而曰：「老子深遠矣。」余觀於慶曆、熙寧之變政而亦云然。（元祐溫公復起，嘗議之八條，俾監司守臣察所部官吏，事未施行而議已中寢。此後朋黨之論大起，可知仍是包、范諸人所言病象也。）

（民國二十六年六月二十四日天津益世報讀書週刊一○五期）

王荆公的哲學思想

一

今天講王荆公的哲學思想。「哲學」一名詞，由西方譯來，在西方學術上，哲學是一套體系完整的思想結構。中國學術則很少有此同樣的一套。因此，好些人認爲在中國並未有嚴格的如西方般的哲學。本講所云荆公之哲學思想，乃指荆公思想之本原處而言。

人皆知荆公爲北宋一大政治家，許多人喜歡講荆公之政治思想及經濟思想等，至其一切思想之本原來歷，則很少人講到。荆公之言行事業，宋史記載頗多不合情實處。直到清代，荆公同鄉蔡上翔寫了一部荆公年譜。此書乃蔡氏以畢生之力爲之，旨在爲荆公辯誣。晚清戊戌政變後，梁任公避地日本，曾撰王荆公一書，列爲「中國六大政治家」之一。梁氏書大半取材於蔡譜，當時極爲傳誦。但其書亦不無疵病，有時將荆公的反對派，幾乎全寫成像是小人一流，這是很不妥的。司馬光反對荆公新

法，亦自有司馬光自己之見解與立場，不宜一筆抹煞。「不革命便是反革命」，近代這些褊狹觀點，在梁書中早見端倪了。自梁氏以後，寫文章標榜荊公的很多，都稱述其變法的那一套。此等皆有關政治思想、經濟思想方面，而很少人能敍述其思想本原之所在。我今天來講荊公思想，特就其本原處講。

二

我一向認爲講一家一派的學術思想，一定要從整部思想史上去講，要辨明其來龍去脈。見得每一思想都不是憑空而來，同時更要注意其與時代不可分之關係。荊公學術也是宋學中一支派。惜乎黃梨洲、百家父子所撰宋元學案原未完卷，後由史學家全祖望繼續完成之，然全氏所撰荊公新學略一編，畢竟是關於史學的多些，似乎並不夠說明荊公的思想。

要講荊公思想，該遠從唐代說起。那時佛學盛行，韓昌黎著原道，出力闢佛，要「人其人、火其書」。又撰師說，以傳道自負，說明中國文化自有其傳統與立足之點。到北宋，廬陵歐陽修慕效韓文，更崇拜昌黎之爲人。他有「文學止於潤身，政事可以及物」之言。他所著本論三篇，盛贊堯、舜、三代之爲政，舉其大者曰「井田」、曰「禮樂」、曰「學校」。謂：「佛法爲中國患，其本在於王政闕，禮義廢，故莫若修其本以勝之。」他認爲闢佛要從政治教化的根本上著手。這見廬陵見解比昌黎已進了

一步。荆公二十幾歲撰淮南雜說一書，此書殆已包含了荆公思想的根本見解。其友曾南豐鞏每稱道荆公學說於廬陵之門。廬陵寫信給荆公，勉其學昌黎。而荆公之志則在直接孟子。今從荆公學術思想上細看，荆公確實有見地，不能說他是盲目的自負。

三

遠從東漢以下，朝廷博士制陵替，社會又無自由講學之風，學術限於門第，於是轉由佛家起來擔當社會人文教化之職責。唐代更是如此。聰明有智慧的人，多有志出家做和尚，尋求究竟人生，看不起政治事業，認爲談政治只是第二義。論「道」、論「師」，都落在佛寺中。我們必知此項歷史經過，始見韓愈原道與師說兩文之重要。宋代有抱負的儒家，像范文正、王荆公，都想扭轉此風氣。荆公講求政治，講求社會事業，此與廬陵相同。而其思想本原，則又超過了廬陵一步。自荆公去世以後，二程學派所詣益精，但論其氣魄，則似轉趨狹隘，這是極可惜的。而後人又把荆公遺棄在此下宋學之外，那就更堪惋惜了。

或云，中國學術思想缺乏組織與條理。這還是依照西方人看法。西方思想多數栽根在宗教上、科學上。宗教講天、講上帝，科學講物。而中國思想傳統則有些上不在天，下不在物，主要只偏重在講

人，所謂「人文本位」。王靜安國維曾說：中國古人講「人性」，只當屬於心理學範圍。所謂「性」者，只是近代心理學上之所謂「本能」。此說實大值商談。

中國古人講人性，實是中國人文本位哲學中之一種形而上學。中國學術第一步先要講究的，便是這「人性」，我們不妨暫稱之爲「性論」。

第二步要講的應稱爲「德論」。中國思想注重人性，注重人之品德，尊重人的地位。即或講神、講上帝，亦必從人的本位出發講。西方人所講的「人格」，其初不出法律與財產上的意義，後來纔講到心理上。至於中國人講「人格」，則直從道德上、品性上的觀點來講，即中國人常講的「德」字。

中國思想第三步要講的應稱「道論」。「道」與「德」，可分作兩面看。德偏在講「個人」，道偏在講「大羣」，著重在羣治一面。如孔子，聖德崇高，但道窮不行，此是道與德之辨。

中國思想第四步要講的應稱爲「修養論」，此是講究實踐方法的。

性論論究人的「本質」問題，是人文本位之形上學。德論論究人的「行爲」問題，提出理想的人格來。道論重在提出「理想」的政治，與理想的社會。荊公在此幾部分都已論到，而且都講得很精微妥貼。

四

此刻先講荊公的「性論」。他將孟子的「性善論」，荀子的「性惡論」，揚子的「性善惡混論」，排列一起加以說明。他自己意見則是參酌孟、揚兩家。他著有揚孟一文，認爲善是人性之正，不善則是人性不正的一面。孟子所講，只是正面之性。但其所講之命，則兼命之不正者言之。荊公主張講性、命，均須兩面顧及，所謂：

　　賢不肖莫非性，尊榮壽考與厄窮死喪莫非命。

他同意孟子說法：

　　口之於味，目之於色，耳之於聲，鼻之於臭，四肢之於安逸，性也，有命焉，君子不謂性也。仁之於父子，義之於君臣，禮之於賓主，知之於賢者，聖人之於天道，命也，有性焉，君子不謂命也。

兩面兼講，而又側重下一面。

荊公又有一文題爲原性，引述荀子的話謂：

陶人化土而爲埴，埴豈土之性也哉？

荊公則謂：

陶人不以木爲埴者，惟土有埴之性焉，烏在其爲僞也？

荊公意在說明性固是出於天然的，然土化爲埴並未失土之性，只要人爲的成分（荀子之所謂「僞」）不違反其天然之性，便也不失其爲性了。

荊公第三文題爲性說，謂如能始終善而不變者是「上智」，老是惡而不變者是「下愚」，善而變惡、惡而變善者則是所謂「中人」。他說：

惟其不移，然後謂之上智。惟其不移，然後謂之下愚。非生而不可移也。

此是兼把後天修養來定性，此意亦可說與程朱論性有不同，須善加比較衡量。後來王船山在此方面有大發揮。

又一文題爲性情。一般人多說「性善情惡」，昌黎也就如此說。荆公則謂：

喜怒哀樂好惡欲，未發於外而存於心，性也。喜怒哀樂好惡欲，發於外而見於行，情也。性者情之本，情者性之用。

因此性惡則情亦惡，性善則情亦善，何有「性善情惡」之理？喜怒哀樂好惡欲，乃有情人類所共有。若沒有了這情，是不成爲人的。人性之善，不靠情來表達，又怎知其性之善呢？若論政教本原，而抹煞人情不講，又還有什麼可說的呢？人之爲人，不同於科學上之物，捨卻人情，便不能解釋人生的一切。後來程門要看喜怒哀樂未發之中的氣象，實不若荆公看重其「發於外而見於行」之「情」的說法來得平允。

其次講到荊公的「德論」，卽「人品論」。

荊公有一文，題爲大人論。他引孟子所云「充實而有光輝之謂大，大而化之之謂聖，聖而不可知之之謂神」之說，而把「大人」、「聖人」、「神人」三級平列起來講。他說：

由其道而言謂之神，由其德而言謂之聖，由其事業而言謂之大人。

而「聖」與「神」必立基在「大」上。大人之大，在乎其事業；聖則在於德，無德業可徵，則何從見其神？聖人之德具體化，則在事業上。講到事業，則修、齊、治、平，皆在其中了。神非聖不顯，聖非大不形。而所謂道、德、業與神、聖、大之三者，合而言之，則是所謂聖人了。

五

荊公又有另一文，題爲三聖人。此文講伊尹、伯夷、柳下惠三種人的類型。伊尹是：「何事非君，何使非民。治亦進，亂亦進」，所謂「聖之任」者。「後世之士，多進而寡退，苟得而害義」，便需要伯夷一型了。伯夷是：「治則進，亂則退，非其君不事，非其民不使」，所謂「聖之淸」者。「後

世之士，多退而寡進，過廉而復刻」，便需要柳下惠的一型了。柳下惠是：「不羞汙君，不辭小官，遺逸而不怨，阨窮而不憫」，所謂「聖之和」者。「後世之士多汙而寡節，惡異而尚同」，如此，又勢須矯之以伊尹之道了。但上述之三聖人「任」、「清」、「和」，乃是「因時之偏而救之，非天下之中道，故久而必弊」。於是不得不有孔子之所謂「可以速則速，可以久則久，可以仕則仕，可以處則處」。要行「聖之時」者之道，然後聖人之道大具，而無一偏之弊矣。然而孔子之道也不免有時而窮。此處可見荊公乃是不忍天下之弊，而要負荷天下興亡之重的。荊公之所以自待者蓋如此。

又有另一文，題名太古。因為有些人認為世衰道微，惟有復行古道」。可是「太古之人，不與禽獸朋也幾何」？荊公說，人們不明白古道裏面有其合乎當時時代要求之制作，古時之禮儀與今日之禮儀根本精神相同，而迹則不必同。不可徒襲其迹，而忽視權時之變。聖人貴乎權時之變。像老子一輩專要返諸自然，返諸太古，那豈非將把人類返諸禽獸之世了嗎？

六

再次講到荊公的「道論」。

荊公有一文，題名王霸，說明「王」、「霸」之所同及其所不同。王者之道，不離仁、義、禮、

王荊公的哲學思想

信。其心非有求於天下，認為乃我分內所當做而已。霸者之道，當然也不能撇開仁、義、禮、信不談。可是其心未嘗真求仁、義、禮、信，乃徒怕人家之譏評而勉示之以仁、義、禮、信而已。王之與霸，所以用者相同，而彼此之「存心」則大異。所謂：

　　心異則事異，事異則功異，功異則其名不得不異。

　　從三聖人與大人論兩篇之理論而言，「德」與「業」必所並重。而荊公又直從心理本源上去剖辨王霸之不同，乃開出以後理學家所極看重的「義利之辨」來。程、朱講義利，都從個人立心講起，雖若深了一層，然亦失之較狹，其實也並不能超乎荊公王霸論的範圍。荊公說：「王霸合一」，則漢、唐事功皆可說是王道路脈，只在其建志運心處有其不同。禪宗說：「運水搬柴即是神通妙道」，在人們看，運水搬柴不過是日常本分之事，今併論王霸，亦等於把運水搬柴說成神通妙道之意。荊公此文，可謂是把人生大羣之積極價值標揭與扶植起來了。從禪宗轉入儒學，荊公此文大可注意。

　　又一文名楊墨，他說：

　　楊墨之道得聖人之一而廢其百。由楊子之道則不義，由墨子之道則不仁。楊子之所執者為己，為己，學者之本。墨子之所學者為人。為人，學者之末。是以學者之事，必先為己。其為己有

餘，而天下之勢可以為人矣，則不可以不為人。

不先爲己而即爲人，適以爲天下害。楊子近於儒，因他還知爲己之務。可惜他止於爲己，不能達於大禹之道，乃其迷惑未達之徵。墨子棄本務而勤末務，廢人物親疏之別，可說是遠於道，則近乎荒謬了。荆公主張還是要從伯夷型做起。他初年便根本不肯出山，其後用世，亦是本其平素一段禹、稷、皋陶之心而出的。這一態度，可謂確是宋、明儒之共同態度。

七

其次應講到荆公之「修養論」。

荆公有兩文，一名禮樂論，一名致一論。禮樂論一文說明「禮樂所以養人之神，正人氣而歸正性」。他說衣食止在養人之形氣，禮樂則在養人之性。他太息於禮樂之意不傳，天下之言養生修性者，歸於浮屠、老子而已。

致一論一文說明：「萬物莫不有至理焉，能精其理，則聖人也。精其理之道，在乎致其一而已。」怎樣能致其一？「語道之序，則先精義而後崇德。及喻人以修之道，則先崇德而後精義」。而不外乎

六五

是「精義入神以致用，利用安身以崇德」。這是說實現理想人格、理想社會的實踐方法。荊公之所謂「致一」則近似朱子之「格物窮理」論。

荊公思想大體如上述。時間有限，不能詳說。我現在且提出程明道批評荊公的一段話來結束本題。明道說：

八

介甫談道，正如對塔說塔上相輪。某則直入塔中，殷勤攀登。雖猶未見相輪，非能如公之言，然卻實在塔中，去相輪近也。

明道之意，是說荊公有高遠的理想，精深博大的思想體系，有見地，說得明白，值得大家佩服。所差的是工夫一面，實踐一面。我們也可以說，荊公的性論、德論、道論都講得很好，修養論則較諸後起諸人確有未臻精密處，然而也是大端正確的。

荊公推行新法之初，果於自用，是大家所知道的。他退休之後，涑水爲相，一反他之所爲，新法

逐件論罷，荊公並不以爲意。直至「免役法」也廢了，荊公才表示「這一件都廢了嗎」的驚歎。免役法之廢止，卽如蘇東坡諸人也認爲不洽輿情。東坡一向雖反對荊公的新法，在荊公退隱南京時，卻特去看望荊公，兩人在詩文談論上很相得。此亦可見荊公晚年修養之一斑，非此篇所欲詳。

（一九五一年十一月二十九日香港新亞書院文化講座演講稿，曾收入新亞文化講座錄；此篇又有修正。）

明道溫公對新法

一　論明道與新法

荆公變法，舉朝持異議，明道亦其一。然明道態度，實與並時諸人不同。

考荆公初參大政，在熙寧二年之二月，而五月議學校貢舉。此乃自安定、泰山以來宋儒一絕大議論，慶曆變法所有意而未竟其功者。安石固非無來歷，朝臣亦多同意，而蘇軾已持異見。六月，呂誨即劾王安石巧詐十事。誨曾劾韓琦，又劾歐陽修，其劾安石，即溫公亦以爲詫。蘇軾則本主變法甚力。朱子語類謂：

> 荆公後來所以全不用許多儒臣，亦是各家都說得沒理會。如東坡以前進說許多，如均戶口、較賦役、教戰守、定軍制、倡勇敢之類，是煞要出來整理弊壞處。後來荆公做出，東坡又卻盡底

其駁學校貢舉事，尤爲文人巧辯。當時情形如此，荊公性拗，遂致藐視一世，決意孤行。

然明道於荊公，其先固爲贊助之一員。熙寧二年四月，條例司乞選官分行天下，察農田水利賦役，凡八人，爲劉彝、謝卿材、王廣廉、侯叔獻、程顥、盧秉、王汝翼、曾亢。伊川爲明道行狀，不載此事，因荊公新政既敗，遂諱之耳。而蘇轍爲三司檢詳文字，即致書宰相陳升之論其不便。（事在二年七月。）至謂：「役人之不可不用鄉戶，猶官吏之不可不用士人。」其言絕無理，宜乎荊公不之屈。是二蘇自始即反對荊公，而明道不然。

八月，明道以呂公著薦授太子中允兼御史裏行。其上殿劄子云：

君道之大，在乎稽古正學，曉然趨道之正。故在乎君志先定。君志定而天下之治成矣。夫義理不先盡，則多聽而易惑。志意不先定，則守善而或移。惟在以聖人之訓為必當從，先王之治為必可法，不為後世駁雜之政所牽制，不為流俗因循之論所遷惑。自知極於明，信道極於篤。任賢勿貳，去邪勿疑，必期致世如三代之隆而後已也。

此與荊公告神宗，所謂「爲治必先擇術，唐太宗不足法，必堯、舜、三代」，其意正亦絕肖。明道劄

翻轉，云無一事可做。（語類卷一百三十）

子上於熙寧二年八月之後。使明道全不曉當時朝廷事態則可，否則凡所云云，固是力贊神宗新政。

又請修學校尊師儒取士劄子，則大意固與荊公合，與東坡異。又論王霸劄子，其辨王霸，乃與荊公集中王霸論（臨川文集卷六十七。）立說全似。其後朱子與陳龍川辨「王霸、義利」，仍沿明道、荊公議論，而與李泰伯之所謂「尊王賤霸」者不同。明道既辨王霸，明漢、唐之不足法，堯、舜之必可至，而曰：

欲為聖賢之事，而使庸人參之，則其命亂矣。既任君子之謀，而又入小人之議，則聰明不專而志意惑矣。今將救千古深錮之弊，為生民長久之計，非夫極聽覽之明，盡正邪之辨，致一而不二，其能勝之乎？或謂人君舉動，不可不慎，易於更張，則為害大矣。所謂更張者，顧理所當耳，其動皆稽古質義而行，則為慎莫大焉，豈若因循苟簡卒致敗亂者哉？自古以來，何嘗有師聖人之言，法先王之治，將大有為而返成禍患者乎？願陛下奮天錫之勇智，體乾剛而獨斷，霈然不疑，則萬世幸甚！

其論十事劄子，謂：

此亦必使明道全不曉當時朝廷事態則可，否則凡所云云，固又是力贊神宗新政。

徒知泥古，姑欲循名，固末世陋儒之見。然儻謂今人之情已異於古，先王之迹不可復於今，趨

便目前，不務高遠，亦恐非大有爲之論，未足濟當今之極弊。

此仍是明白提出其主張變法之見解。所陳十事，首「建師傅」，次「定官制」，三「正井地」，四「立

鄉黨」，五「興學校」，六「革胥吏」，七「合兵農」，八「講積儲」，九「職浮民」，十「明禮制」。

著眼所在，上下一體，教養並重，決非小小爲損益者。

然明道與荊公，合於始，終不能不分於後。據續宋編年資治通鑑，（續資治通鑑長編拾補卷六引。）熙

寧二年十一月，程顥謂王安石曰：「介甫行新法，人方疑以爲不便，今乃引用一副當小人，何也？」

介甫曰：「方新法之行，舊時人不肯前，因用一切有才力，俟法行已成，遂逐之，卻用老成者守之。」

顥曰：「介甫誤矣，君子難進易退，小人得路，豈可去也？他日將悔之。」此乃明道與荊公之歧點。

荊公惟求法之行，而所用之爲君子、小人不論。此則明道之所由終與荊公絕。

於翌年（熙寧三年。）二月，荊公爭靑苗乞分司。御史王子韶、程顥，諫官李常，皆稱有急奏，乞

登殿，言不當聽安石去位，意甚懼。及安石復視事，子韶等乃私相賀。（據通鑑紀事本末卷六十八，又長編

拾補卷七八。）伊川行狀亦不載。則至是明道固猶力贊新政，不欲荊公之去。然李常固已疏言靑苗收息

之非。（記事本末六十八，宋史常傳。）而明道亦爭之，謂：

安危之本在乎人情，治亂之機繫乎事始。眾心睽乖則有言不信，萬邦協和則所為必成。固不可以威力取強，言語必勝。而近日所聞，尤為未便。徒使中外物情，愈致驚駭。舉一偏而盡沮公議，因小事而先失眾心，權其輕重，未見其可。與其遂一失而廢百為，孰若沛大恩而新眾志？

窺明道語意，不重在爭青苗之得失，而重在體羣情之向背。然荊公不爲動，以爲若不申明法意，使中外具知，則是縱使邪說說誣民，而令詔令本意更不明於天下，如此則異議何由帖息？（取明道文集原題附注語。） 未再旬，明道再上疏，（在三年四月十七日，前疏在同年三月四日。）謂：

分不正，中外人情，交謂不可，而能有為者也。

自古興治，雖有專任獨決能就事功者；未聞輔弼大臣，人各有心，睽戾不一致，國政異出，名

會讀明道前後諸奏，初雖勸神宗先定君志，終乃勸其俯興情；是乃隨時推移，固非異心變節。而荊公意氣愈盛，方有「天變不足畏，祖宗不足法，人言不足恤」之豪語。明道至中書與荊公面論，徐謂荊公曰：「天下事非一家私議，願平氣聽之。」荊公雖媿屈，然終不從。自是程顥、張戩、李常、王子韶皆罷斥。然荊公素善明道，嘗謂：「此人雖未知道，亦是忠信。」及是出爲京西路提點刑獄，明道上疏力辭，願從竄謫，乃改簽書鎮寧軍左節度官。

然明道於荊公新政，始終未有逾量之貶。嘗謂：

熙寧初，王介甫行新法，並用君子、小人。君子正直不合，介甫以為俗學不通世務，斥去。小人苟容諂佞，介甫以為有才能知通變，用之。君子既去，所用皆小人，爭為刻薄，故害天下益深。介甫性狠愎，眾人皆以為不可，則執之愈堅。使眾君子未用與之敵，俟其勢久自緩，委曲平章，尚有聽從之理，俾小人無隙以乘，其為害不至此之甚也。

此為明道對荊公新法最明白之態度。

及神宗升遐，明道為汝州酒官，奔喪至洛，告人曰：「顥以言新法不便，忤大臣，同列皆謫官，顥獨除監司，顥不敢當，辭之。念先帝知之恩，終無以報。」言次泣下。或曰：「司馬君實、呂晦叔作相如何？」明道曰：「當與元豐大臣同。若先分黨與，他日可憂。使變其已甚害民之法則善矣。不然，衣冠之害未艾也。」又曰：「君實忠直難與議，晦叔解事，恐力不足耳。」既而二人果相，召明道。明道未行而卒。元祐之政，不及見。（見邵伯溫聞見錄。）此又見明道雖為溫公所重，然兩人政治意見不必盡合。

荊公之告神宗曰：「司馬光異論之人倚以為重，朝夕所與切磋琢磨者，乃劉攽、劉恕、蘇軾、蘇轍之徒而已。」（紀事本末卷六十八。）蓋溫公於二蘇近，於二程遠。故朱子語類謂：

新法之行，諸公實共謀之。雖明道先生不以為不是，蓋那時也是合變時節。但後來人情洶洶，

明道始勸之以不可做逆人情底事。及王氏排眾議行之甚力，諸公始退散。

或問：「新法雖塗人皆知其有害，何故明道不以為非？」曰：「自是王氏行得來有害。若使明

道為之，必不至恁地狼狽。」

問：「若專用韓、富如何？」曰：「二公也只守舊。」「專用溫公如何？」曰：「他又別是

一格。」

又問：「若是二程出來擔負，莫須別否？」曰：「若如明道十事，須還他全別方得。只看他當

時薦章，謂其『志節慷慨』云云，則明道豈是循常蹈故塊然自守底人！」

或問荊公與坡公之學。曰：「二公之學皆不正，但東坡德行那裏得似荊公？；東坡初年若得用，

未必其患不甚於荊公。但東坡後來見得荊公狼狽，所以都自改了。他分明有兩截底議論。」

又曰：「熙寧更法，亦是勢當如此。凡荊公所變更者，初時東坡亦欲為之；及見荊公做得紛擾

狼狽，遂不復言，卻去攻他。（按：東坡攻荊公貢舉之議，時荊公方執政，尚未至狼狽也。朱子語亦未全

是。）如荊公初上底書，所言皆是，至後來卻做得不是。自荊公以改法致天下之亂，人遂以因循

為當然，天下之弊，所以未知所終也。」

問：「萬世之下，王臨川當作何評品？」曰：「陸象山嘗記之矣，何待他人。」

又曰：「溫公忠直，而於事不甚通曉。如爭役法，七八年間直是爭此一事。他只說不合令民出錢，其實不知民自便之。此是有甚大事？卻如何捨命爭！」（以上均見語類卷百三十）

二程與溫公混看，以爲代表宋人理學，皆主無爲而治，甚不合當時實相，故略爲疏說之。

朱子直接洛學傳統，當時於荊公新黨外別分洛、蜀、朔三派，可於朱子語見其異同所判矣。近人有以

二 論荊公溫公理財見解之異同

溫公爲荊公政敵，荊公新法重理財，論史者遂疑溫公論政不重理財，其實非也。考溫公集卷二十

三論財利疏，大意謂：

古之王者藏於民，降而不能，乃藏於倉廩府庫。今民既困矣，而倉廩府庫又虛，臣恐國家異日之患，不在於他，在於財力屈竭而已矣。今朝廷特置寬恤民力之官，分命使者，旁午四出。夫寬恤民力，在於擇人，不在立法。若守令得人，則民力自寬。守令非其人，而徒立苛法，適以

（民國二十五年十月十五日天津益世報讀書週刊第七十期，筆名未學齋主。）

擾民。為今之術，在隨材用人而久任之，在養其本原而徐取之，在減損浮冗而省用之。財用之所以匱乏，由朝廷不擇專曉錢穀之人為之故也。凡百官莫不欲久於其任，而錢穀為甚。臣愚以為朝廷宜精選朝士之曉練錢穀者，使久於其任，則異日財用之豐耗不離於己，不得諉之他人，必務為永久之規矣。

又曰：

食貨者，天下之急務，今窮乏如是，而宰相不以為意，以為非己之職者故也。臣願陛下復置總計使之官，使宰相領之。議者必以為宰相論道經邦，燮理陰陽，不當領錢穀之職，是皆愚人不知治體者之言。周禮以冢宰制財用，唐制以宰相領鹽鐵、度支、戶部，自古及今，錢穀皆宰相之職也，豈有食貨國之大政，而謂之非宰相之事乎！（卷二十四上殿劄子又論此事。）

此疏尚在仁宗時，其後荊公以宰相領「制置三司條例司」，即溫公使宰相領總計使之意。溫公極言食貨國之大政，而顧與荊公持異者，非溫公不重理財，特其所主與荊公不同。溫公之意，首主節用，此疏已詳論之。此外如卷二十四論覃恩劄子，卷三十四節用劄子，又乞改郊禮劄子，（皆在英宗治平二年。）謹謹申說者在是。神宗熙寧六月丙寅，命司馬光、滕甫同看詳裁減國

用制度，仍取慶曆二年數，比見今支費有不同者，開析以聞。溫公奏：

國用所以不足，在於用度太奢，賞賜不節，宗室繁多，官職冗濫，軍旅不精。此五者，非愚臣一朝一夕所能裁減。若但欲如慶曆二年裁減制度，比見今支費數目，此止當下三司令供析聞奏，立可盡見，不必更差官置局，專領此事。（見溫公集卷三十九。）

今按：溫公論財利疏在仁宗嘉祐七年七月，其時已力主減損浮冗。神宗新即位，韓琦、張方平亦上疏謂：

祖宗平天下，收歛其金帛，納之內藏諸庫，其所以遺後世之業厚矣。自康定、慶曆以來，發諸宿藏，以助興發，百年之積，惟存空簿。

今神宗乃祇命溫公比照慶曆二年數開析，此溫公所不樂，故曰「止當下三司供析聞奏，不必更差官置局」也。梁任公爲王荊公傳略，乃據此訶溫公爲不負責任，以敷衍答上命，神宗故不樂得此不負責任之大臣以共國事。其然，豈其然乎？

是年八月，宰臣曾公亮等言：

伏見故事，南郊禮畢，陪祀官並蒙賜。方今河朔薦飢，調用繁冗，所宜自內裁節。凡二府祿廩豐厚，頒賚頻仍，更於此時，尚循舊式，實非臣等所安。

詔送學士院取旨。溫公奏：

古者冢宰制國用，視年之豐耗，量入為出。國家帑藏素已空虛，今歲河北災害特甚。當此之際，朝廷上下，安可不同心協力，痛加裁損，以徇一方之急。若為臣有大勳於天下，雖錫之以山川土地附庸，何為不可？若止因郊禮陪位而受數百萬之賞，臣竊有所不安。臣前所謂「賞賜無節」者，此亦其一也。臣愚以為文臣自大兩省以上，武臣及宗室自正任刺史以上，內臣自押班以上，並宜減半。其文武朝臣更不減，似為酌中。臣亦知此物未能富國，因此漸思減其餘浮費，自今日為始耳。

溫公所奏，猶是往昔所持之夙見，既有合朝臣遜辭之意，而又斟情酌理，堪稱允愜。而荊公獨持異論，謂：「昔常袞辭堂饌，時議以為袞自知不能，當辭位不當辭祿。且國用不足，由未得善理之人故也。」溫公曰：「善理財之人，不過頭會箕斂，以盡民財，豈國家之利？」荊公曰：「不然，善理財

者，民不加賦而國用饒。」溫公曰：「此乃桑弘羊欺漢武帝之言。天地所生貨財百物，止有此數。不在民間，則在公家。桑弘羊能致國用之饒，不取於民，將焉取之？」荊公曰：「普等運籌帷幄，平定諸國。今兩府助祭，不過奏中嚴外，辨沃盥，奉帨巾，有何功勤而比普等？」溫公曰：「太祖時趙普等爲相，賞賚或以萬數。今郊賚匹兩不過三千，豈足爲多？」與荊公爭論良久。王珪曰：「司馬光言省費自貴近始，光言是也。王安石言取費不多，恐傷國體，安石亦是。惟陛下裁。」神宗曰：「朕亦與司馬光同。」而是日適會荊公當制，竟以己意批答。引常袞事責兩府，公亮等遂不敢辭。

此事是非，如王珪所分辨，可謂平矣。乃梁氏書斬頭截尾，獨割胸腹，謂：

史稱荊公、溫公廷辯理財，荊公曰：「善理財者，不加賦而國用足。」溫公曰：「安有此理！天地所生財貨百物，不在民則在官。設法奪民，甚於加賦。」史所載僅此，荊公反駁溫公言則缺乏，想更有偉論，惜不可得見矣。夫溫公之言，其果衷於事理耶？財貨百物，果為天地所生，終古不變耶？抑亦可以增殖者耶？

余少年讀此，嘗怪溫公何不通情事乃爾？後得稍窺史籍，乃知兩人本爭郊賚。至於財貨可以增殖，溫公雖迂，諒非不知。其論財利疏所謂「養其本源而徐取之」，一「養」字，一「徐」字，闡發增殖財貨之意義，尤可玩味。

宋室財政，至仁宗末年，匱乏已極。無論何人當政，決不能不先務理財。惟溫公主節流，而荊公似偏主開源，此則其異。溫公亦非不知理財有開源一路，惟溫公意開源不能急迫求之，當「養源而徐取」也。

是歲，神宗問講讀官「富民」之術。溫公言：

富民之本在得人。縣令最為親民，欲知縣令能否，莫若知州。欲知知州能否，莫若轉運使。陛下但能擇轉運使，俾轉運使案知州，知州案縣令，何憂民不富也？

大抵溫公仍守論財利一疏之見解，與慶曆變政意味極似。故其彈論新法，謂：「設官則以冗增冗，立法則以苛益苛。」又謂：「天下之事，當委之轉運使、知州、知縣，不當別遣使者，擾亂其間。」又論「青苗」不如「常平」。凡所諍糾，苟熟考當時史實者，自知溫公自有深識持重，並非全出意氣也。

荊公既為相，設制置三司條例司，以蘇轍為檢詳文字。先是轍上疏曰：

所謂豐財者，非求財而益之，去事之所以害財者而已。事之害財者三：曰冗官、冗兵、冗費。

子由此等處見解與溫公正近。

其後溫公既主政，畢仲游遺之書云：

昔王安石以興作之說動先帝，而患財之不足也，故凡政之可得民財者無不用。今廢青苗，罷市
易，蠲役錢，去鹽法，凡號為利而傷民者，一掃而更之。則向來用事於新法者，必操不足之
情，言不足之事，以動上意。為今之策，當大舉天下之計，深明出入之數，以諸路所積之錢
粟，一歸地官，使經費可支二十年之用。數年之間，又將十倍於今日。使天下曉然知天下之餘
於財也，則不足之論不得陳於前，然後新法可永罷而無敢議復者矣。

曾布則謂：

神宗時府庫充積，元祐非理耗散，又有出無入，故倉庫為之一空。乃以為臣壞三十年之大計，
恐未公也。（通鑑長編）

節用之說既不行，興利之策又盡廢，於是元祐之政，亦終於為不可久。

孝宗淳熙十年，楊安誠劄言：

請遵仁宗之制，采用司馬光之言，戢實浮費，量加撙節。

帝曰：

近日臣僚言，多用司馬光撙節之說。蓋仁宗時亦自乏用，故司馬光有是言。

則溫公節流之議，猶爲南渡諸臣所樂引。

（民國二十六年三月四日，天津益世報讀書週刊第八十九期。）

論關於荊公傳說之聞鵑辨姦兩案

一

蔡上翔王荊公年譜考略目「聞鵑」、「辨姦」爲兩案，而皆有以辨其僞，其說是已。顧此兩說，就當時史實論之，亦皆自有其背景可資推說者。

二

邵氏聞見錄謂：

嘉祐末，康節先生行洛陽天津橋，忽聞杜宇，歎曰：「北方無此物，不及十年，其有江南人以文學亂天下者乎！天下將治，地氣自北而南。將亂，自南而北。今南方地氣至矣。」

治平中，邵雍與客散步天津橋上，聞杜鵑聲，慘然不樂，曰：「不二年，上用南士為相。多引南人，專務變更，自此天下多事。」

至名臣言行錄外集則謂：

此說也，其果為康節之能預知與否可不論，惟造此故事者，實抱一南北畛域之見，其為代表當時北方士人之一種見解，則甚明顯也。

考南人北人之見，遠始宋初。故真宗欲用王欽若（臨江軍新喻人。）而先問王旦（大名人。）云：「祖宗時有秘讖，云南人不可作宰相，此豈立賢無方之義乎？」（曲洧舊聞卷一。）旦曰：「臣見祖宗朝，未嘗有南人當國者。雖古稱立賢無方，然須賢士乃可。臣為宰相，不敢沮抑人，此亦公議也。」真宗乃止。旦沒後，欽若始大用，語人曰：「為王公遲我十年作宰相。」（宋史旦傳。）此一事也。景德初，晏殊（撫州臨川人。）以神童薦，與進士並試，賜同進士出身。寇準（華州下邽人。）曰：「殊江外人。」帝顧

曰：「張九齡非江外人耶？」此又一事也。卽此兩事，可見當時北方士大夫排沮南人之槪。

然南人勢力，終見逐步高漲。晃以道嘗言：

本朝文物之盛，自國初至昭陵（仁宗。）時，並從江南來。二徐兄弟（鉉、鍇。）以儒學顯。二楊叔任（億、紘。）以詞章進。刁衎、杜鎬以明習典故用，而晏丞相（殊。）、歐陽少師（修。）巍乎為一世龍門。紀綱法度，號令文章，燦然具備，有三代風度。慶曆間，人材彬彬，號稱眾多，不減武、宣者，蓋諸公實有力焉。然皆出於大江之南。（亦見曲洧舊聞。）

此可徵宋代學術政事風氣之變，其先由南士始。

史稱歐陽修（廬陵人。），諫官奏留，不許。（宋史卷三百十一。）范仲淹以晏殊薦爲秘閣校理。仲淹汎通六經，學者多從質問，爲執經講解，亡所倦。嘗推其奉以食四方遊士，諸子至易衣而出，仲淹晏如也。每感激論天下事，奮不顧身，一時士大夫矯厲尚風節，自仲淹唱之。仲淹罷知饒州，尹洙、歐陽修、余靖皆坐貶，自是朋黨之論興。（宋史卷三百十四。）而歐陽亦獎引後進，如恐不及，賞識之下，率爲聞人。曾鞏、王安石、蘇洵、洵子軾、轍，布衣屛處，未爲人知，修卽游其聲譽。（宋史卷三百十九。）

殊出歐陽修（廬陵人。），當世知名之士如范仲淹（蘇州吳縣人。）、孔道輔皆出其門。及爲相，益務進賢材。

蓋氣節、交遊、文章，皆以南士爲盛。而晏殊知應天府，延范仲淹教生徒；仲淹守蘇州，首建郡學，

聘胡瑗爲師。自五代以來，天下學校盡廢，宋代興學，亦自晏、范發之。

其可徵見當時南北士人政治上勢力之消長者，莫如引司馬光（陝州夏縣人。）、歐陽修辨「貢院逐路取人」一節說之。其事在英宗治平元年。

司馬光以西北河東、陝西及近邊夔、利等路，歷屆科舉，有全無一人及第者，遂主「逐路取人」之議。略謂：

古之取士，以郡國戶口多少爲律。今或數路中全無一人及第。國家用人之法，非進士及第者不得美官，非善爲詩、賦、論策者不得及第，非游學京師者不善爲詩、賦、論策。每次科場及第進士，大率皆是國子監、開封府解送之人。國家設官以待賢能，豈宜專取文藝？

時歐陽修爲參知政事，卽力言其不可。謂：

言事之人，但見每次科場，東南進士得多，西北進士得少，故欲政法。殊不知四方風俗異宜，東南好文，故進士多而經學少；西北尚質，故進士少而經學多。若專論進士，則見多少不等。東南進士取解者，二三千人處只解二三十人，是百人取一。西北至多處不過百人，而解至十餘人，是十人取一。比之東南，十倍優假。東南千人解十，初選已精。西北之士，學業不及東

南，發解時又十倍優假，初選已濫。若一例十人取一，則東南必多屈抑，西北必多謬濫。宜且遵舊制，不問東西南北，唯才是擇。

二人各執一見，而當時西北見絀於東南之情勢，亦從可知。然宋制實沿唐舊，唐亦以進士詩賦取士，不聞西北不如東南。則所謂「西北尚質，東南尚文」者，亦只宋代狀況如此。此等狀況，乃遠自唐代藩鎮迄於五季，中原長期構兵，遂至經濟文化逐漸南移，而北士亦逐漸墮落也。司馬、歐陽，皆當時公正君子，然其立言，頗有各自代表其鄉土觀念之色彩。至李泰伯（建昌軍南城人。）為長江賦，（旴江文集卷一。）竟謂：

國家重西北而輕東南。彼之官也特舉，此之官也累資；欲於此則莫知其竭，輸於彼則惟恐不支。官以資則庸人並進，欲之竭則民業多隳；為貪為暴，為寒為飢。如是而不為盜賊，臣不知其所歸。

則竟謂南人賦稅之負擔重而政治的待遇低，乃特為此不平鳴矣。

及神宗相陳升之，問溫公：「外議如何？」對曰：

閩人狡險，楚人輕易，今二相（曾公亮，泉州晉江人。陳旭，建州建陽人。）皆閩人，二參政（王安石，撫州臨川人。唐介，江陵人。）皆楚人，必援引鄉黨之士，充塞朝廷，風俗何以更得淳厚？

則明明以北人地位排斥南人，幾於王旦之抑王欽若也。又道山清話云：

溫公與呂惠卿同在講筵，因論變法事，至於神宗前紛拏。神宗曰：「相與論是非，何至乃爾？」既罷講，君實氣貌愈溫粹，而吉甫怒氣拂膺，移時尚不能言。人言：「一個陝西人，一個福建子，怎生厮合得著？」

安石極器劉摯，（永靜東光人。）擢爲監察御史裏行。摯欣然就職，歸語家人，曰：「趣裝，毋爲安居計。」未及陛對，即奏論免役等事。及入見，神宗面賜褒諭。因問：「卿從學王安石耶？安石極稱卿器識。」對曰：「臣東北人，少孤獨學，不識安石也。」退又論免役事，遂見謫。（宋史三百四十卷。）此皆蘊有極濃的南北畛域氣味也。即康節觀物外篇亦云：「天地氣運，北而南則治，南而北則亂。亂久則復北而南。」固亦指射當時政象言也。直至元祐元年，王巖叟入對，尚謂：「祖宗遺戒，不可用南人。如蔡確、章惇、張璪皆南人，恐害於國。」而陳瑩中彈蔡京，亦云：「重南輕北，分裂有萌。」甚至道山清話有「藝祖御筆『南人不得坐吾此堂』，刻石政事堂上。自王文穆大拜後，吏輩故壞壁，因

移石他處，後寢不知所在。既而王安石、章惇相繼用事，石爲人竊去」之說。（雲麓漫鈔亦有此說，見下。）此徵當時新舊黨爭之背景中，尚有一條地方界線，無意中爲之作祟。故元祐新黨既逐，洛、蜀、朔分爭，不聞有閩、楚南士。而宋史姦臣傳，如蔡確（泉州晉江人。）、呂惠卿（泉州晉江人。）、章惇（建州浦城人。父俞，徙蘇州。）、曾布（南豐人。）、蔡京（興化仙遊人。）、蔡卞（京弟，安石壻。）、莫非籍閩、楚。卽南渡諸姦，如黃潛善（邵武人。）、汪伯彥（徽之祈門人。）、秦檜（江寧人。）、賈似道（台州人。）、亦所謂閩、楚人也。然自龜山從游伊、洛，已有「吾道其南」之歎，而考亭、象山，南渡後諸大賢亦萃閩、楚，則信乎地氣之移矣。然則「聞鵑」一事，縱非出諸康節之口，不已透露當時一至有味、又至關重要之消息乎？

三

蘇洵辨姦論，始見於邵氏聞見錄，宋文鑑采之。李穆堂據明刻嘉靖本嘉祐集十五卷無此文，斷爲邵氏僞作。蔡氏又續爲之辨證發明焉。今按：四部叢刊無錫孫氏景宋巾箱本嘉祐集亦無此篇，其爲非蘇氏原有，明矣。而僞爲辨姦論者又僞造張安道老泉墓表及蘇子瞻謝書，亦由安道與蘇氏學術、性氣實與荆公不同，故僞造者不託諸他人，而託之此兩家也。

捫蝨新話：

荆公嘗問張文定（方平。）：「孔子去世百年，生孟子亞聖，後絕無人，何也？」文定言：「豈無又有過於孔子者！」公問：「是誰？」文定言：「江南馬大師、汾陽無業禪師、雷峯、岩頭、丹霞、雲門是也。儒門淡泊，收拾不住，皆歸釋氏耳。」

此張氏學術與荆公不同之證也。蘇子由龍川別志載：

張公安道嘗為予言：「道非明民，將以愚之。國朝自眞宗以前，朝廷尊嚴，天下私說不行，好奇喜事之人，不敢以事搖撼朝廷。故天下之士，祇知為詩賦以取科第，不知其他。諺曰：『水到魚行。』既已官之，不患其不知政也。昔之名宰相，皆以此術馭天下。仁宗初年，王沂、呂申公為政，猶持此論。二公既罷，則輕銳之士，稍稍得進，漸為奇論以撼朝廷，而好名喜事之人盛矣。諫官日橫，上以謙虛為賢，下以傲誕為高，於是私說遂勝而朝廷輕矣。」

此等議論，全是道家口吻，以視荆公辨王霸，分三代、漢唐道術之異者，意趣絕不同。故方平自始即

不喜荆公，蓋方平非不喜荆公，彼自范仲淹、歐陽修以來一切南士風俗皆所不喜，而荆公其尤甚耳。

方平又不喜石介，雲麓漫鈔至謂「藝祖御筆『用南人爲相，設諫官，非吾子孫』，石刻在東京內中」，

則逕以惡南士與惡變法新政及尚氣節等並爲一談矣。東都事略謂：

　方平嘗知貢舉，有薦王安石文學，宜辟以考校，方平從之。安石既來，一院之事皆欲紛更，方

　平惡之，檄以出，自是與之絕。守蜀日，蘇洵攜其二子軾、轍遊京師。方平一見，待以國士，

　而蘇氏父子名聲遂動天下。

此又張、王、蘇三家氣誼分合一面影也。時人又謂荆公獨不許老泉，以兩人學術，容可有之。

熙寧新政，首及學校貢舉，东坡卽持異議，謂：

　得人在於知人，知人在於責實。若興學校，治宮室，養遊士，置官立師，不率教者須屏之遠

　方，自為多事。興德行在於修身格物，設科立名，教天下以偽。策論詩賦，自政事言之，均為

　無益。自唐至今，以詩賦為名臣者，不可勝數。

此等議論，則全與張方平一氣呼吸也。朱子評東坡，謂其：

早拾蘇張之緒餘，晚醉佛老之糟粕。

其實東坡文士，所謂蘇張縱橫者，本與黃老因循可以相通。東坡亦只是卑卑循名責實，黃老之氣息爲重耳。雖好立言，若喜紛更，而自與荊公辨王霸，尊三代、抑漢唐之見背坐分馳。其時司馬光則謂：

取士之道，當先德行，後文學。就文學言，經術又當先於詞章。罷詩賦，以經義、論策試進士，此誠百世不易之法。但王安石不當以一家私學掩蓋先儒。

就此點論之，荊公、溫公同爲未失儒家宗旨，與張、蘇實別也。子由雖不全贊成方平議論，然子由之爲黃老，體貌益顯。至子由反對免役，謂：「役人之必差用鄉戶，猶如衣之必絲麻，食之必五穀，不得以他物代換。」後乃謂：「役可雇不可差，雖聖人復起，不能使農民應差。」反復之間，皆見其爲文士辯口之與黃老因循而已。故朱子又謂：「二蘇之學，得於佛老，於這邊道理元無見處，所以其說多走作也。」或問張安道爲人，朱子曰：

不好！攻范黨時大節已虧了。後來爲溫公攻擊，章凡六七上。東坡兄弟懷其平日待遇之厚，不

問是非，極力尊之，故東坡爲溫公留道碑，刪此一節不言。介甫是個修飭廉隅孝謹之人，而安道之徒，平日苟簡放恣慣了，見禮法之士必深惡。如老蘇作辨姦，東坡惡伊川，皆此類耳。

此處晦翁以辨姦爲老泉作，或誤；然謂「蘇、張苟簡，荆公修飭」，固是當時兩家眞分別也。

四

又按：「聞鵑」、「辨姦」兩事，均始見於邵伯溫聞見錄。伯溫爲康節子，康節亦治黃老言，務爲苟簡者。當時自有一派士大夫治黃老家言，不喜變法紛更。蘇氏學主術數，當歸此類，故其父子與張方平氣味相投。至南士輕躁，北人厚重，故溫公一派與呂惠卿諸人廓合不著。兼以荆公之執拗，引用不問品類，明道、橫渠等理學一派力主變法者亦遠避不前，而新法遂爲眾矢的。其間固當一一分別而觀。因讀蔡氏譜，縱論之。

（民國二十五年十一月五日天津益世報讀書週刊七十三期，筆名未學齋主。）

讀智圓閑居編

宋真宗大中祥符九年丙辰，歐陽修方十歲，在隨州，見韓愈遺文六卷於李氏敝麓，乞得之，其後韓文大行，羣推自歐陽氏啟之。然余考是年，釋智圓自序其閑居編於錢塘之孤山。其言曰：「釋智圓於講佛經外，好讀周、孔、揚、孟書，往往學爲古文以宗其道。又愛吟五七言詩以樂其性情。」其言學古文，卽是學韓。書中卷三十九有讀韓文詩云：

文不可終否，天生韓吏部，叱偽俾歸真，鞭今使復古。異端維既絕，儒宗缺皆補。高文七百篇，炳若日月懸，力扶姬、孔道，手持文章權。來者知尊儒，孰不由茲焉。我生好古風，服讀長灑蒙，何必唐一經，文道方可崇。

其推挹韓文如此，早在歐陽前。又同卷有述韓柳詩謂：

後生學韓文，於釋長狺狺。未知韓子道，先學韓子嗔。忘本以競末，今古空勞神。

是當時已多因誦韓文而斥佛者。又卷二十八師韓議云：

吾門中有為文者，反斥本教以尊儒術，乃曰師韓愈之為人也，師韓愈之為文也，則於佛不得不

斥，於儒不得不尊，理固然也。

是則尊韓斥佛，其風並浸被於方外。又同卷駁嗣禹說謂：「种徵君作嗣禹說，大抵以排斥釋氏為意。

謂堯水禹治，仲尼能嗣禹績，次孟軻、揚雄、王通、韓愈，以愈排斥浮圖能嗣禹功。」种放卒於大中

祥符八年乙卯，穆修從之受易，疑穆氏為古文，師韓、柳，或亦由种啟之。穆修登進士第在大中祥符

二年己酉，其從遊於种，當在此時前後。駁嗣禹說稱「种徵君」，或當在咸平四五年种初見召時，穆

修尚未與种相識，年僅二十三四；其治韓文或當在後，而智圓、种放轉以方外治韓文在穆修前矣。此

上惟柳開仲塗，遠在太祖開寶六年成進士，而其始學韓文，尚在成進士前十年，是太祖乾德元年也。

開初名肩愈，號紹先，謂紹其族之先人柳宗元。智圓閒居編亦屢以韓、柳齊稱。穆修得柳文，刻之京

師，其年為仁宗天聖九年辛未，歐陽修方先一年成進士，而智圓之卒，在真宗乾興元年壬戌，先是十

年矣。王通在唐代，頗少稱述，至晚唐皮、陸始加推崇。柳開自稱先慕韓愈為文，作東郊野夫傳。既

乃探六經之旨，有包括揚、孟之志，樂與文中子齊其著述，遂改名開，字仲塗，意謂將開古聖賢之道

於時；乃作補亡先生傳，常謂惟談孔、孟、荀、揚、王、韓以爲企跡。閑居編卷二十六有讀中說篇，

謂：

仲淹之道，中說之辭，沒然不稱，惟陸龜蒙、皮日休、孫郃稍道其美，而尚未能禦其侮以闡其

幽也。洎聖朝孫漢公作辨文中子一篇，使橫議者不能塞路，由是後學恥不讀仲淹之書，恥不知

仲淹之道。使百世胥附於王通者，漢公之力也。

孫漢公乃孫何，太宗淳化三年壬辰成進士，與柳開略同時而稍後。是王通在宋初，已多推敬。閑居編

卷四十六又有讀王通中說詩，謂：

孟軻、荀況與揚雄，代異言殊道一同。夫子文章天未喪，又於隋世產王通。

又卷二十六有讓李習之文，謂：

仲淹之書，辭淳理眞，不在法言下；習之答梁載書以與太公家教同科，品藻無當。既蔽往賢，

又誤後學。

又卷十六對友人問，以周公、孔子、孟軻、揚雄、王通、韓、柳爲儒統。又卷二十七敍傳神，謂：

仲尼得唐、虞、禹、湯、文、武、姬公之道。仲尼既沒，能嗣仲尼之道者，惟孟軻、荀卿、揚子雲、王仲淹、韓退之、柳子厚而已。

其尊推通，亦近种放。厥後石介、孫復諸人繼起，抑皆在种放、智圓之後矣。智圓又極推中庸，故自號中庸子，閑居編卷十九有中庸子傳三篇，謂：「儒、釋者，言異而理貫，莫不化民，俾遷善遠惡也。儒者飾身之教，故謂之外典。釋者修心之教，故謂之內典也。蚩蚩生民，豈越於身心哉！非吾二教，何以化之乎？嘻！儒乎，釋乎，其共爲表裏乎？世有限於域內者，故厚誣於吾教，謂棄之可也。世有滯於釋氏者，往往以儒爲戲。豈知夫非仲尼之教則國無以治，家無以寧，身無以安。釋氏之道，何由而行哉！」又謂：「儒家之中庸，龍樹所謂中道義也。諸法云云，一心所變。心無狀也，法豈有哉！

亡之彌存，性本具也。存之彌亡，體非有也。非亡非存，中義著也。能仁千萬言說，豈逾此旨乎！」蓋智圓八歲即受戒，二十一歲傳天台三觀，（亦見中庸子傳。）故其言如此。蓋自唐李翶以來，宋人尊中庸，似無先於智圓者。閑居編卷十六三笑圖讚有曰：

釋道儒宗，其旨本融。守株則塞，忘筌乃通。

又卷三十七挽歌詞：

平生宗釋復宗儒，竭慮研精四體枯。莫待歸全寂無語，始知諸法本來無。

又卷四十講堂書事有曰：

早翫台衡宗，佛理既研精。晚讀周孔書，人倫由著明。楊雄玄尚白，仲尼道不行。唯當照眞空，萬事從營營。

時儒學尚未興，朝廷大臣如楊億、王欽若、陳堯叟、夏竦之徒皆佞佛，范仲淹、胡瑗尚年少；智圓先入空門，晚知尊儒，閑居編卷四十八潛夫詠自謂：

宗儒述孟軻，好道注陰符。虛堂踞高臺，往往談浮圖。漫衍雖無家，大方貴無隅。俗人每側

目，訂之為狂徒。

又卷四十九湖居感傷詩有云：

禮樂師周孔，虛無學老莊。躁嫌成器晚，心競寸陰忙。翼翼修天爵，孜孜恥面牆。內藏儒志氣，外假佛衣裳。每惡銷金口，時勞疾惡腸。

以一釋子而切慕儒術於舉世不為之時，宜為一時所詫怪矣。後人言宋初釋子通儒學，輒舉契嵩鐔津一集；然契嵩特承智圓而起，已當仁宗時，韓、富當國，歐陽已為一代宗師，儒術已大昌，天下士方務為古文；慕韓氏之闢佛尊孔，契嵩乃作原教、孝論諸篇，明儒、釋之一貫；豈如智圓方值佛門尚盛，而先誦儒典乎！又二人皆以未及十齡之幼童即入山門，皆通外典，經、子博洽，亦見當時方外風氣之一斑。余又考智圓佛典撰述目錄，凡一百七十餘卷，其內學造詣，亦確然為山家一尊宿。其疏四十二章經云：

佛教東傳，與仲尼、伯陽之說為三。然孔、老之訓詞，談性命未極於唯心，言報應未臻於三世。至於治天下，安國家，不可一日無也。至若釋氏之為訓，指虛空世界悉我自心，非止言太

極生兩儀、玄牝為天地根而已。考善惡報應，悉我自業，非止言上帝無常、天網恢恢而已。有以見仲尼、伯陽雖廣大悉備，至於濟神明、研至理者，略指其趣耳。大暢其妙者，則存乎釋氏之訓歟。

觀其言，雖兼尚孔、老，而不失爲一衲子如故。然余考其閑居編中所序佛書四十二章經序在第一編之第二篇，應在早歲。潛夫詠與湖居感傷詩則在第四十八、四十九編，則顯出在後。則是智圓之學，乃彌老而彌向於儒。雖其變進，難以具體歲月確證，然宜可微窺而知也。故當時乃貶之爲山外，然其高世之才，彌天之筆，則終亦不得不稱之。其生平著述多出病中。余此數年，胃病劇發，偶披釋典，閱其書，頗增同病之感，因爲撮敍其大要焉。中華民國三十六年一月十五日在昆明五華學院。

〔附〕閑居編文目年月可考者抄摘如下

景　德三年丙午　三十一歲　八月金剛錍顯性錄序

大中祥符二年己酉　三十四歲　四月請觀音經疏演義鈔序　闡義鈔序

大中祥符四年辛亥　三十六歲　正月注觀心論後序

大中祥符五年壬子　三十七歲　二月盂蘭盆經疏摭華鈔序

大中祥符六年癸丑　三十八歲　九月涅槃經疏三經指歸序

大中祥符七年甲寅　三十九歲　正月涅槃經玄義發源機要記序

大中祥符八年乙卯　四十歲　二月觀經疏刊正記序　閏六月智者大師十德禮讚序十二月維摩經略疏垂裕記序

大中祥符九年丙辰　四十一歲　五月自序閑居編

天禧元年丁巳　四十二歲　書文殊般若經疏後序

天禧二年戊午　四十三歲　十月金光明經玄義表微記序　金光明經文句索隱記序

天禧三年己未　四十四歲　十月翻經通紀序　勉學

天禧四年庚申　四十五歲　二月文殊說般若經疏析重鈔序　首楞嚴經疏谷響鈔序　四月普入不思義法門經序　八月病課集序

天禧五年辛酉　四十六歲　十一月阿彌陀經疏西資鈔序

乾興元年壬戌　四十七歲　正月生死無好惡論　吳遵路撰閑居編序

（民國三十六年二月四日南京中央日報文史周刊第三十七期，一九五九年十月香港新亞書院學術年刊第一期重載。）

讀契嵩鐔津集

月前曾草讀宗密原人論一篇，認爲佛學中禪與華嚴聯合，其思想路徑，可爲宋代理學開先河。因念契嵩鐔津集，可證余說，遂續草斯篇。

契嵩已在宋仁宗時，（陳舜俞爲作行業記，謂其卒於神宗熙寧之五年。）七歲出家，十三得度落髮，十九而遊方。當是時，天下之士學爲古文，慕韓退之排佛而尊孔子。仲靈（契嵩字。）作原教、孝論十餘篇，明儒、釋之道一貫，以抗其說。皇祐中，復著禪宗定祖圖、傳法正宗記，抱其書游京師，奏上之。詔付傳法院編次，所著書自定祖圖而下，謂之嘉祐集。又有治平集，凡百餘卷。總六十有餘萬言。

懷悟之序曰：

正宗記、定祖圖與今文集等，會計之，纔得三十有餘萬，其餘則蔑然無聞矣。

又曰：

正宗記、定祖圖與今文集等，會計之，纔得三十有餘萬，其餘則蔑然無聞矣。

仁宗皇帝讀其書，至「臣固為道不為名，為法不為身」，歎愛久之，旌以明教大師之號。

又曰：

師雖古今內外之書無所不讀，至於所著書，乃廣明外教，皇極中庸之道，安危治亂之略，王霸刑名賞罰之權，而終導之歸於無為寂默之道。

又曰：

當是時，宗儒束教輩，是非之鋒，謗罵之熖紛然。

又引歐陽修重讀徂徠集云：「待彼謗燄熄，放此光芒懸。人生一世中，長短無百年。無窮在其後，萬世在其前。得長多幾何，得短未足憐。惟彼不可爲，名聲文行然。讒誣不須辯，亦止百年間。百年後生者，憎愛不相緣。公議然後出，自然見媸妍。」因曰：

師中間雖以護法遭難，然其所謂珠光玉采、日精月華者，世雖見其有煙雲水火焚溺蔽虧之患，而其光采精華，固瑩如也。

是契嵩在當時，亦多遭謗議，今則無可詳考矣。但直至清代收其書入四庫，館臣爲提要，猶譏其「恃氣求勝，援儒入墨」，則契嵩之遭謗議，可謂歷千年而未已也。

今讀其集，其文固儼然韓愈氏之古文，其所論則可以厝諸同時儒家諸集中而混然莫可辨。其内容固未臻乎卓至，然亦甚見其明通。其論經，文集卷七問經篇則曰：

史謂（史字疑誤。）易與春秋，天道也。予欲尊而專之，子謂何如。曰：豈然乎？五經之治，猶五行之成陰陽也。苟一失，則乾坤之道繆矣。今尊二經而舍乎詩、書、禮，則治道缺。禮者，皇極之形容。詩者，教化之效。書者，事業之存。善言書者必稽乎事業。善言詩者必推於教化。善言禮者必宗其皇極。知皇極，可與舉帝王之制度。知教化，可與語移風易俗。知事業，可與議聖賢之所爲。詩、書、禮其可遺乎！

下逮清儒，亦有言「不通羣經，不足以通一經」者，而契嵩已先言之。而治經必歸之於政制治道、風俗教化與聖賢事業之三者，則往往經生有不知。

其論子，文集卷七九流篇則曰：

儒家者流，其道尚備。老氏者流，其道尚簡。陰陽家者流，其道尚時。墨家者流，其道尚節。法家者流，其道尚嚴。名家者流，其道尚察。縱橫家者流，其道尚變。雜家者流，其道尚通。農家者流，其道尚足。然皆有所短長。苟拂短而會長，亦足以資治道。

其言一掃家派門戶之見。而契嵩以一僧人，關心治道，尤為不可及。故其於經，尤重洪範、中庸，文集卷四有皇極論一篇、中庸解五篇。其時，如胡安定重洪範，范仲淹重中庸，北宋儒學初興，其風如此。嘉祐新政正在其時，契嵩蓋亦受時風之影響也。

惟其時方提倡韓愈古文，而契嵩特著非韓篇。蓋佛學極盛於唐，獨韓愈辭而闢之。及乎宋初，佛門中皆讀韓文，余已著之於讀智圓閑居編。自晚唐下迄五代，天下大亂，社會大羣，嗷嗷不可終日。其時儒學尚未盛，而智圓苟非光明治道，即方外亦無以自安，佛道亦無以自存，其意備見於閑居編。契嵩乃轉其辭鋒，援儒以衛佛，特於韓愈加以提倡。及契嵩繼起，儒學已臻光昌，釋氏地位日降，契嵩乃轉其辭鋒，援儒以衛佛，而於韓愈乃加譏貶。即於此兩人，亦大可覘世運學風之變矣。

鐔津集卷十七、十八、十九三卷，有非韓子三十篇，僅亦三萬餘言。其非韓大意，乃不在爭儒、釋門戶，而即就儒義非之。蓋韓氏之言既有非，則其闢佛，亦自見其不可崇信也。其非韓第一篇

有云：

> 韓子徒守人倫之近事，而不見乎人生之遠理。

其言遙如此後理學家所云。契嵩以佛徒好言「理」字。卷十上曾參政書引唐書：「佛雖異方之教，無損爲理之源。向所謂佛道有益教化在此。」是契嵩既留心治道，又注意教化，可謂確然得儒家之統。而其提「理」字，則遠從竺道生，近取華嚴，固於佛門遠有淵源也。

又如第八篇非韓子三上宰相書，第十篇非韓子謫潮州刺史謝上表、諷勸朝廷封禪；此等皆後世儒家所不滿于韓集者，而契嵩皆已先發之。其第七篇辨獲麟解，謂：「西狩獲麟，麟不自然而出。韓子謂麟爲孔子出，苟取雜家妄說，無經據。」又謂：「麟爲後代受命者之符瑞，皆經傳所不見。」謂：「孔子爲素王，誣聖人之甚。」此皆經學中之正論。後世儒生尚有傳襲此等傳說者。而契嵩亦已獨加辨斥。又如第二十二篇，非韓子歐陽詹哀辭，引唐人黃璞傳，謂詹爲一娼一慟而死，乃不孝。並引太平廣記爲證。此等近於後世考據家言。誦韓文者，無不喜其歐陽詹哀辭，乃絕少知此。契嵩以一僧人，考索及之。其讀書之浩博無涯涘，亦可驚怪矣。

凡契嵩非韓三十篇，義理、考據、訓詁，皆所涉及。略見其一斑如上引，餘不贅。契嵩治學著書之主要宗旨，則在援儒衛釋。其思想理論，多可與後起理學家言相呼應。鐔津集卷

一輔教編上原教篇有曰：

萬物有性情，古今有死生。然而死生性情未始不相因而有。

死生問題乃釋迦出家一大動機，佛學引端在此。而性情問題，則禪宗弘忍、慧能特所提挈也。又曰：

形象者舉有情，佛行情而不情耳。

此謂「佛行情而不情」，即猶王弼所謂「聖人之情，應物而無累於物」也。又曰：

情而為之，其勢近權。不情而為之，其勢近理。性相同，情相異。異焉而天下鮮不競，同焉而天下鮮不安。

此處分辨性、情，其後程朱「性即理」之說，契嵩已啟其端。又曰：

吾佛之言性，與世書一也。水多得其同，則深為河海。土多得其同，則積為山嶽。大人多得其

同，則廣為道德。

道德從同處來，卽孟子所謂「心之所同然」也。其勸書第一則曰：

　　心者，聖人道義之本。

　　世道資佛道而為其根本。

此謂善言心者乃佛道，故世道資以爲本也。所謂聖人，乃指佛陀言。卷二輔教編中廣原教有曰：

　　不可以一槩求，不以世道擬議。得在於心通，失在於迹較。

　　教者，聖人明道救世之大端，乘時應機不思議之大用。

　　惟心之謂道，闡道之謂教。

此謂聖人，皆指佛陀。心通則儒、釋同，較迹則儒、釋異。契嵩之援儒衛釋，亦謂釋亦無殊於儒而已。又曰：

心必至，至必變。變者識也，至者如也。如者，妙萬物者也。識者，紛萬物異萬物者也。變也

者，動之幾也。至也者，妙之本也。萬物之變見乎情，天下之至存乎性。情性可以語聖人之

教。萬物同靈之謂心。心與道，豈異乎哉。

謂心與道無異，卽猶宋儒謂「心卽理」。其辨心與性情，較以前禪家言心爲進矣。其辨「心」與

「識」，義近宗密。可以謂心卽道，不可謂識卽道也。故佛門中之「唯識」，終非至義。又曰：

又曰：

情出乎性，性隱乎情。性隱則至實之道息矣。故聖人以性爲教。

以情教人，其在生死之間乎？以性教人，其出夫死生之外乎。情教其近也，性教其遠也。誕乎

死生之外而罔之，其昧天理而絕乎生生之源也。

情教近，性教遠。情在生死之間，性出死生之外。語涵深義。是不啻謂佛陀之教，必至於慧能而始達

其極至。此亦與宗密原人論同意。又曰：

何道無中，何道無教。

契嵩極重言「中」，此乃以儒家中庸會通於釋氏而言之。故曰：

有事中，有理中。事中，萬事之制中者也。理中，性理之至正者也。
聖人所以為理必誠，為事必權，而事與理皆以大中得。

華嚴言「事理無礙」，宗密縮之於禪。贊寧宋高僧傳稱宗密有曰：

本一心而貫諸法，顯真體而融事理。超羣有於對待，冥物我而獨運。

契嵩亦兼治華嚴，大有宗密之風。今傳本六祖壇經，淵源亦自契嵩，見文集六祖法寶記敍。而其統事理於一「中」，中即本之「心」，所謂「超羣有於對待，冥物我而獨運」也。故契嵩之言「理」與「中」，義皆一指，由是而落實於事為則為道。契嵩又曰：

事有宜，理有至。從其宜而宜之，所以為聖人之教也。卽其至而至之，所以為聖人之道也。

又曰善。契嵩又曰：

聖人感人心而天下化之。與人順理之謂善，從善無迹之謂化。善之故，人慕而自勸。化之故，在人而不顯。

善不脩，人道絕矣。性不明，神道滅矣。聖人重人道，所以推善而益之。重神道，所以推性而嗣之。

聖人之感人心，由人心之同然。人受其感而化，亦若出於己心，不知由聖人之感，故曰「在人而不顯」。象山言「此心同，此理同」，而不重聖人之感化，則所言較契嵩為偏淺矣。又曰：善落實在人事，較具體，故曰人道。性會通於至極，較抽象，故曰神道。人道重修，神道重明。明出自性，而心則貴修。其言極深允。又曰：

人者、天者、聖人者，孰不自性而出。聖人者、天者、人者，孰不自善而成。所出者，固其本也。所成者，固其教也。

「人」與「天」與「聖」之三階層，契嵩乃用佛義。若依儒家言，則當曰「天」與「聖人」與「人」。其謂皆出於性，則猶朱子之言「天即理」。又曰：

全性莫若乎修，審性莫若乎證。修也者，治性之具也。證也者，見性之驗也。

佛家言「修」與「證」，亦猶孟子言「身之」與「反之」也。契嵩之言，不僅欲通儒、釋，又兼欲通百家，故又曰：

古之有聖人焉，曰佛，曰儒，曰百家。心則一，其迹則異。一焉者，皆欲人為善也。異焉者，分家而各為其教也。天下不可無儒無百家者，不可無佛。虧一教，則損天下之一善道。損一善道，則天下之惡加多矣。

以上雜引契嵩之闡佛道，其實皆由儒言而推廣言之。曰性情，曰心，曰理，曰善，曰化，曰教，曰修，皆一本儒言以闡佛道也。其闡申佛道之所主，本於一心，其義承自禪宗。言心必及乎事與理，則

承自華嚴。其分言心與性，則實本之儒家，較之唐代禪宗不別言心、性，所識益進矣。其言事，則推極之於治平政制，顯已越出於釋氏，此見北宋風氣所尚。蓋契嵩言治道，一本儒家，惟言教化，則不當擯釋氏耳。其辨心與識，謂「心必」，乃謂心必達至於事物之真以成識。事物多異多變，故曰「變者識也」。而又曰「天下之至存乎性」，蓋性則從同。此乃近於後理學家程朱一派格物窮理之教。朱子又以心屬氣，性屬理，可謂契嵩亦已先發之。惟契嵩所言，不如朱子之分別明析耳。

尤見契嵩之特出者，鐔津集卷三輔教編下有孝論十三篇。卷十一與石門月禪師，自稱「志在原教而行在孝論」，亦可見其以此自重矣。其言曰：

天下之有為者，莫盛於生。吾資父母以生，故先於父母。天下之明德，莫善於教，吾資師以教，故先於師。天下之妙事，莫妙於道，吾資道以用，故先於道。道者神用之本，師者教誥之本，父母形生之本。是三本者，天下之大本也。白刃可冒也，飲食可無也，此不可忘也。

儒家言天地君親師，契嵩會之於釋義，故以「天地之道」與「親」與「師」為三本。釋言佛、法、僧三寶，佛即「師」也。「親」之一本，則實為釋氏所不言。契嵩曰：

一一六

親也者，形生之大本，人道之大恩也。唯大聖人為能重其大本，報其大恩。故方其成道之初而登天，先以其道諭其母氏。三月復歸乎世，應命還其故國，示父於道而其國皆化。逮其喪父也，而躬與諸釋負其棺以趨葬。今夫為其徒，乃欲不務為孝，謂我出家專道，是豈見出家之心乎？

此言釋迦亦重孝道。又曰：

以善之，終亦歸死於是。

慧能始鬻薪以養其母。將從師，患無以為母儲。及還而其母已殂，慨不得以道見之，遂寺其家

嵩昌言孝道，又述及慧能紀念其母之事，為壇經所未及。又曰：

慧能雖言修行不必出家，但未明白提倡孝道。壇經敍慧能東山受法歸粵後事，亦無一語及其母。今契

律宗曰：不展哀苦者，亦道俗之同恥。吾徒臨喪，可不哀乎？目犍連，亦聖人也，尚不能泯情。吾徒其欲無情邪！

契嵩明白提出孝道，又明白提出一「情」字，皆見契嵩在僧人中之特出處；而亦見宋代社會學術風氣之變，由釋轉儒，其勢已不可侮，故契嵩亦隨而變，莫能自外也。契嵩以七歲出家，孝論十三篇，有序一篇，備述其對父母之哀思。

鐔津集卷四中庸解又曰：

鄭氏解「天命之謂性」云：「謂天所命生人者也。」疑若性從所感而有。感乎金、木、水、火、土之神，則仁、義、禮、智、信之性也。似非習而得之。吾嘗病鄭氏之說，豈能究乎性命之說耶！天命則天地之數，性則性靈也。蓋謂人以天地之數而生，合之性靈者也。性乃素有之理也。情，感而有之也。聖人以人之性皆有乎恩愛、感激、知別、思慮、徇從之情也。故以其教，因而充之。恩愛可以成仁，感激可以成義，知別可以成禮，思慮可以成智，徇從可以成信。孰有因感而得其性耶！物之未形也，則性與生俱無有也。孰為能感乎？彼金、木、水、火、土，其為物也無知，孰能諄諄而命其然乎？如鄭之言，則聖人者何用教為？

契嵩此辨，與後起理學家中程朱一派之主張有同有異。人由自然生，而性則人生以後因感而成。此與中庸「天命之謂性」涵義不同。因佛家言諸佛尤在諸天之上，故契嵩發此新義。明遺老王船山論性，頗近此。此層實尚待闡申。性必有靈，有對外物之

一二八

感應，聖人教之，遂成仁、義、禮、智、信，此說較近孟子。程朱言「性卽理」，而理必寓於氣，氣必寓有理。仁、義、禮、智、信，全爲性中所有，於是有「天地之性」與「氣質之性」之辨，反若與孟子有異。惟程朱言性，亦合天人而一之，則承自孟子。依程朱所言，人當從「氣質之性」者。似乎就人

「天地之性」。但依契嵩所言，則似謂人乃自「天地之性」而發展完成其「氣質之性」，復歸到文立場言，契嵩之說，更爲有積極向前之致。但佛家既把天地大自然的地位降低了，又以出世離俗爲其立教之大本，則從佛教中展衍出宇宙論，終必以涅槃境界爲其最後之歸宿。儒家在孔孟當時，尚保持一素樸的天帝觀。下至程朱，高抬理字，朱子說：「天卽理也。」素樸的天帝觀已放棄，但其天人合一觀，卽自然與人文之融會合一，自然界終自在人文界之上，人文界是從自然界中來，故程朱主張從氣質之性復歸到天地之性。其實此天地之性，亦可說是一純理界，與佛家之涅槃眞空不同。

華嚴有「理事無礙法界」，而更有「事事無礙法界」。其實此天地之性，亦可說是一純理界，豈能事事無礙。故華嚴立論，實爲未臻至圓之境。事事無礙，乃承道家觀點，一任自然，義不究竟，故有陰陽家與易、中庸之繼起。

契嵩已駁鄭玄注《中庸》，而華嚴事事無礙，反更不如鄭玄，當另有交代。惟由華嚴與禪配合，於是事事無礙只在一心。故宗密原人論以至契嵩之鐔津集，前後相符，同一規轍。但宗密與契嵩，皆極重教，此亦與陸王有異。陸王一本孟子，主張「心卽理」，其蔽不免輕視聖人之有教。就此言之，則宗密、契嵩又轉與程朱爲近。朱子斥象山近禪，但朱子亦甚有取於華嚴。比論儒、釋異同，此層大應注意。而此問題之重要性，則反而轉落到宇宙論上。朱子所以於二程以前尤特尊濂溪者在此。陸王

於宇宙論方面無貢獻，故其立說亦多窒礙不通也。

契嵩亦辨儒、釋。譚津集卷二輔教編中廣原教有曰：

神也者，妙也。事也者，麤也。麤者，惟人知之。妙者，惟聖人知之。天下以彼我競，以儒佛之事相是非，而天下之知儒佛之事，豈知其埏埴乎儒佛者耶！夫含靈者，溥天溥地，偏幽偏明，偏乎愚人禽獸，非以神道彌綸，而古今殆有棄物。聖人重同靈，懼遺物也，故聖人以神道作。

其實程朱言格物窮理，「理」之中卽無遺物，寧有一物能自外於理者。程朱又言性卽理，又寧有一物有生無生，而不有其「性」者。朱子以「理」與「氣」言宇宙，卽不煩多增一「神」字。釋氏降低了天地自然萬物的地位，只重一心之悟，把諸佛地位高抬在諸天之上，則更無以名之，而名之曰「神」。契嵩欲以此神道彌綸溥天溥地偏幽偏明偏乎愚人禽獸，謂可無棄物。不悟其仍遺棄了無生物。

又曰「聖同靈，懼遺物」，又與其分別人、天、聖人之義相歧。依契嵩義，禽獸性而不別，眾人靈而不明，此處僅當曰「同此含生」，或曰「同此有情」，而不當曰「同靈」。重同靈則必有遺物矣。譚津集中如此等處字語齟齬，尚多可遇。要之契嵩之論儒、釋，其有所發，亦僅可謂之大輅之椎輪也。

契嵩中庸解又曰：

善惡情也，非性也。情有善惡而性無善惡。性靜也，情動也。善惡之形見於動。犬牛性而不別。眾人靈而不明。賢人明而未誠，聖人誠且明。靜與天地同其理，動與四時合其運。

程朱言天地之性屬於至善。契嵩言性無善惡，則猶陽明四句教以無善無惡為心體也。言情有善惡，猶陽明以有善有惡為意動也。「犬牛性而不別」，是謂其一任自然，不能自有所分別抉擇。「眾人靈而不明」，蓋惟人性始有靈，始能自有分別抉擇。惟未盡其靈則不明。「賢人明而不誠」，則是其分別抉擇猶未能盡合乎天地之大理也。「聖人誠且明」，則天人合。以程朱義說之，契嵩之言明，是人之氣質之性；明而達於誠，則還歸天地之性矣。契嵩分聖、賢、眾人與犬羊為四等，其主要分別卽在此「靈」與「明」。然與上引一條有分歧，已辨如上。至謂性無善惡，乃道家義。契嵩服膺中庸，中庸乃儒家義。天命之性，決不能謂無善惡，故程朱謂「氣質之性，君子有勿性焉者」，契嵩亦不能辨。

余亦已闡其所以於前矣。故契嵩又曰：

仲尼曰：「惟上智與下愚不移」者，蓋言人有才不才，其分定矣。才而明者，其為上矣。不才而昧者，其為下矣。豈曰其性有上下哉。苟有性有上下而不移，則飲食男女之性，智愚皆有之，不可謂其性定於上下也。

程朱言「氣質之性」，正貴善加教導修習，以求上企於「天地之性」。陸王言「良知」，言「心卽理」，縱其言若有合於孟子，然推之其前如論語，其後如中庸，皆有未合，則未爲果得孟子之眞意也。契嵩此等處，轉近陸王，亦可謂悟有未徹矣。

契嵩中庸解又曰：

　敢問：中庸可以學乎？曰：學者，所以行其道。變而適義，所以爲君子。通而失教，所以爲小人。故言中庸者，正在乎學也。然則何以學？曰：學禮也。學樂也。禮樂修，則中庸至矣。

昔程子遊佛寺，曰：「三代禮樂盡在是矣。」契嵩以一僧人，極重儒道，盛推中庸，而曰學中庸主要在學禮樂。其言禮樂，所指不在佛門，而更要在俗世所謂之王道。其重學、重禮樂、重王道，皆於程朱爲近，與陸王爲遠。

鐔津集卷五有禮樂篇，其言曰：

　禮者，因人情而制中，王者因禮而爲政。人情莫不厚生，而禮教之養。人情莫不棄死，而禮正之喪。人情莫不有男女，而禮宜之匹。人情莫不有親疏，而禮適之義。人情莫不用喜怒，而禮

理之當。人情莫不懷貨利，而禮以之節。禮舉則情稱物，物得理，則王政行。王政行則其人樂

而其氣和。樂者，所以接人心而達和氣也。叔孫通制禮，事禮之儀者也。杜夔修樂，舉樂之文

者也。舉文則宜其治之未臻，事儀則宜乎其政之未淳也。

此等皆脫盡佛門僧徒束縛，暢論世俗所謂禮樂王道之事，不可謂無見。故契嵩實不僅援儒衛釋而已。

彼以七歲即出家爲僧，其於儒學，實亦有窺。較之同時如歐陽修、李覯之專業儒學者，或反不如契嵩

之儒、釋兼參，而別有深入。余嘗謂於中國歷史求如西方之文藝復興，惟宋代較近似。如智圓、契

嵩，則是當時由眞轉俗之先鋒人物也。

譚津集卷六性德篇有曰：

性，生人者之自得。命，生人者之得於天。德，能正其生人者也。藝，能資其生人者也。德

義，學之本，文藝，學之末。三代之盛，其教天下，所以學其本。三代之敝，其教天下，所以

學其末。學末，故天下皆僞。學本，故天下皆厚。

此謂「命」乃生人之得於天，「性」乃生人之自得。分別性、命，即上引「命則天地之數，性則性

靈」之義。佛氏抹煞天，必謂佛超乎天之上，契嵩性、命之辨即由此來。然則儒、釋之辨，其主要乃

在宇宙論方面，豈不於契嵩之論而可參乎？程朱之有補於孔孟，亦在此等處。

同卷存心篇有曰：

存心者，必慎其所以感。辨人者，必觀其所以應。

言靈則言感應。伊川曰：「有感必有應。所應復為感，所以不已。」朱子曰：「凡在天地間，無非感應之理，造化與人事皆是。」惟程朱言感應，兼及無生，契嵩專以心言，則其異。又喻用篇曰：

善之制惡，必於惡之於未形而善可勝矣。及其惡至乎不可掩，而欲推善以救惡，其勢可勝之乎？

又善惡篇曰：

有形之惡小，不形之惡大。有名之善次，無名之善至。教者情非性，情可移而性不可變也。君子善善，必審其名同。惡惡必辨其情異。

又〈性情篇〉云：

聖人之隆治也，仁以厚人性，義以節人情。是所以陰陽和而遂生物者也。禮教二十而冠，以其神盛，可以用思慮也。三十而娶，以其氣充，而可以勝配偶也。

凡此所言性情、善惡、禮教、義或未醇，要之皆粹然儒家言也。又卷七有〈品論篇〉，曰：

唐史以房、杜方蕭、曹。然房、杜文雅有餘，蕭、曹王佐不足。

又曰：

郭泰、黃憲，賢人也。訥言而敏行，顏子之徒乎！徐穉，哲人也，識時變而慎動靜。袁奉高之遁世也，不忘孝，不傷和，中庸之士也。

契嵩以一僧人，而能衡量人物，注意到人品上，更見其學養之非凡。

又〈治心篇〉有曰：

心即理也，物感乃紛。不治則汩理而役物。理至也，心至也，氣次焉。氣乘心，心乘氣，故心動而氣以之趨。今淫者暴者失理而茫然不返者，不治心之過也。

此既言「心即理」，而猶重言「治心」，所言較無陸王偏主之病。

又卷八文說有曰：

章表民始至自京師，謂京師士人高歐陽永叔之文，翕然皆慕而為之。潛子曰：「歐陽氏之文，言文耳。天下治，在乎人文之興。人文資言文發揮，而言文藉人文為其根本。歐陽氏之文，大率在仁信禮義之本，諸子當慕永叔之根本可也。」

此言文學，亦洞見根本之談。

又卷八西山移文有曰：

康定初，朝廷求儒於草澤，自然子引去不顧，故文以諭之，曰：「與其道在於山林，曷若道在於天下。與其樂與猿猱麋鹿，曷若樂與君臣父子。」

契嵩以一僧人而勸人出仕，更爲難得。

上引諸條，皆粹然儒者言，不染佛門山林氣。窺一斑，可以覘全豹。佛亦人文中一事耳。自晚唐以迄五代，人文隳壞，佛道亦將不存。契嵩得七歲出家，十三落髮，十九遊方，然其時，儒生多交方外，佛寺中亦多藏外典，故契嵩得此成就。卽舉鐔津一集，亦可徵人心世道之變，學術思想之轉向，讀者可由之以覘世運。至於儒、釋是非，則猶非本篇所專欲斤斤計量也。

（一九七七年三月二十一日至二十四日中華日報副刊，同年六月書目季刊十一卷一期轉載。）

濂溪百源橫渠之理學

第二期宋學，以周、邵、張、程爲主，而濂溪、百源、橫渠三家，又與二程微不同。前者如佛學之空、有二宗，後者如佛學之台、賢、禪三家。前者偏於宇宙本體之探討，後者偏於人文工夫之修證。前者偏向外，更重在性與理。後者偏向內，更重在心與情。此下分篇述其大要。

一

濂溪著作量不多，惟太極圖說與易通書兩種。太極圖說實即易通書之一部分。是濂溪講學專本於易。此仍是初期宋學風氣。茲先論其太極圖與說。

太極圖

無極而太極

陽動　　陰靜

火　水　木　金　土

乾道成男　　坤道成女

萬物化生

太極圖說

無極而太極。太極動而生陽，動極而靜，靜而生陰。靜極復動，一動一靜，互為其根。分陰分陽，兩儀立焉。陽變陰合，而生水火木金土。五氣順布，四時行焉。五行一陰陽也，陰陽一太極也，太極本無極也。五行之生也，各一其性。無極之真，二五之精，妙合而凝。乾道成男，坤道成女。二氣交感，化生萬物。萬物生生，而變化無窮焉。惟人也，得其秀而最靈。形既生

矣，神發知矣，五性感動而善惡分，萬事出矣。聖人定之以中正仁義，而主靜。（自註云：「無欲故靜。」）立人極焉。故聖人與天地合其德，日月合其明，四時合其序，鬼神合其吉凶。君子修之吉，小人悖之凶。故曰：立天之道，曰陰與陽。立地之道，曰柔與剛。立人之道，曰仁與義。又曰：原始反終，故知死生之說。大哉易也，斯其至矣。

劉原父、王荊公已論無極、太極、濂溪與劉、王同時，不知濂溪論太極，果與劉、王孰先？然「太極」本義，則當如劉原父說，太極乃氣之先，一種無物之物也。易繫辭傳：「易有太極」，鄭注：「極中之道，淳和未分之說也。」此太極亦可稱「太始」。許氏說文：「惟初太始，道立於一，造分天地，化成萬物。」亦可稱「太初」。白虎通天地篇：「始起先有太初，後有太始，形兆既成，名曰太素。混沌相連，視之不見，聽之不聞，然後剖判。清濁既分，精出曜布，齊物施生。精者為三光，號者為五行。五行生情性，情性生汁中，汁中生神明，神明生道德，道德生文章。其本則出於道家。古人論天地創始，大率如是。所以「極」又訓「中」，因最先一氣未分陰陽。左傳劉康公曰：「民受天之中以生」。『太初老子曰：「萬物負陰而抱陽，沖氣以為和。」沖即中也。陰陽未分為「中」，既分而仍不分，以其仍是一體，故為「和」。此一團和氣，卻時時變化不測，造成大用，是謂「庸」。中庸本與易通，皆儒、道雜糅之產品。濂溪太極圖說，大意仍不出此。試問天地萬物何自始，則實無自始。第一因無因可

三二

覓，故曰「無極而太極」。天地萬物開端第一因，卽可謂是無因，此之謂自然。萬物只是一氣，此氣只是一動，天地萬物始終只此一動，亦永遠是此一動，故易曰「天行健」。健卽天行，乃永遠不息之一動也。中國人看宇宙，與西方不同。西方人注重物質方面，故有唯心、唯物之爭；中國人不問其最
後之質料，而僅著眼其整體之變化，此整體之變化，則無始無終，只一動而已。然一落思維，乃至形於語言文字，則永遠偏而不全。太極乃絕對之一，必成爲無可說，亦無可思，則只有分成兩面說之。既分兩面說之，則說此便遺彼。有動復有靜，正如有前必有後，並非物有動靜前後，前後只是一體，動靜只是一變，但一經人之心維口說，卽不能不分成兩面。若永認此世界是一絕對，是一渾全圓整之體，則將不可思議，不可言說。思議言說了，便偏著到半邊去。故太極只是一動，同時亦卽是一靜。了靜，抑靜了動，此如問先有前抑先有後。當知此本同時並在。既說一動，便牽連有一靜，究竟是動

故說動靜「互爲其根」，卻不能死殺說誰是誰的根。天下一切動，又可分五種態勢，卽五行。水下行，火上行，木外行，向外舒張，金內行，向裏緊湊，土平行，平鋪安住。五行亦各有陰陽，由此化成萬物。此本秦漢人舊說，並非濂溪新創。但尚有一問題，所謂因果先後，於是有「天地萬物生於有，有生於無」，「無極而太極」一番理論，此爲莊老道家虛無思想之歸宿。因道家言與默觀並用，故莊周齊物，並論「道」與「言」；老子書開端，亦兼辨「道」與「名」。既不離名言，遂於「太極」之上安放一「無極」。濂溪太極圖實有道家宗趣，故曰「無極之眞，二五之精，妙合而凝」。

濂溪太極圖說大意只如此。此本秦漢人舊說，並非濂溪新創。人類思維言說中事，天地自然界本無所謂因果先後。今必以人類言說來剖窮天地，於是有「天地萬物

一三二

二五屬有，無極則無，故此無極，如劉原父所謂「無物之物」者，乃成爲宇宙最先之本體。此後朱子

說理先於氣，即由此。但理究不能說是無，理先於氣，較之自無生有更妥愜，此爲朱子發揮濂溪太極圖

之圓通精明處。但若專從先秦儒如易、庸二書之見解則不然。因此二書，乃捨棄名言思辨，專就默

觀，直入天地實際境界，故謂天地萬物只是一動，不再於動上尋前因。故易說「天行健」，又說「易

有太極」，更不再須言無極也。又若由此向下穿鑿，分成五行，又分配爲仁、義、禮、智、信五德五

性，則是陰陽學家之畫蛇添足，在易書裏亦無此枝節。濂溪太極圖說，乃把先秦儒、道、陰陽三派融

合，而始完成其自創的宇宙論。若果以易繫辭相繩，實不能說兩書之脗合也。

再說太極圖之下一半，此乃濂溪之人生論。宇宙既是動靜互爲其根，而濂溪卻專說「主靜立人

極」，此又與易傳異。易主動，故曰「天行健，君子以自強不息」。濂溪轉主靜，究竟不脫道家味，

故在本體論上定要說「無極而太極」，在人生論上定要說「主靜立人極」。濂溪自注：「無欲之謂靜」，

此乃只就人事言。若言天行，則動亦本非是欲。整個天體只是一動，則整個天理亦只是一動，而濂溪

此處下語，實仍有病。惟人道若一依自然，如莊老所言，終將無人道可立。故人道雖本自然，而終必

異於自然，如中庸之言「與天地參」。故在天地太極以外，濂溪必另立一人極；而此人極，又不外於

天地之太極，又不卽是天地之太極。此乃宋學精神所以異於莊老之一主自然也。

在人生方面，濂溪乃主性情分別論者。故曰：「惟人得其秀而最靈」，指人性言；又說「形既生

矣，神發知矣，五性感動而善惡生」，則是由性生情。所以性善而情不盡善，性屬先天，所謂「人生

而靜以上不可說」也，情屬後天，此乃人生落到形氣，性與外物交接後事。此種說法，復與孔孟有異，只是漢儒以下及韓昌黎一派之理論有此。濂溪承之，此下張、程乃至南宋晦菴一派皆如此，卽象山、陽明大體亦跳不出此範圍。人唯本於天，亦不能外於天而自存；然既已爲人，則亦終不能不有所自立。故太極之外又有人極。此正宋儒之積極精神所在，雖受老、釋影響，但終不爲老、釋所囿，雖若有異於先秦，然終亦與先秦儒同源共本。此則不可不微辨也。

濂溪通書大意，與太極圖說無殊。惟通書多用中庸，與太極圖說之多據易傳者爲小異。通書中最主要者乃一「誠」字。謂：

又說：

誠者聖人之本。聖，誠而已矣。

誠無爲，幾善惡。寂然不動者，誠也，感而遂通者，神也。動而未形有無之間者，幾也。

中庸言誠，乃指整個宇宙不息不已之一動而言。而通書語氣，則似另有一「誠」的本體在動之前，寂然不動以待感。惟其如此，故須「主靜立人極」。則是把天地人生分成先後兩截，先天一截是本體，

後天一截是現象，是作用。人生最大功夫，則要把後天一截工夫逆挽到先天本體上去。這一說法，已把道家自然，以及釋氏出世太重本體的觀念沖淡而融和了。

濂溪又云：

聖可學乎？曰：可。曰：有要乎？曰：有，一為要。一者，無欲也。無欲則靜虛動直，靜虛則明，明則通。動直則公，公則溥。明通公溥，庶矣乎！

此處以靜虛、動直兩個境界說無欲。但靜虛、動直顯有先後，正如下文明通公溥亦有先後，而以靜虛為前一截，動直為後一截，靜虛是人生修養工夫，動直則是天地自然現象。此等處，皆是以人生修養逆挽到自然本體上去的顯然例證。故說「誠無為」，又說「君子慎動」，皆是此意。

通書凡四十章，其最末一章說蒙，艮二卦有曰：

山下出泉，靜而清也。汩則亂，亂不決也。艮其背，背非見也。靜則止，止非為也。為不止矣。

依然要靜要清，要不汩，要止，要不見不為；明白言之，則是要不陷落在人生實際中以求保全其天地

之體之本原。此是濂溪思想之大體段。但濂溪又云：

> 志伊尹之所志，學顏子之所學。

此處濂溪並舉伊尹、顏子，尤見濂溪思想確承宋初精神。范仲淹以天下爲己任，「先天下之憂而憂，後天下之樂而樂」，此即「志伊尹之志」也。胡安定以顏子所好何學論試太學諸生，此即「學顏子之學」也。孟子曰：「禹、稷、顏回同道」，而孔子之評顏子，則曰：「用之則行，舍之則藏，惟我與爾有是夫。」則顏子、伊尹雖可相提並論，卽綰合心性、事功而爲一，本爲宋初精神，然自荊公熙寧變法繼范文正慶曆變法失敗以來，學者更看重「舍之則藏」之修養工夫，第二期宋學仍要從第一期宋學之重視人事方面者推擴而到更深微之心性方面去，遂以成其爲第二期宋學之特徵。固非從人事積極方面消極後退，乃是從心性本體最先源頭上厚植基礎。故荊公爲第一期宋學之殿軍，而濂溪則成爲第二期宋學之創始也。

康節與濂溪同治易，而兩人意態頗不同。濂溪主張立人極，確然儒學矩矱；康節觀物，近於莊周道家。故後人羣尊濂溪爲理學開山，而康節則擯不預乎濂、洛之列，亦依此意態判之也。或謂康節皇極經世衹是京、焦末流，則詆詬逾倫，不足爲康節病。康節學術精神，殊不在此。大抵康節是一豪傑人，其象數之學得諸方外，其操行持守，亦有超然世外之致。然康節於象數外實別有見地，其得力在能觀物，此一派學問，在中國頗少出色人物。前有莊周，後有康節，再無第三人可相比擬。康節乃是撇脫了人的地位來觀物者。有觀物內外篇。有云：

道爲天地之本，天地爲萬物之本。以天地觀萬物，則萬物爲物。以道觀天地，則天地亦爲萬物。道之道盡於天，天地之道盡於物，天地萬物之道盡於人。人能知天地萬物之道所以盡於人者，然彼能盡民也。

此言「盡民」，猶孟子言「盡性」，中庸言「盡人性」，皆是不違自然之人本位主義。是康節乃以道家

二

途徑而走向儒家之終極目標者。此復與朱子之「格物窮理」有何差別？故後儒亦以朱子爲最能欣賞康節也。康節又曰：

人之所以靈於萬物者，謂其目能收萬物之色，耳能收萬物之聲，鼻能收萬物之氣，口能收萬物之味。聲色氣味者，萬物之體也。目耳鼻口者，萬人之用也。體用交而人物之道備。然則人亦物也，聖亦人也。有一物之物，有十物百物之物，有千萬億兆物之物。生一物之物當兆物之物者，豈非人乎？是知人也者物之至，聖也者人之至。人之至者，謂其能以一心觀萬心，一身觀萬身，一世觀萬世。能以心代天意，口代天言，手代天工，身代天事。能上識天時，下盡地理，中盡物情，通照人事。能以彌綸天地，出入造化，進退今古，表裏人物。

此可謂是康節的新人本位論，其言最近中庸。蓋康節之新人本位論，非離人於物言，乃合人於物而言之。即就物的範疇中論人，即於物的範疇中發見人之地位和其意義與價值。人之與物，本皆偏而不全。人的地位之高，在其能由偏而全，使萬物之全體即在人之一偏中呈現。如何能使全體在一偏中呈現，其要即在「觀」。康節又謂：

夫所謂觀物者，非目觀之，觀之以心也。非觀之以心，觀之以理也。聖人所以能一萬物之情

者，謂其能反觀也。反觀者，不以我觀物，以物觀物之謂也。既能以物觀物，又安有我於其間哉。

此謂以物觀物，謂之「反觀」，「反觀」與「反省」略有辨。反省者，以我觀我之謂；反觀則以物觀物之謂。人亦一物，而爲一能觀之物。惟康節之所謂觀，並不主以人之本位觀，而主以人返於物而觀，故謂之「反觀」也。康節又曰：

以物觀物，性也。以我觀物，情也。性公而明，情偏而暗。

以我觀物乃主觀，以物觀物乃是客觀。實則不啻是以天觀物也。故康節謂以物觀物是性，以我觀物是情也。常言天性、人情，是性、情之辨，即天、人之辨也。康節又謂：

以我徇物，則我亦物也，以物徇我，則物亦我也。我物皆致意，由是明天地亦萬物也，萬物亦我也，我亦萬物也。何物不我，何我不物，如是可以宰天地，可以司鬼神。

故康節之觀物，乃是一種客觀，而非人本位觀。乃以我融入物中，我亦一物，而物亦一我。乃由偏合

全而成其天。人何以能由偏合全，何以能使全體在一偏中呈現，正爲其能超出一偏之地位而爲總體之客觀。康節主性情分別論，亦主以理觀物論。此與朱子之格物窮理，似乎本末倒置，惟朱子亦主「莫不因其已知之理而益窮之」，則朱子仍是以理觀物也。莊子則可謂是「以道觀物」。此康節之所以不失爲理學家矩矱也。康節又說：

性非體不成，體非性不生。陽以陰爲體，陰以陽爲性。動者性也，靜者體也。

此處康節以性、體對立，而性、體實合爲一物，非於體外有性，而即於體中見性。人性之所以異於物性者，亦僅其體之異於物而已。康節此處言「動者性、靜者體」，實與濂溪言「主靜立人極」亦相同。蓋通天地萬物，實同是靜爲體而動爲性也。

康節又說：

氣則養性，性則乘氣，故氣存則性存，性動則氣動也。

此處又以性、氣對立，以動爲性，而謂性隨氣體而見。又曰「性乘氣，性動則氣動」，則似以性爲主。氣因性動，則因氣僅是陰是體，性始是陽是動也。此處頗近朱子之理氣論。朱子所謂理，似屬空靜而

一四〇

非實能主動者。然程朱又言「性即理」，性能動，則似理亦能動，惟其動而主於一，故以謂之靜耳。易只言陰陽，康節又把陰陽分體性，此是康節之新見解。康節之所以與古人異者，因古人無此「體」的觀念，乃自王弼以後始有之。自有此體的新觀念，於是一切言思，亦遂不得不與古人有異。而理學家則自相一致，亦可於此覘之。

康節又云：

天地之本，其起於中乎？人居天地之中，心居人之中。心為太極。

此乃康節新人本位論中之唯心論。彼謂「心」乃宇宙之中心，亦即是宇宙之起點，故「心為太極」。濂溪言「主靜立人極」而「無欲為靜」，無欲亦主「心」言。後人僅以先天圖與大極圖相提並論，又多闡濂溪，少研康節，只以康節限於象數之學，此實此下學術思想史一缺憾。

康節又說：

先天學，心法也，圖皆從中起，萬事生於心。（先天卦位圖說）

心一而不分，可以應萬變。

可見康節之先天學與其唯心論，仍是人本位者。彼乃站在其新人本位之客觀主義，而同時建立其唯心論。謂只有人之心知，始可達到超偏合全之境界，而回復到天地自然。惟其自然中已涵有人之理想，故謂「萬事生於心」，然並不謂宇宙萬物之最後質料爲心。此乃中國哲學與西方分途處。

康節又云：

先天之學，心也。後天之學，迹也。出入有無死生者，道也。

彼所謂「心」，乃與「迹」對，不與「物」對。彼所謂「道」，乃兼包心迹先後天而言，故亦不淪於虛無。故彼雖爲一唯心論者，而不害其爲一客觀主義者。彼乃一客觀的唯心論者。所謂客觀的唯心論，因其能以心、迹相融，把心的範圍放寬了，把人的地位提高了，把主觀與客觀的界線也衝破了，偏與全之間也凝合了。彼之思想路徑，亦有些近似唐代之華嚴宗。華嚴本可與莊子相通，莊子與康節乃中國觀物派哲學之兩大宗。康節或可由研窮莊周而連帶接受華嚴影響。而朱子於佛書中亦頗喜引華嚴。此可謂宋代理學中一特殊方向，惟後人震於康節之數學，在其觀物論方面，並無嫡系傳人，則可

惜也。

三

上述濂溪、百源皆治易，橫渠亦治易，而橫渠之性格與濂溪、百源皆異。若以濂溪、百源爲較近顏淵、莊周，則橫渠似與荀況、墨翟更似。橫渠堅強卓絕，尚禮勝於尚仁。思理縝密，精於辨析，在其正蒙中剖辨道、釋與儒家異同，對當時儒學復興有大貢獻，亦正如荀子有正論篇、非十二子篇等。但橫渠最大著作，則爲西銘。今先錄其全文：

乾稱父，坤稱母，予茲藐焉，乃渾然中處。故天地之塞吾其體，天地之帥吾其性，民吾同胞，物吾與也。大君者，吾父母宗子，其大臣，宗子之家相也。尊高年，所以長其長，慈孤弱，所以幼其幼。聖其合德，賢其秀也。凡天下之疲癃殘疾，惸獨鰥寡，皆吾兄弟之顛連而無告者也。於時保之，子之翼也，樂且不憂，純乎孝者也。違曰悖德，害仁曰賊，濟惡者不才，其踐形，惟肖者也。知化則善述其事，窮神則善繼其志。不愧屋漏爲無忝，存心養性爲匪懈。惡旨酒，崇伯子之顧養。育英才，潁封人之錫類。不弛勞而底豫，舜其功也。無所逃而待烹，申生

其恭也。體其受而歸全者，參乎。勇於從而順令者，伯奇也。富貴福澤，將厚吾之生也。貧賤憂戚，庸玉汝於成也。存吾順事，沒吾寧也。

此文與濂溪太極圖說，同爲宋儒有數大文章。程門專以西銘、大學開示學者，卻不提濂溪太極圖。然西銘大理論，只說「萬物一體」，其實此論並非儒家言。孟子只主張一種人類同情心之推擴，並未說天地萬物本屬一體。若說是一體，亦只可從人類心上說起。是孟子只說「老吾老以及人之老，幼吾幼以及人之幼，善推此心，可以保四海」。其真從外面說起，確實指其爲萬物一體者，則爲濂溪太極圖說與百源之觀物篇。其論近道家，故爲二程所不喜。橫渠正蒙亦多從外面說，故二程亦多不贊成處。西銘則從萬物一體之結論下來闡說人生政教大原與心性修養，特與先秦儒陳義更相近。乃特受二程之贊賞。先秦由外面闡說萬物一體者，爲莊周與惠施。莊周由直觀宇宙大化而言萬物一體，惠施由分析名言異同而歸結到萬物一體。孔孟則專就人類仁孝之心，即人類同情心方面言來建立人倫，卻不透過此而說萬物一體。因萬物一體已屬宇宙論範圍，而孔孟則偏重人生論。後來佛學更然。初期宋學就六經論人事，不肯透進一層來講宇宙。但道家、名家則要透過此平面，深入到裏一層。百源亦有先天學來講人生以前之宇宙，亦尚多平面話；到第二期便耐不得，多不免要透進一層說到宇宙。故兩人言思，後人多疑其近道家。孫夏峯說：「西銘就既有天地說起，太極圖說就未有天地說起。」分析太

極圖說與西銘異同極扼要。因此二程極推西銘。其實西銘中所說，也多非古代儒家所有。如云「天地

之塞吾其體」，此猶佛家之「法身」。「天地之帥吾其性」，此猶佛家之「法性」。上引康節亦以「體」

與「性」分說宇宙，可見此等分法已成時代意見。佛學流傳中國將近千年，此等思想，亦已深入人

心，宋儒雖存心闢佛，但不知不覺間也多用了佛義。其實此問題頗費周章。萬物一體，試問究該由內

心證成，還是由外物研窮，在佛家自有他一套理論，在宋儒卻不得不另尋說法。明道識仁篇云：

仁者渾然與物同體，西銘備言此體。以此意存之，更有何事？

此乃主由內心存證。仁者始是渾然與物同體，其餘則不能。而西銘徑言「天地之塞吾其體」，是不仁

之人亦復與物同體也。稍後伊川，於明道「誠敬存之」之說以外，又補上「致知」一義，又以「格

物」為「致知」工夫，直到晦菴，在此方面推演盡致，便轉到由外面萬物來研窮此理。故朱子同時

兼尊濂溪、康節，此顯見朱子與二程意見有不同處。二陸則稍近明道。這裏便兆出朱、陸爭端。此乃

宋學中一大問題。今且置此不論，來看橫渠自己意思。大體上彼之所謂萬物一體，亦是由外研窮，其

理論全在正蒙。而伊川答橫渠書云：

以大概氣象言之，則有苦心極力之象，而無寬裕溫和之氣，非明睿所照，而考索至此，故意屢

偏而言多室，小出入時有之。更願完養思慮，涵泳義理，他日當自條暢。

又告楊龜山云：

橫渠立言誠有過者，乃在正蒙，若西銘擴前聖所未發，與孟子同功。

明道亦云：

西銘，橫渠文之粹者，充其盡，聖人也。然言有兩端，有有德之言，有造道之言。有德之言，說自己事，如聖人言聖人事也。造道之言，則智足以知此，如賢人說聖人事也。

此見二程皆主由內心直證，不喜向外推尋。而謂橫渠只是後一路。尤其正蒙，是推索所至，非涵養所達，故不能相契也。

正蒙大體仍本於易。正蒙云：

太虛無形，氣之本體。其聚其散，變化之客形爾。至靜無感，性之淵源。有識有知，物交之客

感爾。客感客形，與無感無形，惟盡性者一之。

此仍是體、性分言，大致與康節同。惟易繫只云：「一陰一陽之謂道。」陰陽只是一氣，並沒有在氣之外另立一太虛之體。又說：「繼之者善，成之者性。」繼與成亦即指此一陰一陽言，並沒有說在此一陰一陽之前另有一無感之源。易繫雖羣進了道家言，然仍是代表中國古代的儒家思想，是說平面的一元論。橫渠則似透進一層，變成爲雙層的二元論了。亦可說是雙層的一元，古人體與性不分言，而宋人則分言之，此正見橫渠之亦受佛家影響處。但橫渠本意在根據儒說闢佛、老，論其大體，橫渠亦確是一儒家，非佛、老。但橫渠必增入「氣」與「太虛」之辨，太虛是體，氣是象，其實亦還是一偏與大全之辨。氣屬一偏，太虛則爲大全。以大全整體言，若無感無形。惟無感並非寂滅，無形並非虛空。此乃橫渠立言宗旨。故正蒙又云：

知虛空卽氣，則有無、隱顯、神化、性命，通一無二。若謂虛能生氣，則虛無窮，氣有限，體用殊絕，入老氏「有生於無」自然之論，不識所謂有無混一之常。若謂萬象為太虛中所見之物，則物與虛不相資，形自形，性自性，形性天人不相待，而有陷於浮屠以山河大地為見病之說。

此處橫渠排擊佛、老，不主張虛能生氣，又不主張氣在虛中見；可見他所謂虛空與氣之辨，只是一偏與大全之辨。其實又走上了惠施名言之辨的路上去了。此在名家，惠施與公孫龍亦有此辨。今若就易繫言，則只是一氣聚散，更無所謂主客與體用。要說主客與體用，便不免偏輕偏重。即道家說「有生於無」，實亦是對名言之遮詮，而非實際之表詮。莊老思想亦尚是平面一元的，直到佛書傳入，始有雙層二元的想像。橫渠雖闢佛，實深受佛書影響，謂「太虛為氣之體」，「無感為性之源」。又分主客體用，則到底會使人偏傾於大全方面而看輕了一偏。其實一偏更不該看輕，沒有一偏，更無法合得上大全。二程說的「理一分殊」，此義極堪味。天與人，亦即是理一分殊也。橫渠又說：

形而後有氣質之性，善反之則天地之性存焉，故氣質之性，君子有弗性者焉。

此處若仔細分說，「氣質之性」屬一偏，「天地之性」則是大全。但大全之性無感無形，到底使人難把握。二程對此與橫渠有略相似的見解，故朱子說：

氣質之說，起於張、程，極有功於聖門，有補於後學，前此未曾說到。故張、程之說立，則諸子之說泯矣。

其實張、程此番理論，亦可謂只成了變相的荀子。即就橫渠意，太虛即氣，似可不必再分辨天地與氣

質。今以天地之性爲太虛本體，氣質之性爲聚散客形，則天地之性正略如王介甫所謂「未發之性」，

氣質之性略如王介甫所謂「已發之情」，早已顯分兩截。即康節之所謂先、後天，太虛即先天，氣則

屬後天，要之是同有此一想法，只是人人言之不同而已。惟橫渠不言發，而言感，必以無感爲性源，

謂即天地之性；以知識爲物交後之客感，謂即氣質之性；則孟子所謂惻隱、羞惡、辭讓、是非，何

一非物交後之客感？何一非氣質之性？除卻氣之外，何來一太虛？除卻一切客感，更何來有一無感？

橫渠正蒙到底不脫一種上下雙層前後兩截的二元論，並非平面的一元論，所以二程要對他不滿。而二

程終亦不能與橫渠全異其說。故知宋代理學中，到底羼有道家、佛家之說；惟不得遽認理學即是佛、

老，而必認仍是儒家，此則不可不細辨也。

上述三人中，康節比較最豪放，他說：「所行之路不可不寬，寬則少礙。」他並不嚴肅講修養工

夫；濂溪、橫渠卻注意講個人修養，理學氣味更重。但二人亦有不同。周元公是一高潔人，黃魯直贊他

如「光風霽月」，其理想境界爲無欲，如青蓮之出汚泥而不染。橫渠則是艱苦卓絕，他自說：

言有教，動有法，晝有爲，宵有得，息有養，瞬有存。

可見他生活之謹嚴。整個生命，乃全在工夫上。他又說：

為天地立心，為生民立命，為往聖繼絕學，為萬世開太平。

又可見他志願之宏大。他亦要立人極，但不僅是無欲而已。竊嘗欲為橫渠此兩節話題一名字，稱之為「六有四為之學」。這是橫渠內心外行絕大人格之表現。彼只是主張強力有為，所以有些處使他像荀子，有些處使他像墨子。這亦是他性格使然。朱子云：

坐徹曉，他直是恁地勇，方做得。

橫渠教人道，夜間自不合睡，只為無應接，他人皆睡了，己不得不睡。他做正蒙時，或夜裏默

在先秦人物中，惟墨子、荀子有些近似，與顏淵、莊周則似相距太遠了。但此亦只就其行誼言，論其學術路向，思想淵源，則依然是孔孟。

茲再論西銘。孔孟論孝道，只就人對其生身父母之同情心而言。由此擴充，由修身而齊家、治國、平天下，皆由此心貫徹，而成為一套極自然極平實的人生哲學。但橫渠西銘，則不重言心情，而建本於其另一套的宇宙論，而重言理性。亦可謂孔孟由內達外，本於德而達於道；橫渠由外轉內，本

於道而成其德。由橫渠言之，一切人生行為，乃不啻是孝於宇宙，由其所以孝於宇宙者而孝其父母。

但橫渠所論之宇宙，卻又只是太虛一氣。宇宙生萬物，究與父母生子女不同。故橫渠主張「為天地立

心，「為生民立命」。此不僅與墨子言「天志」不同，亦與孔孟言「天命」不同。橫渠之宇宙論，深入

言之，無寧是更近於老、釋。惟老、釋歸之虛無寂滅，橫渠則歸之萬物一體。一虛一實，其終不失為

一儒家者在此。

即在先秦，易、中庸已受道家影響，不能如孔孟之專就人事人心立論，而要顧及外面之宇宙。及

南北朝、隋、唐、五代，經佛學長期浸染，宇宙論乃正式轉躆人生論之上。惟唐末五代，人事壞亂已

極，故初期宋學，又追尋儒家六經，以期人事之改善。至於重建儒家的新宇宙論，以排拒老、釋者，

則已達宋學之第二期，而濂溪、康節、橫渠三家之功為大。惟濂溪、橫渠皆兼重易、庸，康節則似只

重易；二程於此三家，皆不全同意，而康節尤受後人歧視，其分別即在此。待南宋朱晦翁起，始於二

程外，又同尊此三家，而完成其一套完整的新宇宙論，取與二程之吃緊為人，一宗孔孟，注重向內，

更偏性情實際修養者，融會和合，而宋學遂臻於大成。

象山譏晦翁為「支離」，即言其不能不向外尋索也。陽明繼象山，皆同尊孟子，專一從人事人心

立言，然於宇宙萬物，寧能摒棄於不論不議之列？陽明晚年思想改變，欲從「致良知」推擴到宇宙論方

面去，於是有儒、釋、道三教合一之說，其言魯莽滅裂，終不能滿人意。大抵宋明理學之先後演變，

大體略如是。今專就濂溪、康節、橫渠三人言，則三家有其大同處。二程對之同有所不滿，晦翁始取

與二程同一尊崇，則程、朱間亦自有不同。治宋學者，當先攬其大體，然後再進而分別其細節。其由此而又更別有所演進，此則後人之事，亦非古人之所能限也。

（民國三十五年五月東方雜誌四十二卷十期。後又經修改。）

論太極圖與先天圖之傳授

宋代學者率好治易，於易又率好治圖象。濂溪太極圖，康節先天圖，二者並爲朱子所盛推。於濂溪太極圖，謂其：「得千聖不傳之秘，孔子後一人而已。」於康節先天圖，則曰：「程演周經，邵傳犧畫。」其尊信如此。故黃勉齋作朱子行狀亦謂：「太極、先天二圖，精微廣博，不可涯涘。先生爲之解剝條畫，而後天地本源，聖賢蘊奧，不至於泯沒」也。然此二圖在學術上之價值，果如朱子所推尊否，在當時已多異議。明、清以來，駁擊圖象之說益烈。遂謂濂溪太極圖、康節先天圖皆源出方外，因謂宋儒卽和尚、道士之變相。其說至今，更爲時流所信。余曾論宋學淵源，大本決非出於方外。而此先天、太極二圖，則有未可一概而論者。

康節易學受之李之才挺之，此明道明言之。曰：「堯夫欲傳數學於某兄弟，某兄弟那得工夫？要必如此。」挺之之學得之穆修伯長，程子亦言之。曰：「堯夫初學於李挺之，師禮甚嚴，雖在野店，飯必襴，坐必拜。欲學堯夫，亦須是二十年工夫。」

先生之學得之李挺之，挺之得之穆伯長。推其源流，遠有端緒。今穆、李之言及其行事概可見

矣，而先生之純一不雜，汪洋浩大，乃其所自得者多。

此可謂康節易學之定論。謂康節受易於穆、李是也，謂康節之學即穆、李之學則大不可。

穆修之學，或謂其源出希夷。《東都事略》謂：

華山陳摶讀易，以數學授穆修，修授李之才，之才授邵雍。

其說蓋據邵伯溫《辨惑》。謂：

先君子易學微妙玄深，其傳授本末，則受易於李之才挺之，挺之師穆修伯長，伯長師陳摶圖

南。先君之學雖有傳授，而微妙變通則其所自得。

朱子亦言之。曰：

先天之學，康節得於李挺之，挺之得於穆伯長，伯長得於希夷。

又論先天圖答袁機仲書有云：

此非熹之說，乃康節之說。非康節之說，乃希夷之說，非希夷之說，乃孔子之說。但當日諸儒既失其傳，而方外之流，陰相付受，以為丹竈之術。至於希夷、康節，乃反之於易。

是皆明謂邵氏先天易淵源希夷也。惟李挺之以天聖八年成進士，時康節年二十。越二年，穆伯長以明道二年卒。則三人易學傳授事自可信。若陳圖南遠在宋初，年世不與穆伯長相接，則謂伯長易學受之圖南，似有未的。

晁以道嵩山集卷十六傳易堂記，獨謂：

有宋華山希夷先生陳摶圖南，以易授終南徵君种放明逸，明逸授汶陽穆參軍修伯長。而武功蘇舜欽子美亦嘗從伯長學。伯長授青州李之才挺之。挺之授河南邵康節先生雍堯夫。

种放卒於真宗大中祥符八年，年六十一。陳摶卒於太宗端拱二年，是歲放年三十五。據宋史放傳，真宗咸平四年，張齊賢上言：「放隱居三十年，不遊城市十五年。」是時放居終南豹林谷之東明峯，已

四十七歲矣。蓋摶卒已值放不遊城市之際，而放之隱居尚在摶之卒前。據張齊賢說，放始隱應在太祖開寶五六年間，陳摶朝京師在太宗雍熙元年。時放雖隱，而史稱其每來往嵩、華間。則當放之盛年，或可得摶之傳。又考穆修成進士在大中祥符二年，种放以是年四月歸終南，明年正月復召赴闕，四年又來朝，並從祠汾陰。則穆之得傳於种，事亦可有。似諸家言穆得易學於陳摶，乃略去种放言之。或由放在當時頗滋誹議，故談者不欲稱引。否則穆修易學得之陳摶，或出當時傳說，後人覺其年世不符，故特資种放爲彌縫。二者必居其一，今則無可詳論耳。

先天圖以外復有河圖，亦謂傳自希夷。朱震云：

河圖劉牧傳於范諤昌，諤昌傳於許堅，堅傳於李溉，溉傳於种放，放傳於希夷陳摶。

許堅，馬令南唐書有傳，稱其：「厲廬山白鹿洞，後或居茅山，或入九華。舊與樊若水善，若水北渡後，因轉輾江南，遇堅於簡寂觀，勉以仕。堅顰蹙不答。嘗至陽羨，人不之識。一日涉西津，凌波闊步，若平地然，眾眆神之。」則堅乃南士，而面目近神仙中人。若謂乃希夷四傳弟子，則年世太不侔，決不可信。盧山舊志，言許堅死於金陵。乃及宋景德中，陳靖遊廬山，遇堅出謁，後人乃言堅在景德中當未死。其怪誕如此。李溉著有卦氣圖一篇，朱震謂其原於易緯類易說通卦驗，其他不可考。范諤昌建溪人，天禧中爲毗陵從事。著有證墜簡，晁以道謂：

其書酷類郭京舉正，並頗為胡翼之、程正叔所取。自謂其學出於溢浦李處約、盧山許堅。意者豈果有師承，故胡、程取之。

陳振孫言其書傳授亦同晁氏，而曰：

世或言劉牧之學出於諤昌，而諤昌之學亦出种放，未知信否。晁以道、邵子文、朱子發皆云爾。

劉牧字長民，衢州人。晁氏曰：「仁宗時言數者皆宗之。」陳氏亦曰：「牧之學盛行於慶曆時。」覈其時地，皆與范諤昌相接。則謂牧之易受之諤昌，事亦可有。又自諤昌上推溢浦李處約，殆即李溉。自溉上推許堅，當值五代、宋初。則劉牧易學乃宋初廬阜溢浦隱者之所傳，與華山、終南南北曠隔，渺不相涉。陳、种、穆、李以及康節，皆北人也。朱震既誤倒李、許之前後，又妄附之於种、陳。其說差錯，甚不可信。至王偁東都事略益鑿鑿而言之，曰：

華山陳摶讀易，以數學授穆修，修授李之才，之才授邵雍。又摶以象學授种放，放授許堅，堅

授范諤昌。

一若陳摶身前截然有此象、數兩脈之傳緒，毛西河所謂摶學「兩支一幹」。此皆虛妄不實之說。後儒屢辨劉牧、陳摶龍圖異同，蓋不免多爲此等傳說所誤耳。

朱震進周易表，又謂：

陳摶以先天圖傳种放，放傳穆修，修傳李之才，之才傳邵雍。放以河圖、洛書傳李漑，漑傳許堅，堅傳范諤昌，諤昌傳劉牧。修以太極圖傳周敦頤，敦頤傳程顥、程頤。

其述河圖、洛書之傳，差誤已如上辨。其說太極圖傳授，亦頗難信。而胡宏序易通遵其說，曰：

或曰：周子傳太極圖於穆修，修傳先天圖於种放，放傳於陳摶，此殆其學之一師，非其至也。

今考濂溪十五歲從母入京師，時爲仁宗天聖九年。翌年，明道元年，穆修卽卒。濂溪得見伯長從而受學與否，其事已不可證。惟程氏言易，實不原本濂溪。邵伯溫聞見前錄，記程子與謝湜書，言讀易當先觀王弼、胡瑗、王安石三家。伊川易傳，曾無一語及太極。而於觀卦辭云：「予聞之胡翼之先生。」

於大畜上九云：「予聞之胡先生。」於夬九三云：「安定胡公移其文。」於漸上九云：「安定胡公以遯爲陸。」則朱震謂濂溪以太極圖傳二程，殊無憑信。既可臆說其所授，亦可臆說其所受。故謂穆修一人分傳先天、太極兩圖，其說本諸朱震，亦如述劉牧河圖之傳，實同爲齊東野人之說也。

濂溪太極圖來源，又別有創爲新說者。晁氏曰：

朱震言頤之學出於周敦頤，敦頤得之穆修，修亦本於陳摶。然考正叔之解不及象數，頗與胡翼之相類。景迂云：胡武平、周茂叔同師潤洲鶴林寺僧壽涯，其後武平傳其學子於家，茂叔則授二程，與震之說不同。

晁氏又謂：

元公師事鶴林寺僧壽涯，得「有物先天地，無形本寂寥，能為萬象主，不逐四時凋」之偈。

今按：游定夫記程子語，曾謂「周茂叔窮禪客」，知濂溪自有與方外相親事。然謂其著太極圖說，必自壽涯得之，此仍無可考信。濂溪志亦謂：

胡宿嘗至潤洲，與濂溪遊，或謂與濂溪同師潤洲鶴林寺僧壽涯。或謂邵康節之父避近先生於廬山，從隱者老浮屠遊，遂同受易書。

度正周卿則謂此隱者即壽涯。然則壽涯究居廬阜，抑住北固，已無確說。或竟謂壽涯即麻衣，則尚在陳摶前，豈得下接濂溪？世俗好怪不實，即此可見。今姑以壽涯爲鶴林寺僧論之，胡宿游潤州，應在仁宗寶元元年。時胡年四十三，濂溪年四十六。一時同往來者有許渤。時范仲淹知潤州，學人名士如胡翼之、李泰伯輩皆見羅致。濂溪、武平亦已年尊學立。雖二人踪跡頗與方外往還，然謂其在潤乃相偕師事一僧，事恐不足信。大抵五代以來，南唐獨有盛世昇平景象，又尊重浮屠。而廬山多隱士，與華嶽、終南南北競秀。濂溪遊處多在南疆，雖不能謂其易學絕無染涉聽受，然必謂其師事壽涯，又太極圖即從壽涯得之，則亦晁景迁之道聽塗說，未見其必可信也。

性學指要則謂：

元公初與東林總遊，久之無所入。總教之靜坐，月餘，忽有得。以詩呈曰：「書堂兀坐萬機休，日暖風和草自幽，誰道二千年遠事，而今只在眼睛頭。」總肯之，即與結青松社。

此又謂濂溪學於東林總。與謂胡武平與康節之父從廬山老浮屠遊，同受易書，大略相似。方外之人，

喜引名儒宿德以自重，而世俗好奇，亦愛聽之，愛言之。如昌黎師大顛，縱果有之，亦不得謂昌黎晚年之學通於佛氏。濂溪在當時，名位不顯，類於隱淪，又時親方外，事無可疑。然考五燈會元，元豐二年，詔升東林爲禪寺，南昌守王韶請常總主持，爲東林第一代祖師。元祐四年錫號昭覺大師。濂溪去官定居盧阜，在熙寧五年，卒在熙寧六年，年五十七，時總尚在盧山黃龍寺。二人雖可過從，然濂溪董世在先，時已學成書就。縱有習靜獻詩之事，亦與濂溪生平學術大本無關。儻亦如昌黎之與大顛，殆庶近之。又據年譜，英宗治平二年，濂溪年四十九，自虔赴永，道經江州，同宋復古於廬山大林寺，有詩。是尚在定居盧阜前七年，僅係路過漫遊。若謂其時已識常總，更不宜有習靜盈月之事。至其太極圖，縱謂源自方外，則濂溪南學，太極淵源，至多不過如劉牧河圖，皆應得之南中，或卽如潤州寺僧壽涯之傳。更不必牽涉華山之陳摶。至圖說則尤屬元公自得，正猶如康節易受自穆、李，而其學非卽穆、李之學。縱謂濂溪師事壽涯，又豈得謂其學卽壽涯之學哉！

朱子極尊濂溪太極圖，後人不免有認爲崇之逾其分者，於是毀者亦激而失實。昔日山僧野道，引濂溪以爲重；明、清以來，則羣援以爲貶抑濂溪之藉口。自今論之，其說亦多未允。如黃百家宋元學案引黃宗炎晦木之辨，卽其例也。晦木之言曰：

周子太極圖創自河上公，乃方士修煉之術。河上公本圖爲無極圖，魏伯陽得之以著參同契，鍾離權得之以授呂洞賓，洞賓役與陳圖南同隱華山，而以授陳，陳刻之華山石壁。陳又得先天圖

於麻衣道者，皆以授种放，放以授穆修，與僧壽涯。修以先天圖授李挺之，挺之以授邵天叟，天叟以授之堯夫。修以無極圖授周子，周子又得先天地之偈於壽涯。其圖自下而上，周子得此圖而顛倒其序，更易其名，附於大易。

凡此所謂，一若濂溪太極圖盜竊方外之眞贓實據，皆已檢舉無遺；而不知晦木之說，其實更不足信。

鍊丹之說盛於唐，魏伯陽參同契亦遂風行。五代末，孟蜀彭曉始爲之注釋。朱子謂：

先天圖傳自希夷，希夷又自有所得。蓋方士技術用以修煉，參同契所言是也。

此謂希夷亦治參同契，非謂參同契只傳於希夷。今濂溪太極第二圖陰靜陽動，或謂其有資於參同契之水火匡廓圖，此或可信。然參同契在當時非難見書，濂溪嘗判合州，宜可得彭氏之注本。又濂溪有讀英眞君丹訣詩（題鄷都觀三首之一），其詩曰：

始觀丹訣信希夷，盡得陰陽造化機，子在母生能致主，精神合後更知微。

是濂溪在蜀留心此道，亦有明證。然要之不必謂濂溪必得此於陳摶之傳授。抑更有疑者，朱子注參同

契，並無水火匡廓、三五至精二圖，而世傳彭本有之。朱子雖尊信康節之先天圖，然並不諱言其源自希夷，故曰：

> 邵子得於希夷，希夷源流自參同契。

又疑濂溪之學與陳摶有涉。其守南康，校刊通書、太極圖，謂：

> 讀張忠定公語，而知所論希夷、种、穆之傳，亦有未盡其曲折者。張忠定嘗從希夷學，而其論公事之有陰陽，頗與圖說意合。竊疑是說之傳，固有端緒，至於先生然後得之於心，而天地萬物之理，鉅細幽明，高下精粗，無所不貫，於是始為此圖以發其秘耳。

是朱子未嘗故意諱言濂溪與希夷之傳統，特欲求其證驗而不得。若彭本參同契原有水火匡廓、三五至精兩圖，朱子何竟刪去，默不置辭。豈別有所私厚於濂溪，而獨爲掩滅之耶？然則後世所傳彭本參同契水火匡廓、三五至精圖，其果爲彭氏原有與否，事已可疑。若晦木之說，謂參同契原本河上公，更爲荒唐難信。又謂陳摶刻太極圖於華山石壁，亦不知其說所本。縱令華山石壁有此刻，自宋迄明，亦既五六百年，安知不有方外好事者模刻此圖，以攀附於圖南，而故神其事。至謂陳摶得先天圖於麻衣

道者，又並以先天、太極兩圖授种放，穆修，則更無據。又謂壽涯亦於种放受先天、太極之圖，益出

虛造。果壽涯與穆修同得先天、太極之傳，何以先天圖單傳康節，太極圖單傳濂溪？又濂溪之受太極

圖，果受之穆修，抑受之壽涯乎？若受之穆修，則尚在志學之年。若受之壽涯，則已過不惑之歲。二

說可以俱虛，不能皆是。今晦木合併配搭，自造一說，謂穆修、壽涯同受之种放，濂溪先得穆修之

圖，又得壽涯之偈，一若親覩而親證之，何其怪耶？故謂周子太極圖全套即依河上公、魏伯陽、鍾離權、呂洞賓、陳搏、种

廊，已屬可疑，而猶之可也。若謂周子太極圖陰陽靜動，原本參同契之水火匡

放諸人，歷千餘載一脈相傳，爲養生之秘訣，而周子特顛倒以爲說，則祇見其爲無據之臆想耳。稍後

胡渭胐明著易圖明辨，於劉牧龍圖、邵子先天，辨之詳且備矣，獨於參同契三五至精圖則曰：

此圖與宋紹興甲寅朱震在經筵所進周子太極圖正同，或曰陳搏傳穆修，穆修傳周子，或曰周子

所自作，而道家竊之以入藏，疑不能明，存而弗論。

立說之愼，較之晦木，迢乎遠矣。晦木謂濂溪太極圖盜方外養生秘訣顛倒以成太極圖說，晦木去濂溪亦已六

百年，安知非有方外好事者，顛倒濂溪太極圖以言養生；晦木聞其緒餘，乃復顛倒說之，而轉疑濂溪

原本養生訣說太極；此爲以顛倒爲不顛倒，以不顛倒爲顛倒。玄黃回惑，固執爲眞顛倒者耶？老子五

千言，如「谷神不死」之類，養生家援爲寶訓，豈得謂老聃轉自竊之養生家？此皆事理之易明者。晦

木又謂「人物未生，五行之性如何而辨」，不知周子意則謂於五氣中化生人與萬物也。晦木又謂「天之生男女萬物，在一氣中無分先後」，不知周子意乾道成男坤道成女，專指「得其秀而最靈」之人類言，所謂「妙合而凝」者是也。至二氣交感化生萬物，則「化生」而非「妙合」。故二者必分言之，而人類之妙合又必較萬物之化生先言之，非謂先生人，後生萬物也。今不細認作者原意，而專快己辨以爲斷，寧有當乎！

黃晦木以外，復有毛奇齡大可作太極圖說遺議，謂：

道藏有上方大洞眞元妙品經，有先天、太極合一之圖，陳摶先竊之，其圖適與紹興間朱震所進圖合。

先天、太極本屬兩事，康節先天之學源於陳摶，濂溪太極圖則別有來歷，具如上辨。今乃謂趙宋以前已有竊參同契爲太極、先天圖者，陳摶又從而轉竊之，然且分圖爲二，一曰先天，一曰太極，是竊前又有竊。希夷、康節、濂溪諸人，何專務偷襲乃爾？道藏本作僞之淵藪，毛氏不疑眞元品之僞撰，而寧願歸獄於希夷、濂溪之攘竊，亦祇見其困縛於一時之風氣，而弗能自拔耳。至李恕谷上顏先生書，乃謂「宋儒學術之誤，實始周子，周子嘗與僧壽涯、道士陳摶往來」，則尤荒唐可以無譏焉矣。

又按：濂溪年三十在南安，程珦假倅焉，因與爲友，令二子明道、伊川遊其門，濂溪教以「尋

孔、顏樂處所樂何事」。是濂溪在當時，已的然正學之歸矣。縱易通書與太極圖說其時尚未成，然爲學之宗旨方向已定。縱此下亦時親方外，如壽涯，如常總，如在合州得讀英眞君丹訣詩，是所謂「轉益多師是吾師」；孔子之於郯子，於師襄，皆其例也。若必謂濂溪之學，悉出方外，則其三十之年，明道、伊川從遊，明道親述其事，宜無不信，是又何從而得之耶？

夫學術思想，公器也。其流行天壤間，如大氣之供人自由呼吸。斷不能絕無所承，亦不能絕無所化。自禪宗有傳心之說，有衣鉢之爭，一時學者，競言傳統。康節、濂溪皆好易學，顯受當時風氣影響。一立先天圖，一創太極圖，亦一時風氣所趨耳。康節之學，原本穆修無可疑。至上推希夷，已嫌渺茫。濂溪更無淵源可尋。二人皆以上智之才，豈不能稍有創建，而必待方外之秘傳？道統之說，源本禪宗。韓愈謂「堯以是傳之舜，舜以是傳之禹、湯、文、武、周公、孔子，孔子傳之孟子，孟子之死而不得其傳」。其說固可招後人之譏議，與其謂周公傳之孔子、孔子傳之孟子，何不謂孟子學之孔子、孔子學之周公之更爲妥愜。今必謂有宋理學某也源於和尚，某也源於道士，以求污辱其所謂道統之尊嚴；此亦風氣激盪，一彼一此，勢有必至。若卽據此等以尚論古人學術源流之眞相，則楚雖失之，齊亦未得。故爲再列陳說而稍稍分辨焉。

正蒙大義發微

周、張、二程，爲北宋理學四大儒。然二程論學旨趣，已不盡同。其於濂溪，雖少嘗從游，然終身不甚推挹。於其太極圖說，更無一言道及。而盛推橫渠西銘，顧又不許其正蒙。曰：「橫渠立言，誠有過者，乃在正蒙。」朱子一尊二程，又確然以濂溪爲二程所自出。謂濂溪太極圖說，傳自二程。其於橫渠，則尊西銘，疑正蒙，皆本二程之意。後世言宋學，承襲晦翁，幾於奉爲定論。惟明末王船山，獨宗橫渠，特爲正蒙注，頗辨程、張之異。顧又以正蒙比傳於濂溪之太極圖。此在朱子固已剖辨，謂：「正蒙說道體處，止是說氣；說聚散，其流乃是箇大輪迴；須是周子說無極而太極最好。」船山乃謂「正蒙、太極、陳義相同」，是仍未脫晦翁樊籬，故牽附太極圖爲說，於正蒙獨特處，不僅不能爲之洗發，又轉益歧之。今正蒙精義既隱，而空推其西銘，西銘立言宗旨，原本正蒙，撥其根而擷其實，又豈爲能眞知西銘者。竊謂欲究周、張、二程論學大體，當各就其所見，分別而觀，庶可以得各家之眞相。本篇於正蒙隱旨，稍加抉發。不僅橫渠一家面目從此顯露，卽濂溪、二程、晦翁之異同，亦可藉以推見。治斯學者，儻能繼續尋繹，則此篇開其塗轍，決非小有裨補而已也。

太和所謂道，中涵浮沉升降動靜相感之性，是生絪縕相盪勝負屈伸之始。

高忠憲曰：太和，陰陽會合沖和之氣也。易曰：「一陰一陽之謂道。」張子本易以明器即是道，故指太和以名道。蓋理之與氣，一而二，二而一者也。理無形而難窺，氣有象而可見，假有象者而無形者可默識矣。浮沈升降動靜者，陰陽二氣自然相感之理，是其體也。絪縕交密之狀，二氣摩盪，勝負屈伸，如日月寒暑之往來，是其用也。

按：高注此條最締當。其曰「張子本易以明器即是道」，即後來船山之主張。

朱子曰：彼以太和狀道體，與「發而中節」之和何異。

按：「太和」乃一氣沖和陰陽未分之際，豈可與「發而中節」之「和」相擬？朱子蓋承程子意而誤說。

王船山曰：太和篇首明道之所自出，物之所自生，性之所自受，而作聖之功，下學之事，必達於此而後不爲異端所惑。蓋即太極圖說之旨，而發其所函之蘊也。

按：濂溪太極圖說，用意在說明天地萬物所由始，故曰「無極而太極」。此即壽涯之偈所謂「有物先天地，無形本寂寥，能爲萬象主，不逐四時凋」也。劉原父謂太極乃爲氣之先，一種無物之物，此說「太極」義最的。若必求天地萬物何由始，則必涉於渺茫之域。莊老謂

「天地萬物生於有，有生於無」，無極而太極，即此意。朱子謂理生氣，即本濂溪而微變之者。橫渠屏除此問題不論，即氣之一陰一陽者便是道，更不問此氣何自始，何自來。惟高忠憲一注，獨得其神理。船山此條，謂明「道所自出，物所自生，即太極圖說之旨」，可謂失之毫釐，謬以千里矣。船山論學，頗得橫渠奧旨，而此意實誤，不容不辨。

船山又曰：太和，和之至也。道者，天地人物之通理，即所謂太極也。陰陽異撰，而其絪縕於太虛之中，合同而不相悖害，渾淪無間，和之至矣。未有形器之先，本無不和。既有形器之後，其和不失，故曰太和。

按：船山以「理」字、「太極」字釋道，皆不恰當，皆非橫渠本旨。謂陰陽絪縕於太虛之中，亦有語病，辨詳後。

客感客形，與無感無形，惟盡性者一之。

太虛無形，氣之本體。其聚其散，變化之客形爾。至靜無感，性之淵源。有識有知，物交之客感爾。

朱子曰：客感客形，與無感無形，未免分截作兩段事，聖人不如此說，只說形而上、形而下而已。

按：橫渠又云：「氣之爲物，散入無形，適得吾體。」此即以太虛無形爲氣之本體也。蓋說

氣猶落在有形一邊，故橫渠出氣之散而爲太虛一層。「太虛」只是無形，而非無。橫渠又曰：「氣不能不聚而爲萬物，萬物不能不散而爲太虛，循是出入，是皆不得已而然也。」是則氣聚爲萬物，氣散爲太虛，太虛之與萬物，不過一氣之聚散，並非一氣與萬物聚散於太虛之中也。何以橫渠必補出太虛一語？蓋苟不立太虛之體，則莊生所謂「萬物以不同形相禪」，一氣聚散，各自爲物，不相關顧，卽近於佛氏之輪迴，卽不免有生死存亡。今爲特立太虛之體，則聚爲萬物，散歸太虛，旣不如「語寂滅者往而不返」，又不如「徇生執有者之物而不化」。蓋橫渠用意，正爲破輪迴。朱子乃謂「正蒙說道體處，如太和、太虛、虛空云者，止是說氣，說聚散處，其流乃是箇大輪迴」，此斷非橫渠原義，實不如高忠憲以體用爲釋（見前引注文）之妙得作者旨趣也。明夫此，則朱子批評此條謂分截作兩段事者，亦非矣。

二程遺書：
或問太虛，曰：「亦無太虛。」遂指虛，曰：「皆是理，安得謂之虛？天下無實於理者。」

今按：依橫渠意，當曰太虛皆是氣，天下無實於氣者。二程可謂理一元論，橫渠則氣一元論也。橫渠於萬象紛錯之後面，建一「太虛」以爲之體；二程則只就萬象紛錯中究尋一相通之理，不於萬象後面再立本體，此程、張兩家之異。至朱子兼重理氣，則爲理氣和合之二元論，是一卽現象卽本體之一元論也。

聚亦吾體，散亦吾體，知死之不亡者，可與言性矣。

船山曰：朱子以橫渠言既聚而散，散而復聚，譏其為大輪迴。而愚以為朱子之說，反近於釋氏滅盡之言。車薪之火，一烈已盡，而為燄為煙為燼，木者仍歸木，水者仍歸水，土者仍歸土，特希微而人不見爾。一甌之炊，濕熱之氣，蓬蓬勃勃，必有所歸。若盦蓋嚴密，則鬱而不散。汞見火則飛，不知何往，而究歸於地。有形者且然，況其絪縕不可象者乎？故曰往來、曰屈伸、曰聚散、曰幽明，而不曰生滅。生滅者，釋氏之陋說也。

按：船山此辨，頗得近代科學物質不滅之精義。然自最近有原子能之發見，則「質」不可見，而「能」猶存在。「質」相當於橫渠之「氣」，但「能」則不相當於橫渠之「虛」。橫渠以太虛為氣之體，近代科學分析原子，最後淨存一種能力，似非虛義。橫渠謂聚散亦吾體，散亦吾體，死而不亡，知此可與言性，「性」即一種「能」也。橫渠歸氣於虛，近代歸質於能，「虛」字似不如「能」字更愜，要自與老、釋有無先後之辨則不同。

知虛空即氣，則有無隱顯神化性命，通一無二。若謂虛能生氣，則虛無窮，氣有限，體用殊絕，入老氏有生於無自然之論，不識所謂有無混一之常。若謂萬象為太虛中所見之物，則物與虛不相資，形自形，性自性，形性天人不相待，而有陷於浮屠以山河大地為見病之說。此道不明，正由懵者略知體虛

空為性，不知本天道為用，反以人見之小，因緣天地，明有不盡，則誣世界乾坤為幻化，幽明不能舉

其要，遂躐等妄意而然。遂使儒、佛、老、莊，混然一途。

王船山曰：誤解太極圖者，謂太極本未有陰陽，因動而始生陽，靜而始生陰。不知動靜所生之陰

陽，為寒暑潤燥男女之情。質乃固有之蘊，其絪縕充滿在動靜之先。動靜者，即此陰陽之動靜，

動則陰變於陽，靜則陽凝於陰，非動而後有陽，靜而後有陰，本無二氣，由動靜而生，如老氏之

說也。

按：橫渠此條，闢老、闢佛，自標己旨，最為明白。濂溪太極圖說大意，實本於老氏。故必

曰「無極而太極」。若求天地最先第一因，必陷於無因可得，此正橫渠所譏「以人見之小，

因緣天地」，彼見世事常若因果相續，因據以推天地，必謂天地萬物有其前因。西方宗教，

則謂天地萬物由上帝所造。莊、老則謂天地萬物實無前因，忽然而有，故曰「自然」。此即

濂溪無極而太極之本義也。象山與晦菴辨太極圖，堅謂「無極」一語本諸老氏，此實有據。

今船山因晦翁盛尊太極圖，遂曲相彌縫，以正蒙、太極混成一說，而於「無極」二字避而不

論，可見其破綻矣。太極圖說明曰「太極動而生陽，動極復靜，靜而生陰」，可乎？且如船山必曰「非

動而後有陽，靜而後有陰」，此明破太極圖說，而謂之是太極圖說，可乎？如船山語，陰

陽二氣，早在動靜之先，可以稱「太極」，又何以稱「無極」乎？豈「無極」中早已有陰陽

二氣乎？今所以必加明辨者，非以駁濂溪，乃以辨正蒙與太極圖說之不同。至於兩說孰是孰

非，則更當別論。

朱子語類：問橫渠云「太虛卽氣」，太虛何所指？曰：「他亦指理，但說得不分曉。」曰：「太

和如何？」曰：「亦指氣。」曰：「他又云由昧者指虛空爲性，而不本天道，如何？」曰：「卽曰

道，則不是無，釋氏便直指空了。大要橫渠當初說出此道理多誤。」

按：橫渠明云太虛卽氣，乃朱子偏云太虛指理，自以己見說橫渠，則自見橫渠爲說得不清楚

矣。惟釋氏直指空了固不是，而橫渠必指曰虛，究竟虛與空所辨何在，終嫌用字不當。

又問：「橫渠云太虛卽氣，乃是指理爲虛，似非形而下。」曰：「縱指理爲虛，亦如何夾氣作

一處。」

按：橫渠明說太虛卽氣，朱門偏要說成太虛卽理，乃反駁橫渠又夾氣作一處。學者必從此等

處覷破，始能分辨得古人學術眞相。

王船山曰：聚而明得施，人遂謂之有。散而明不可施，人遂謂之無。不知聚者暫聚，客也，非必

得遽謂之無？故聖人仰觀俯察，但云知幽明之故，不云知有無之故。

氣聚則離明得施，而有形。氣不聚則離明不得施，而無形。方其聚也，安得不謂之客？方其散也，安

為常存之主。散者返於虛也，非無固有之實。人以見不見而言之，是以滯爾。

按：此條船山解極明析。正蒙但論幽明，不論有無。幽明屬知識論，有無屬本體論。人所不見，只可謂之幽，不可謂之無。太虛即幽也。正蒙從未推論到天地未生之前，是正蒙獨特處。孫夏峯謂「西銘就既有天地說起，太極圖說就未有天地說起」，此說極是。正蒙全書皆是就既有天地說起也。

氣之聚散於太虛，猶冰凝釋於水。知太虛即氣，則無無。故聖人語性與天道之極，盡於參伍之神，變易而已。諸子淺妄，有有無之分，非窮理之學也。

王船山曰：人之所見太虛者，氣也，非虛也。虛涵氣，氣充虛，無有所謂「無」者。

按：「虛涵氣，氣充虛」六字，疑正蒙原義，與陰陽絪縕於太虛之中同一語病。

太虛為清，清則無礙，無礙故神。反清為濁，濁則礙，礙則形。

程子曰：一氣相涵，周而無餘，謂氣外有神，神外有氣，是兩之也。清者為神，濁者何獨非神乎？

按：太虛卽氣，則清而無礙者亦氣也，何嘗謂氣外有神，神外有氣，而兩之？正蒙原意，氣有清、濁之分，故有神、形之別，是神與形皆氣也。程子則謂善與惡皆理，清與濁皆神，雙方立意各不同。後人以程糾張，遂兩失之。

朱子語類：明道說氣外無神，神外無氣，謂清者爲神，則濁者非神乎？後來亦有人與橫渠說，橫渠卻云清者可以該濁，虛者可以該實。卻不知形而上者還他是理，形而下者還他是氣，既說是虛，便是與實對了，既說是清，便是與濁對了。

按：橫渠之意，謂「清可以該濁，虛可以該實」者，其實乃「總」可以該「別」，「全體」可以該「部分」也，此義通觀正蒙前後文自知。若定把字面說之，謂虛與實對，清與濁對，則濂溪無極之「無」，豈不與「有」對？朱子不彼之非，而必此之辨，何也？然亦正蒙用此「虛」字有以致此。

又問：「太虛之說，本是說無極，卻只說得無字。」曰：「無極是該貫虛實清濁而言，無極字落在中間，太虛字落在一邊了。」

按：正蒙與太極圖說本不同，船山謂太虛是太極，誤也。朱門指太虛爲無極，亦誤。朱子謂虛實落在一邊，無極該貫虛實，落在中間，蓋「無極」只指此「極」，「無」是一形容辭，不如言虛，則與實對，落在一邊。

又問：「橫渠有清虛一大之說，又要兼清濁虛實。」曰：「渠初云清虛一大，爲伊川詰難，乃云清

或問：「橫渠先生清虛一大之說，如何？」曰：「他是揀那大底說該攝那小底，卻不知道纔是怎說，便偏了，便是形而下者，不是形而上者。須是兼清濁虛實一二小大來看，方見得形而上者行乎其間。」

按：伊川、晦翁理氣分說，故指理爲形而上，氣爲形而下。橫渠則形上、形下只是一氣，故兼濁，虛兼實，一兼二，大兼小。渠本要說形而上，反成形而下。」晦翁認爲只是形而下。

按：此卽理兼善惡、神兼清濁之說也。故朱子又云：「有此理則清濁虛實皆在其中。」然如此也會使人誤會成理氣對立。正蒙只主唯氣一元，但因用了「太虛」字，故另生爭辨。所謂形而下也。因此見立意用字之難。然不用太虛字，又恐人誤會爲唯物。卽朱子若疑其有病，則應在此。

又：橫渠言清虛一大爲道體，是於形器中揀出好底來說耳，遺書中明道嘗辨之。

按：明道云：「子厚以清虛一大名天道，是以器言，非形而上者。」又云：「橫渠立清虛一大爲萬物之源，恐未安。須兼清濁虛實，乃可言神。道體物而不遺，不應有方所。」此皆朱子所本。橫渠正欲指出器卽是道，形上從形下見，非由形上產出形下。故余名之曰氣一元。

王船山曰：其在於人，太虛者，心涵神也。濁而礙者，耳目口體之各成其形也。礙而不能相通，故嗜欲止於其所便利，而人己不相爲謀。官骸不相易，而目不取聲，耳不取色。物我不相知，則

利其所利，私其所私，聰明不相及，則執其所見，疑其所罔。聖人知氣之聚散無恆，而神通於一，故存神以盡性，復健順之本體，同於太虛，知周萬物，而仁覆天下矣。

按：船山此條，頗可與正蒙本義相發明。心與耳目口體之別，亦「全體」與「部分」之別也。

由太虛有天之名，由氣化有道之名，合虛與氣有性之名，合性與知覺有心之名。

朱子曰：本只是一個太虛，漸細分得密爾。且太虛便是四者之總體，而不離乎四者而言。由氣化有道之名，氣化是陰陽造化，寒暑晝夜，雨露霜雪，山川木石，金水火土，皆是。只此便是太虛，但雜卻氣化說。雖雜氣化說，而實不離乎太虛，未說到人物各具當然之理處。合虛與氣有性之名，有這氣，道理便隨在裏面，無此氣，則道理無安頓處。如水中月，須是有此水，方映得之名，有這氣，道理便隨在裏面，無此氣，則道理無安頓處。如水中月，須是有此水，方映得月。心之知覺，只是那氣之虛靈底，聰明視聽，作爲運用，皆是。有這知覺，方運用得這道理。所以張子說：「人能弘道，是心能盡性；非道弘人，是性不知檢其心。」邵子說：「心者，性之郛郭。」此等語皆秦漢以下人道不到。

按：朱子此條，初看似頗合橫渠本意，細味仍是朱子自己意見。他說：「合虛與氣有性之名，有這氣，道理便隨在裏面，無此氣，則道理無安頓處」，是仍認太虛爲理，由氣而見。

橫渠本意，則謂太虛卽氣，並非謂太虛安頓在氣裏也。然則橫渠何以又謂「合虛與氣」乎？

蓋橫渠之意，太虛是總體之名，氣是個別之名，若僅有總體，不散爲個別，則太虛無形，至

靜無感，便不見有所謂「性」。但若散爲個別，而更無總體存在，則亦將無「性」可言。故

必合虛與氣，而始有性之名，此卽前引「客感客形與無感無形惟盡性者能一之」之說也。

朱子曰：由氣化有道之名，如所謂「率性之謂道」是也。然使明道形容此理，必不如此說。

按：由氣化有道之名，乃「一陰一陽之謂道」，非「率性之謂道」也。朱子心中自存性卽

理，理生氣，太虛卽指理等觀念，故說如此。

兩不立則一不可見，一不可見則兩之用息。兩體者，虛實也，動靜也，聚散也，清濁也，其究一

而已。

高忠憲曰：本一氣而已，而有消長，故有陰陽。有陰陽，而後有虛實、動靜、聚散、清濁之

別也。

按：高注此條，「本一氣而已」，語最透截。非言陰陽，則無以見一氣。非言太虛與氣，亦

無以見一氣。正蒙必立「太虛」與「氣」之兩者，其意亦在使人更見一氣耳。故曰：

「兩體者，虛實也，動靜也，聚散也，清濁也。」清、虛、靜、散四字，皆屬太虛一邊；惟橫

感而後有通，不有兩，則無一。故聖人以剛柔立本，乾坤毀則無以見易。（以上太和篇）

王船山曰：藉令本無陰陽兩體虛實清濁之實，則無所容其感通，而謂未感之先初無太和，亦可矣。今即兩體各立，則溯其所從來，太和之有一實，顯矣。非有一，則無兩也。

按：王注此條，論太和有一實，極是。太虛即太和也，烏得謂太虛非有一實？此即高忠憲所謂「本一氣而已」也。

一物兩體，氣也。一故神。兩在故不測。兩故化。推行於一。此天之所以參也。（參兩篇）

朱子曰：此語極精。「一故神」，只是這一物周行乎事物之間，如陰陽屈伸往來上下，以至於行乎十百千萬之中，無非這一個物事，所以謂「兩在故不測」。「兩故化」，凡天下之事，一不能化，惟兩而後能化。且如一陰一陽，始能化生萬物，雖是兩，要之亦推行乎此一耳。

按：橫渠謂一物而兩體，並非謂別有一物周行乎事物之間也。朱子謂「這一個物事」者，乃指理言，若橫渠則明明謂一物兩體只是氣。

朱子曰：「一」是一個道理，卻有兩端，用處不同。譬如陰陽，陰中有陽，陽中有陰，陽極生陰，陰極生陽，所以神化無窮。

按：橫渠原義，「一」是一個氣，氣一物而兩體。惟其是一物，故神。惟其是兩體，故化。若一是一個理，理與氣已分，非一物。若是一物，則仍是一個氣。

高忠憲曰：一物兩體，即太極兩儀也。太極，理也，而曰氣者，氣以載理，理不離氣也。氣唯一物，故無在無不在，而神是兩者，以一而神妙也。氣惟兩體，故一陰一陽，而化是一者，以兩而變化也。

按：高注此條，以「太極」釋一物，乃指易經之太極言，不指濂溪太極圖說言，較為無病。又云「太極理也」，似仍未脫淨朱子牢籠。然下文緊接「而曰氣者」而解釋之，終為扣緊橫渠正蒙原旨，故不為病。

天體物而不遺，猶仁體事而無不在也。（天道篇）

朱子曰：體物猶言為物之體也。蓋物物有個天理，凡言體，便是做他那骨子，本是言物，以天為體。

按：天即太虛，上文「由太虛有天之名」是也。物物都以天為體，卻非以天理為體。橫渠

一八〇

只言萬物一體，不言萬物一理。

神天德，化天道。德其體，道其用。一於氣而已。

高忠憲曰：不外乎陰陽，故曰「一於氣而已」。

按：易云：「非至德，至道不凝焉。」道必凝於德，與莊、老先道而後德者意義不同。濂溪《太極圖說》，則先道而後德也。

神无方，易无體，大且一而已爾。

高忠憲曰：既大且一，故無方所，無形體之可求也。

按：此「大且一」者，卽神也，亦卽太虛也，故曰清虛一大。高注極是。豈如程子所云，清虛一大，便落方所，爲形而下乎？

氣有陰陽，推行有漸為化，合一不測為神。中庸曰：「至誠為能化」，孟子曰：「大而化之」，皆以其德合陰陽，與天地同流而無不通也。世人取釋氏銷礙入空，學者舍惡趨善以為化，此直可為始學遣累

者薄乎云爾，豈天道神化所同語也哉！

朱子曰：「神化」二字，雖程子說得亦不甚分明，惟是橫渠推出來。

王船山曰：釋氏以真空爲如來藏，謂太虛之中本無一物，而氣從幻起，以成諸惡，爲障礙真如之根本；故斥七識乾健之性，六識坤順之性，爲流轉染汙之害源。

按：橫渠蓋以天地爲一氣充周，此即「神」也。萬物乃一氣轉變，此即「化」也。神化盡在一氣，自與釋氏真空之見不同，亦與莊老由無生有自然之論有辨。

神化者，天之良能，非人能。故大而位天德，然後能窮神知化。

按：天者全體之稱，人則個別之辭。人求窮神知化，必先由個別中解放，以期達到天德全體之境而後可。此與釋氏銷礙入空近似而有辨，亦非莊、老遊心於無之說。細味正蒙前後文，可得其趣。即所謂「德合陰陽，與天地同流而無不通」也。

無我而後大，大成性而後聖，聖位天德不可致知謂神。故神也者，聖而不可知。

按：位天德，卽無我也。性必合虛與氣而成，故大而後能成性也。

徇物喪心，人化物而滅天理者乎？存神過化，忘物累而順性命者乎？

按：「徇物」謂拘於個別，而忘其全體也。「存神」則存其大全，以範圍乎個別而不失矣。

高忠憲曰：徇物欲卽滅天理，忘物累卽順性命，間不容髮。

無我然後得正己之盡，存神然後妙應物之感。範圍天地之化而不過，過則溺於空，淪於靜，既不能存夫神，又不能知夫化矣。（以上神化篇）

按：範圍天地之化而過者，如釋之言眞空，老之言守靜是也。「無我」則合一不測矣，「存神」則忘物順性矣。此皆合虛與氣，融小我入大一之旨。

天人異用，不足以言誠。天人異知，不足以盡明。所謂誠明者，性與天道不見乎小大之別也。

王船山曰：中庸曰：「天命之謂性」，爲人言，而物在其中。又曰：「率性之謂道」，則專乎人，

而不兼乎物矣。物不可謂無性，而不可謂有道。道者，人、物之辨，所謂人之所以異於禽獸也。

故孟子曰：「人無有不善」，專乎人而言之。善而後謂之道。汎言性，則犬之性、牛之性，其不相類久矣。盡物之性者，盡物之理而已。虎狼噬人以飼其子，而謂盡父子之道，亦率虎狼之性爲得其道而可哉？禽獸，無道者也；草木，無性者也；張子推本神化，統動植於人而謂萬物之一源。切指人性，而謂盡性者不以天能爲能。同歸殊途，兩盡其義。其視程子以率性之道爲人物之偕焉者，得失自曉然易見。

又曰：性雖在人而小，道雖在天而大，以人知天，體天於人，則天在我而無小大之別矣。

按：合虛與氣，卽天人合一也。此惟人能之，而物不能。物者，氣而已，不復合虛，此橫渠之所以異夫莊、老也。船山本此辨張、程之異，極是有見。

王船山曰：此章統萬物於一源，溯其始而言之，固合人物而言，而曰「立」曰「成」，則專乎人不獨成。彼自蔽塞而不知順吾理者，則亦未如之何矣。

性者，萬物之一源，非有我之得私也。惟大人爲能盡其道，是故立必俱立，知必周知，愛必兼愛，成不獨成。彼自蔽塞而不知順吾理者，則亦未如之何矣。

朱子曰：所謂性者，人物之所同得。非惟己有是，人亦有是；非惟人有是，物亦有是。

按：船山此條，較朱子爲允愜。朱子專本「性卽理」言，船山據「率性之爲道」言，兩者自有區別也。

天能為性，人謀為能，大人盡性，不以天能為能，而以人謀為能，故曰「天地設位，聖人成能」。

王船山曰：盡心爲盡性之實功。天地有其理，誠也。聖人盡其心，誠之者也。

按：船山此條，以孟子盡心爲盡性實功說之，亦是。朱子注孟子，卻倒說了，謂盡性而後能知心。此是程、朱與橫渠見解不同處。

盡性然後知生無所得，則死無所喪。

高忠憲曰：生死者，形也。性豈有生死哉？

按：此乃橫渠言性異孔、孟處。

未嘗無之謂體，體之謂性。

朱子語類：問：「橫渠說天性在人，猶水性之在冰，凝釋雖異，爲理一也。又言未嘗無之謂體，體之謂性。先生皆以其言爲近釋氏，冰水之喻，有還元反本之病，云近釋氏則可。未嘗無之謂體，體之謂性，蓋謂性之爲體本虛，而理未嘗不實，若與釋氏不同。」曰：「他意不是如此，亦謂死而不亡耳。」

按：橫渠謂性「死而不亡」者，蓋指性合太虛與氣而成，言其太虛之體，則未嘗亡也。然橫渠此義，實近釋氏。朱子辨之甚是。蓋橫渠論性，固與程、朱異，亦與孔、孟不同。船山之辨，亦彰其一而昧其一也。

王船山曰：人各有形，形以內爲吾氣之區宇。形以外，吾之氣不至焉，故可立內外之名。性命乎神，天地萬物，函之於虛靈而皆備。然則命者私也，性者公也；性本無蔽，而命之戕性，惟不知其通極乎性也。

按：中庸曰：「天命之謂性」，而船山謂命之戕性，蓋謂由偏害全也。然橫渠此等處，本與孔、孟不同，孔、孟未嘗言性通乎氣之外也。

性通乎氣之外，命行乎氣之內，氣無內外，假有形而言爾。

天性在人，正猶水性之在冰，凝釋雖異，為物一也。受光有小大昏明，其照納不二也。

朱子語類：問冰水之說，何謂近釋氏？曰：「水性在冰，只是凍凝成個冰，有其造化。及其釋，則這冰復歸於水，便有迹了，與天性在人自不同。」曰：「程子器受日光之說便是否？」曰：「是。除了器，日光便不見，卻無形了。」

按：此處見張、程兩家論性異點。若如器受日光之說，則光、器終是二物，故朱子改說理氣。橫渠冰水之喻，冰水只是一實，故爲氣一元論也。

高忠憲曰：以水喻天，以冰喻人，以凝釋喻生死，以受光喻氣稟之不同，以照納喻性之不二。

按：橫渠言天性之於人，正猶太虛之於氣。橫渠極不願言輪廻，故於氣外又言太虛。又極不願言生死，故以冰水之喻說性。橫渠本意，求欲超輪廻而出死生，而其實受佛家影響甚大。

孔、孟言性，則如水之涼，火之熱，水滅火熄，涼與熱亦自不在。至於人生之不朽，則別自有在。其言仁，亦不從萬物一體立說。此皆宋儒與先秦儒相異絕大節目。學者不僅當分別周、張、程、朱，又當分別宋與先秦，各各分別而觀，則自得各家之眞相也。

性其總，合兩也。命其受，有則也。不極總之要，則不至受之分。天所自不能已者謂命，不能無感者謂性。雖然，聖人猶不以所可憂而同其無憂者，有相之道存乎我也。

正蒙大義發微

一八七

朱子語類：問：「橫渠謂所不能無感者謂性，性只是理，安能感？？恐此言只可名心否？」曰：「有此性，自是因物有感，見於君臣父子日用事物當然處，皆感也。所謂『感而遂通』是也。此句對了。天所不能自已謂命，蓋此理自無息止時，晝夜寒暑，無一時停，故逝者如斯，而程子謂與道爲體，這道理今古晝夜無須臾息，故曰不能已。」

又問：「橫渠言物所不能無感謂性，此語如何？」曰：「有此性，自是因物有感，見於君臣父子日用事物當然處，皆感也。所謂『感而遂通』是也。此句對了。天所不能自已謂命，蓋此理自無息止時，晝夜寒暑，無一時停，故逝者如斯，而程子謂與道爲體，這道理今古晝夜無須臾息，故曰不能已。」

「橫渠此言，雖未親切，然亦有個模樣。蓋感固是心，然所以感者，亦是此心中有此理，方能感。

理便是性，但將此句要來解性，便未端的。」

按：橫渠言性，猶其言太虛，言天，故曰「合兩之總」。迨其命於人，則由全至別，由總至分，猶太虛之爲氣矣。故既曰「合虛與氣而有性之名」，又曰「不極總之要，則不至受之分」。蓋欲盡我禀受之分，則必上窮天命之全也。迨夫性之既禀而有分，則彼我不能無相感。天地無憂，是至靜無感，性之源也。聖人輔相天地而有憂，是物交之客感。必客感與無感相一，而後謂之盡性，卽極總之要乃至受之分之意也。故又曰：「有無虛實通爲一物者，性也。不能爲一，非盡性也。」又曰：「性通極於無，氣其一物爾。」朱子兩條，皆牽搭「理」字爲釋，非橫渠眞義。

湛一，氣之本。攻取，氣之欲。口腹於飲食，鼻舌於臭味，皆攻取之性也。知德者，屬厭而已。不以嗜欲累其心，不以小害大，未喪本焉爾。

朱子曰：「湛一是未感物之時，湛然純一，此是氣之本。攻取如目之欲色，耳之欲聲，便是氣之欲。」曰：「攻取是攻取那物否？」曰：「是。」

按：「攻取」卽氣質之性也，「湛一」則天地之性也。「攻取」亦所謂「不能無感者」耳，故曰「屬厭而已」。口腹不能無飲食，鼻舌不能無臭味，惟此皆別於人人，不以此害其性之大全之源可也。

形而後有氣質之性，善反之則天地之性存焉。故氣質之性，君子有弗性者焉。

朱子曰：天地之性，則太極本然之妙，萬殊之一本也。氣質之性，則二氣交運而生，一本而萬殊也。

又曰：天地之性，是理也。纔到有陰陽五行處，便有氣質之性。於此便有昏明厚薄之殊。

又曰：論天地之性，則專指理言。論氣質之性，則以理與氣雜而言之。

又曰：氣質陰陽五行所爲性，卽太極之全體。但論氣質之性，卽此體墮在氣質之中耳，非別有一

性也。

按：「天地之性」，指其總全而言。「氣質之性」，指其分別而言。總與分並非二物，不如理與氣。朱子謂此性「墮在氣質之中」，非橫渠意。當云天地之性「分散」而爲氣質之性，非天地之性墮在氣質中也。

又曰：氣質之說，起於張、程，極有功於聖門，有補於後學，前人未經說到，故張、程之說立，則諸子之說泯矣。

王船山曰：氣質者，氣成質而質還生氣也。氣成質，則氣凝滯而局於形，取資於物以滋其質。質生氣，則同異攻取，各從其類，故耳目口鼻之氣，與聲色臭味相取，亦自然而不可拂違。此有形而始然，非太和絪縕之氣，健順之常所固有也。舊說以氣質之性爲昏明彊柔不齊之品，與程子之說合。今按：張子以昏明彊柔得氣之偏者繫之「才」，而不繫之「性」，故下章詳言之。而此言氣質之性，蓋孟子所謂耳目口鼻之於聲色臭味者爾。蓋性者生之理也。均是人也，則此與生俱有之理，未嘗或異。故仁義禮知之理，下愚所不能滅，而聲色臭味之欲，上智所不能廢；俱可謂之爲「性」。而或受於形而上，或受於形而下，初無二理。但形而上者，爲形之所自生，則動以清，而事近乎天。形而後有者，資形起用，則靜以濁，而事近乎地。形而上者，互生死，通晝夜，而常伸，事近乎神。形而後有者，困於形，而固將竭，事近乎鬼。則一屈一伸之際，理與欲皆自然，而非由人爲。故告子謂食色爲性，亦不可謂爲非性，而特不知有天命之良能爾。若夫

中國學術思想史論叢（五）

一九〇

「才」之不齊，則均是人而差等萬殊，非合兩而爲天下所大總之「性」，「性」則統乎人而無異之謂。

按：船山此條，辨張、程氣質之性之不同，辨才、性之異，剖析甚微，而實未全是。謂張、程言性相異，是也。辨下章剛柔緩急謂非氣質之性，則非也。橫渠之意，天地之性乃其全，氣質之性乃其偏，然捨偏亦無以見全。故曰「合虛與氣，有性之名」。若謂性統乎人而無異，則氣質自氣質，性自性。船山亦仍有程朱理氣之意梗於胸中，而不自知也。

人之剛柔緩急，有才與不才，氣之偏也。天本參和不偏，反之本而不偏，則盡性而天矣。性未成則善惡混，故亹亹而繼善者，斯爲善矣。惡盡去，則善因以亡，故舍曰「善」而曰「成之者性」。

王船山曰：程子謂天命之性與氣質之性爲二，其所謂氣質之性，才也，非性也。張子以耳目口體之必資物而安者爲「氣質之性」，合於孟子，而別剛柔緩急之殊質者爲「才」。性之爲性，乃獨立而不爲人所亂。蓋命於天之謂性，成於人之謂才。靜而無爲之謂性，動而有爲之謂才。性不易見，而才則著，是以言性者但言其才而性隱。張子辨性之功，大矣哉！

又曰：商臣之蠭目豺聲，才也。象之傲而見舜則忸怩，性也。居移氣，養移體，氣體移則才化，

若性則不待移者也。

按：船山辨才、性，其實乃程氏意耳，其語屢見於遺書。而船山都不有記，何也？其實才性之辨即猶理氣之辨，此皆程、朱論學大條目。孟子曰：「非天之降才爾殊也。」又曰：「為不善，非才之罪。」未嘗異才於性也。橫渠理窟有氣質篇，又有義理篇，皆言變化氣質。又學大原篇上，謂「氣質猶人言性氣，氣有剛柔緩速清濁，質才也，惟其能克己，則為能變化卻習俗之氣性。制得習俗之氣，所以養浩然之氣。某舊多使氣，後來殊減，更期一年，庶幾無之。如太和中容萬物，任其自然。」大抵橫渠認氣質之性落於偏，非太和中正，故須變化。若曰性不待移，橫渠何又屢言「成性」乎？

德不勝氣，性命於氣。德勝其氣，性命於德。

按：德，天德，正德也。氣，形氣，偏氣也。德與氣合始成性，若德不勝氣，則性受命於氣，落於一己小我之偏私，此即「氣質之性」也。若德勝其氣，則性受命於德，為太和大中至正之性，即「天地之性」也。

利者為神，滯者為物，是故風雷有象，不速於心，心禦見聞，不弘於性。（以上誠明篇）

高忠憲曰：禦，止也。爲見聞所梏也。風雷猶有象，故不如心之速。心禦見聞，故不如性之弘。

然則人心無物，則不滯而神矣。

按：心禦見聞，則易落於形質之偏，故橫渠又言：「凡物莫不有性，由通蔽開塞，所以有人物之別。由蔽有厚薄，故有智愚之別。」蓋物爲氣質所蔽塞，不能由氣反虛，不能合氣於虛，故雖有性，亦不得謂之性矣。

大其心，則能體天下之物。物有未體，則心爲有外。世人之心，止於聞見之狹。聖人盡性，不以見聞梏其心。其視天下，無一物非我。孟子謂「盡心則知性，知天」，以此。天大無外，故有外之心，不足以合天心。見聞之知，乃物交而知，非德性所知。德性所知，不萌於見聞。

朱子曰：「體猶仁體事而無不在，言心理流行，脈絡貫通，無有不到。苟一物有未體，則便有不到處，包括不盡，是心爲有外。蓋私意間隔，而物我對立，則雖至親，且未必能無外矣。」問：「『體』之義？」曰：「此是置心在物中，究見其理，如格物致知之義，與體用之『體』不同。」

按：朱子「置心在物中，究見其理」云云，乃程子意，非橫渠意。橫渠正言體用之「體」，猶西銘「天地之塞吾其體」也。橫渠以萬物爲一體，故視天下無一物非我。故須無我，此指

小我言。須大其心，此指聞見之心言。必使此心無外，則位天德而合乎性矣。故曰「合性與

知覺，有心之名」。見聞之心，有知覺而不能合性。依橫渠之意，即不謂之「心」可也。

問：「如何得不以見聞梏其心？」曰：「張子此說，是說聖人盡性事。如今人理會學，須是有見

聞，豈能舍此？先是於見聞上做工夫，到然後脫然貫通。蓋尋常見聞一事，只知得一個道理，若

到貫通，便都是一理。曾子是已。」

按：朱子以格物窮理說橫渠此條，乃言工夫非本體。明道云：「仁者渾然與物同體，識得此

理，以誠敬存之而已，更有何事？」此卻較近。格物窮理，仍是聞見之心，仍不是與物一

體。須到豁然貫通時，始是真此心。故曰「此心之全體大用無不達」也。

又曰：盡性者，極吾心虛靈不昧之良能，舉而與天地萬物所從出之理合，而知其大始；則天下

之物與我同源，而待我以應而成。

王船山曰：大其心，非故擴之使遊於荒遠也。天下之物相感而可通者，吾心皆有其理，惟意欲蔽

之，則小爾。由其法象，推其神化，達之於萬物一源之本，則所以知明處當者，條理無不見矣。

天下之物皆用也，吾心之理其體也。盡心以循之，則體立而用自無窮。

按：橫渠言萬物一體，船山言萬物同源。橫渠言太和，船山言太始。船山謂萬物同出一理，

皆程朱義，非橫渠義。故船山以「太極」說「太虛」也。

朱子曰：橫渠此說固好，然只管如此說，相將便無規矩，無歸著，入於邪遁之說，此心便瞥入虛

空裏去了。

按：横渠言心無外，言萬物一體，實如朱子之評，此心瞥入虛空裏去了。惟因明道極推西銘，故朱子婉轉言之。若伊川、晦翁自己路脈，則與横渠此等相隔甚遠。

由象識心，徇象喪心，知象者心，存象之心，亦象而已，謂之心可乎？

按：存象之心，落於形氣，不足以合性，故横渠不謂之「心」也。

耳目雖為性累，然合內外之德，知其為啟之之要也。

王船山曰：累者，累之使禦於見聞之小爾，非欲空之而後無累也。內者心之神，外者物之法象，法象非神不立，神非法象不顯；多聞而擇，多見而識，乃以啟發其心思，而會歸於一，又非徒恃存神而置格物窮理之學也。

按：內外指形氣言。中人自據形氣，以我為內，以物為外也。合內外之德，由耳目聞見啟之，故曰「合虛與氣」，「合性與知覺」，横渠並不并氣與知覺而蔑棄之也。船山必牽搭朱子「格物窮理」為說，大非横渠原義。

釋氏不知天命，而以心法起滅天地，以小緣大，以末緣本，其不能窮而謂之幻妄，眞所謂疑冰者與。

王船山曰：天命太和絪縕之氣，屈伸而成萬化。小謂耳目心知見聞覺知之限量，大者清虛一大之道體，末者散而之無疑於滅，聚而成有疑於相，緣以起而本無生。蓋太虛之中，無極而太極，充滿兩間，皆一實之府。緣小體視聽之知，則但見聲色俱泯之爲無極，而不知無極之爲太極也。

按：船山此條，牽搭無極、太極，殊非橫渠原義，故誤以「散而之無」與「聚而成有」者同爲末，而不知散卽「太虛」，乃本也。凡此，橫渠原文極明顯，後人必牽搭周、張、程、朱在一線上，故終是指說不分明耳。

釋氏妄意天性，而不知範圍天用，反以六根之微，因緣天地，明不能盡，則誣天地日月為幻妄，蔽其用於一身之小，溺其志於虛空之大，所以語大語小，流遁失中。其過於大也，塵芥六合。其蔽於小也，夢幻人世。謂之窮理，可乎？（以上〈大心篇〉）

王船山曰：流俗之徇欲者，以見聞域其所知也。釋氏之邪妄者，據見聞之所窮，而遂謂無也。致知之道，惟在遠此二愚，大其心以體物體身而已。

按：「大其心以體物，是矣。」「體身」又何說乎？橫渠萬物一體之旨，船山似始終未領肯也。

以上撮錄正蒙要旨，又條繫程、朱、高、王四家之評釋，而較量其異同得失竟。今綜合述之，則橫渠乃主張唯氣一元論者，其大體頗近莊、老。惟莊、老推論氣之原始為無，橫渠最所反對。又橫渠乃主張萬物總為一體論者，而莊子則謂「萬物以不同形相禪」，又曰「自其同者視之，則萬物一體，自其異者視之，則肝膽楚越」。故莊、老實主拆散萬物而歸之無，橫渠則主總合萬物以同於一，此其異也。橫渠立說，似全本周易。然易言陰陽，不言萬物一體，在先秦時，最先宜出於墨家。墨翟上本天志，惠施辨析名類，今橫渠則借用道家體統，而完成墨家之論旨。故其自言「愛必兼愛，立必俱立，知必周知，成不獨成」。而西銘則曰「天地之塞吾其體，天地之帥吾其性」，顯然為一種全體渾一之主張。惟其全體渾一，故曰「民吾同胞，物吾與也」，一視同仁，更無分別。楊龜山疑「西銘近墨子」，其流將遂至於兼愛」，殊為有見。惟二程極推西銘，故伊川告龜山，謂：「正蒙立言誠有過者，西銘推理以存義，擴前聖所未發，與孟子性善養氣之論同功，豈墨氏之比？西銘明理一而分殊，墨氏則二本而無分。老幼及人，理一也。愛無差等，本二也。」伊川以理一說西銘，非橫渠本旨。明道曾云：「訂頑一篇，意極完備，乃仁之體也。學者其體此意，令有諸己，其地位已高，到此地步，自別有見處，不可窮高極遠，恐於道無補也。」蓋二程只取西銘渠本旨。西銘立論本原在於正蒙，西銘亦正蒙中之一節，正蒙只言氣一，不言理一。氣一則萬物總為一體，從此流出，不得再有分殊。

境界，以自附於其理一之見，若橫渠正蒙氣一之說，則正二程所謂窮高極遠、於道無補也。若言分殊，西銘既曰「民吾同胞」，其間更不見有分。故曰：「尊高年，所以長其長。慈孤弱，所以幼其幼。」則凡世之高年，皆我之長，皆當尊。凡世之孤弱，皆我之幼，皆當慈。與孟子「老吾老以及人之老，幼吾幼以及人之幼」自不同。孟子乃推此心以及四海，橫渠則先立萬物總爲一體之大前提，何煩再推擴此心乎？故橫渠只主大其心，以實體此總全之體，豈嘗主張有差等之愛乎？尹和靖曰：「人本與天地一般大，只爲人自小了。若能自處以天地之心爲心，便與天地同體。西銘備載此意。」明道嘗言：「天地之常，以其心普萬物而無心。聖人之常，以其情順萬事而無情。」此處乃理一論者與氣一論者之相合點，亦其相歧點也。故二程取西銘，議正蒙，以西銘尚有與二程合頭處，正蒙則歧而遠矣。後人欲考各家學術思想之本眞，則斷當以正蒙闡西銘，不當以二程意見闡西銘也。朱子謂「西銘要句句見理一而分殊」，此成二程之西銘，非橫渠之西銘矣。橫渠性氣，實有許多近似墨子處。學者若以莊、老理論，墨翟精神，會合相通，以讀橫渠之正蒙，則必窈然有深解矣。橫渠力闢老，而其言多取之老。又極闢佛，而其義亦多取之佛。如云「天地之塞吾其體」，此即佛法身也。「天地之帥吾其性」，此即佛法性也。此非橫渠有意竊取老、佛爲說，乃由其入之已深，故能闢之得其要竅，而不自知其染涉之已甚淪浹，而不可洗浣也。

二程學術述評

二程是第二期宋學中較後輩的中心人物。正統理學，直要到二程才完成。二程早年，曾從遊於周濂溪，受到極大啟發。但此後講學，頗與濂溪有異處。邵康節是二程居洛陽時極親熟的朋友，但兩家學術路徑不同。康節象數之學，二程頗不愛講。橫渠與二程有戚誼，二程思想亦極有受橫渠影響處，但大體上對橫渠，亦多不滿。前期學者如荊公、溫公，皆曾與二程交游。二程居洛陽，乃當時人物薈萃之區，濡染取用，既富既博。兄弟切磋，一溫粹，一嚴毅，相得益彰。伊川又享高年。二程於政治上皆未顯達，然亦無隱士氣。畢生宏揚教育，亦復注意政治問題，四方學者輻集，確然成爲北宋理學之大成與正統。

若論宇宙本體萬物原始，形而上學方面，二程似無積極貢獻，大體思路，不出濂溪、百源、橫渠三家之範圍。二程卓絕處，在其討論人生修養工夫。若以周、邵、張三家擬之佛教大乘空、有二宗，則二程乃台、賢、禪諸家也。若以二程比之荊公，則荊公雖論性道而更重實際政事。二程鑒於熙寧新法之流弊，故論學一以性道爲先，而政事置爲後圖，若非所急焉。

曰：

橫渠問明道：「定性未能不動，猶累於外物，何如？」明道因作書答之，所謂定性書是也。其言

所謂定者，動亦定，靜亦定。無將迎，無內外。苟以外物為外，牽己而從之，是以己性為有內外也。既以內外為二本，又烏可遽語定哉。夫天地之常，以其心普萬物而無心。聖人之常，以其情順萬物而無情。故君子之學，莫若廓然而大公，物來而順應。人之情，各有所蔽，大率患在於自私而用智。自私則不能以有為為應迹，用智則不能以明覺為自然。今以惡外物之心，而求照無物之地，是反鑑而索照也。與其非外而是內，不若內外之兩忘。兩忘，則澄然無事矣。聖人之喜，以物之當喜。聖人之怒，以物之當怒。是聖人之喜怒，不繫於心而繫於物也。是則聖人豈不應於物哉，烏得以從外者為非，而更求在內者為是也。夫人之情，易發而難制者惟怒，第能於怒時遽忘其怒，而觀理之是非，亦可見外誘之不足惡，而於道亦思過半矣。

明道此書，作於早年在鄠縣作簿時。伊川作明道行狀，謂：「先生為學，自十五六時，聞周茂叔論道，遂厭科舉之業，慨然有求道之志。泛濫於諸家，出入於老、釋者幾十年，返求之六經而後得之。」明道初成進士作簿鄠縣，年二十六，則正所謂反求六經始自有得之時也。上蔡記明道語：「某學雖有所受，天理二字卻是某拈出來。」朱子改云：「天理二字是某體貼出來。」今按：定性書所云，

二〇〇

大體即周茂叔「主靜立人極」之義；其所描繪之心理境界，即濂溪所謂「明通公溥」也。而書中已言及「理」字。濂溪以「無欲」釋靜，無欲只是反面消極字，明道始以「理」字補出其正面，至是而天理、人欲對立之局面漸以成立。大抵明道此書，亦頗采釋，老成說。其云：「天地以其心普萬物而無心」，似即佛義。又云：「聖人以其情順萬物而無情」，「聖人之喜怒，以物之當喜當怒」，如是則此性澄然常定，此亦似佛氏涅槃境界矣。若中國古代儒家所謂「性」，乃指其有情感有動向者而言。如愛敬，如惻隱羞惡，此皆人之性，亦即人之情也。有此情，此心便有動向，豈可謂我愛以物之當愛，我羞惡以物之當羞惡，此皆物理，而無我之情感生命預其間乎！此後宋儒又嫌「物理」二字稍似偏外，故不常用，而喜用「天理」字。其實捨卻物理，又何處尋天理。故窮理必由格物。如邵康節主客觀的研窮物理，本無不可，然不應偏倒一邊，只認有物理，不認有人性，但明道實並不是此意。明道之意，只認我之喜怒哀樂，即繫乎物之當喜當怒當哀當樂，此即合內外之道，亦即是「性即理」，即「定性」也。若在所當喜怒哀樂之外，又加進分數，是即「情」而流乎「欲」矣，此則明道之意也。

明道此後頗不常言「靜」字「無欲」字，而時時言「仁」言「敬」。其意蓋把「仁」字替代「無欲」「敬」字替代「靜」，其大旨見於其所爲《識仁篇》。大略云：

學者須先識仁。仁者渾然與物同體，義禮智信皆仁也。識得此理，以誠敬存之而已。不須防

檢，不須窮索。若心懈則有防，心苟不懈，何防之有。理有未得，故須窮索，存久自明，安待窮索。此道與物無對，須反身而誠，乃為大樂。訂頑（即西銘）意思乃備言此體，以此意存之，更有何事。必有事焉而勿正，心勿忘而勿助長，未嘗致纖毫之力，此其存之之道。以昔日習心未除，卻須存習此心，久則可奪舊習。

此文似較定性書陳義更圓密周到。因明道此文乃實指心體言。心體不分物我，不分內外，只是物我內外渾然同體。如是則定性書所謂「物之當喜當怒」，不如徑云「理之當喜當怒」。此理，內不屬於我，外不屬於物，乃物我相交時心體之自然。即此便是「仁」。仁即是心體，亦即是天理。換言之，心體便是仁，便是理。心體我之自有，故只須識之存之，此外別無工夫也。

明道他處又云：

　　學者識得仁體，實有諸己，只當義理栽培。

仁體實有之己，即是義禮智信皆實有之己，即是喜怒哀樂皆實有之己，如此說下，便成「心即理」。則窮理只要存心，故識仁篇「必有事焉」而下皆言存心工夫。甚至失理者乃屬習心，今則以存心奪此習心，別無餘事也。

〈識仁篇〉以「誠敬」二字說存心工夫，其實誠敬是心體，與正常狀態，此處工夫、本體合一非二，故工夫即已是自然，不煩用力。惟依字面看，「誠」字偏於體段方面者多，「敬」字偏於工夫方面者多。故程門言存心工夫，尤多用「敬」字。明道云：

　　某寫字時甚敬，非是要字好，即此是學。

此處說「敬」字體段最明白。若寫字時分心外馳，別有思存，此即不敬。但若有心要字好，此亦不是一心在寫字上，依然是分心外馳，同樣是不敬。寫字時分心外馳，別有思存，此即孟子所謂「忘」。寫字時有心要字好，此即孟子所謂「助長」。勿忘勿助長，即是「敬」的體段。其實不必遠引孟子，禪宗永嘉大師言惺惺寂寂，正亦相似。寫字時甚敬，便是「惺惺」。非是要字好，便是「寂寂」。永嘉說：「惺惺為正，寂寂為助。」所以後來程門謝上蔡言敬，亦只說「常惺惺」也。

明道又說：「人心不得有所繫。」又說：「心要在腔子裏。」此兩語，可以補足上義。寫字時甚敬，此心只在寫字上，別無所繫，便是「心在腔子裏」。心在腔子裏，正指其不外馳，不有所繫也。明道又云：

　　敬須和樂，只是中心沒事也。

朱子亦云：「心中若無一事時便是敬。」此語又須活看。如寫字時一心在寫字上，便已是中心沒事，卻不是忘了寫字而云心中沒事。猶之云「心在腔子裏」，並不是教人放棄外面一切事，而單單照顧那腔子裏的心。但此等話卻常易起誤會，不如說「敬」字，使人較有頭腦可把捉。

此後伊川把此義再加闡述，他云：

所謂敬者，主一之謂敬，所謂一者，無適之謂一。

再舉寫字來說，一心在寫字上，即「主一」也。不分心外馳，別有思存，又不是存心要字好，即「無適」也。主一無適，便是心在腔子裏，也便是中心沒事。此亦可以禪宗的工夫說之。禪宗也只要人繫心一處，使不散亂。所謂：「心者，制之一處無事不辦也。」所以明道說中心沒事，只是心不散亂，只是無適，只是主一，繫於一處，便是無所繫。濂溪通書曾謂：「學聖人以一爲要，一者無欲，無欲則靜虛動直。」二程言「主一之謂敬」，把「敬」字來換了「靜」字，此是二程用心仔細處。凡云靜、虛、無欲，此等字面，二程皆力求避免。將「仁」字或「理」字來換「無欲」字，將實來換了虛，正如將「敬」字來換「靜」字一般。若論到切實下工夫處，濂溪、二程，實無絕大不同。只二程語更妥帖，更周到，不使人誤入歧途耳。所謂歧途，便是釋、老：因當時濂溪、二程所講工夫，

二〇四

本與釋、老甚相似也。

此處又引起一問題，卽人心之有閒思雜慮是。主一無適與閒思雜慮，此是顯然的兩個境界。

呂與叔曾患思慮多，不能驅除。明道曰：「此正如破屋中禦寇，四面空疏，盜固易入，無緣作得主定。又如虛器入水，若以一器實之以水置水中，水何能入。蓋中有主則實，實則外患不能入，自然無事。」

此便是主一無適的實工夫。濂溪只說「一」，明道說「主一」，此「主」字極吃緊，大有關係。因單說「一」字便易近於虛，易與莊周、釋氏語相混，今云「主一」，則工夫自實也。伊川云：

主一則虛，無主則實。必有所事。人多思慮，不能自寧，只是做他心主不定。要作得心主定，惟是止於事。如為人君止於仁之類。人不能止於事，只是攬他事，不能使物各付物。有物必有則，須是止於事。

此處伊川說「主一則虛」，正是明道說的「主一則實」。伊川說「止於事」，正是明道說的「中心沒事」。此等亦須活看。止於事者，如寫字時心止在寫字上，便是物各付物，便是心有主，便是主於一

而無適。其實《定性書》所討論，亦是此問題。只《定性書》中所解答者，沒有此處明白，沒有此處精細貼切。因《定性書》只拈出一「理」字，沒有拈出「敬」字，則使人晃盪無下手處。

今再把二程此等言語，與禪宗相較，亦可說是一個虛實問題。禪宗惺惺寂寂，繫心一處，使不散亂，大體只是看重一個當下，一個現量。當下現前，剎那變滅，此心亦剎那變滅。所以繫心一處，等於無繫無著。其次則打疊一切，專繫在一念上，待得此念純熟，忽然脫掉，則仍落無住無念境界，此即是「參話頭」工夫也。程門所謂「主一」，乃把「事」字來換去「當下」字，故要在現前當下境上去主一個「天理」。因此主一不是專繫在一念上，只在一切念上主一個天理。一切念可以剎那變滅，而一切念上的天理，則始終一片。一即一切，一切即一，「主一」不摒棄一切，乃有一事存在，有事便有理。豈不是一個虛實之辨？但若偏重天理，又不免使人向外尋覓，又要走散到一切上去，所以程門要提出一「敬」字來，使人卽在當下心體上下手。但所謂「主一」，所謂「止於事」，卻不是叫你好色則專一在好色上。何以不能專一在好色上，你若不真認識自己心體，便不免又要從天理上說話。其實閒思雜慮，亦何嘗不是你心體自己要如此，但閒思雜慮終是人欲，非天理。換言之，卽並非你真心體。如何認識你真心體呢？因此又轉入別一問題。

今且再從閒思雜慮的問題，再轉深一層說，便成了已發、未發的問題。此問題有伊川答蘇季明一大段話，最可注意。

蘇季明問：「觀於四者未發之時，靜時自有一段氣象。及至接事時，又自別，何也？」曰：

「善觀者不如此，卻於喜怒哀樂已發之際觀之。賢且說靜時如何？」曰：「謂之無物則不可，

然自有知覺處。」曰：「既有知覺，卻是動也。怎生言靜？人說復其見天地之心，皆以至靜能

見天地之心，非也。復之卦下面一畫便是動也。安得謂之靜？自古儒者皆言靜見天地之心，惟

某言動而見天地之心。」或曰：「莫是於動上求靜否？」曰：「固是，然最難。釋氏多言定，聖

人便言止。人萬物皆備，遇事時，各因其心之所重者，更互而出。纔見得這事重，便有這事

出。若能物各付物，便自不出來也。」或曰：「先生於喜怒哀樂未發之前，下動字？下靜字？」

曰：「謂之靜則可，然靜中須有物始得。這裏便是難處。學者莫若且先理會得敬，能敬則自知

此矣。」

已發、未發，是宋儒極愛討論的問題。荊公、濂溪，皆不免劃分已發、未發作兩截看，故皆看重未

發，看重前一截。如此便要落到虛無境裏去，便要接近老、釋。伊川在本體論上，似未能擺脫此圈

套。只在用工夫上，卻主張著力在後一截。他說「動見天地之心」。他說「靜中須有物始得」，皆是

有極大關係話。此等處，正是周、程轉手處也。伊川此意，其實還是明道之意。明道曰：

敬而無失，便是喜怒哀樂未發謂之中。敬不可謂中，但敬而無失，即所以中也。

明道以「敬而無失」爲所以中的工夫，也便是注重後一截，與伊川同意。或問伊川：

敬莫是靜否？曰：「纔說靜，便入於釋氏之說也。不用靜字，只用敬字。」

又曰：

敬則自虛靜，不可把虛靜喚做敬。

因說靜，易使人著想到脫略事爲。說敬，則止於事，可免誤入虛靜之病。一面是脫略人事，一面則是看重人事，此爲儒家與道、釋之最大分別。二程語錄，有「周茂叔窮禪客」一語，今雖不能詳說，然或可從此等處推見大略。要之二程極意拈出「敬」字來代「靜」字，正自有故。

伊川對明道拈出的「敬」字，有發揮處，亦有補充處。大抵明道「敬」字只說得一個心的境界，到伊川手裏，便把他向外化了，說到儀貌上去。大體說來，猶如把「未發」轉到「已發」上來一般。工夫下手，一層切實一層，但亦由此生出流弊。伊川云：

嚴威儼恪，非持敬之道，敬須自此入。

明道曾說「敬須和樂」，和樂還是內心境界。今伊川說敬須「嚴威儼恪」，則是外面儀貌。此一層，一面可以看出明道、伊川兩人性格上之不同，一面亦是伊川說工夫更具體，更切實，但卻爲「敬」字增出一歧途。伊川又云：

一者無他，只是嚴肅整齊，則心便一也。

惟動容貌，整思慮，則自然生敬，敬只是主一也。

又曰：

儼然正其衣冠，尊其瞻視，其中自有個敬處。雖曰無狀，敬自可見。

本來程門拈出「敬」字，只要「必有事焉」，只要「物各付物」，使人脫出靜虛境地，故曰「惟動乃見天地之心」。又說「靜中須有物」。但理論雖如此，程門實際生活，則依然仍有偏於虛靜一邊之病。不如初期宋學，纔是動與實的分數多。亦不如橫渠、康節，也還是動與實的分數多。二程此等處實自

近濂溪。因此初期宋學，尚少牽涉到本體論方面，而二程的大貢獻，則要將本體論與人生實務打成一片。但二程的實際生活，則不免稍偏在這一面，常常要靜著無事。今若在無事時強要作有事樣，在無物時強要認有物般，便不免要轉到正衣冠、尊瞻視、動容貌、嚴威儼恪的一面來。程門「敬」字之儀貌化，此實「敬」字一歧途。此後陸象山弟子楊慈湖頗不喜此等話。慈湖云：

主一則既不之東，又不之西，是則只是中苦也。人性自喜，何必如此拘束？孔子未嘗如此教人。但曰「居處恭，執事敬」耳。但曰「約之以禮」耳。伊川之教，固愈於放逸者。然孔子曰「過猶不及」，何則，其害道均也。

慈湖以伊川教敬爲拘束，其實只是伊川立教之流弊。若從大體言，果能以「必有事焉」與「中心和樂」爲敬，則不致像慈湖所反斥。

其次，程門之所謂敬，按實言之，只是一種心的狀態或境界，似乎還不是心的生命，因此亦並未接觸到心力之眞源。若說敬是心體，亦只好說是心之體段或體貌，仍是心之外相，而非其內情。若以近代語譯之，敬只是一種心理上之注意集中而已。故曰「廓然而大公」，「物來而順應」，「物各付物」，「中心沒事」，此等全屬隨動、順動而非主動、帥動，只是隨順著外面轉移注意，卻不失一個軌範，但並沒有由內向外充沛流露的一段精力。若只偏重說注意集中，而沒顧到內心自發的要求與動

向，則此種注意，會成無生命的。若如此來說敬字，則「敬」是成個空架子，依然還是一種靜虛之境，仍沒有內容。伊川在此處卻見到了。故他要再提出「敬、義夾持」的話來做補救。伊川云：

敬只是涵養一事，必有事焉須當集義。只知用敬，不知集義，卻是都無事也。

又說：

涵養須用敬，進學則在致知。

伊川此一番話，在居敬以外，又添上集義、致知、格物、窮理許多說法，這是另一邊事；如此便開了將來朱晦翁的路徑。我們且試回看明道識仁篇，彼本以仁爲心體，故曰：「聖人，仁之至也」，獨能體是心而已。」仁中便包義禮智信，則存養此心之仁，已不啻是集義致知，何待於存仁以外又別來一番集義致知工夫乎？明道云：

在天爲命，在義爲理，在人爲性，主於身爲心，其實一也。

又說：

> 只心便是天，盡之便知性，知性便知天，當處便認取，更不可外求。窮理盡性以至於命，三事一時並了，元無次序，不可將窮理作知之事。

又說：

> 質美者明得盡，渣滓便渾化，卻與天地同體，其次惟在莊敬持養。

可見明道將存仁、窮理只作一事看。仁是活潑的，有情感，有生命的。存仁便已是窮理了，不煩再向外去窮理。向外窮理只是枝葉。有本原，自能有枝葉。故曰：

> 聖人千言萬語，只是欲人將已放之心約之使反復入身來，自能尋向上去。

心自能尋向上，豈不還是一個動進的，有生命有活力的的？今伊川分出「敬、義夾持」，則容易使人將窮理別作「知」之事看，又易使人於莊敬持養外別尋向上之道。若仍認敬是心體，則豈不心體成了靜

的虛的！由此則從敬是心體又轉成敬只是工夫了。明道只爲能扣緊心體立說，故涵養卽是致知，工

夫、本體尚不分裂。伊川說話把心體忽了，專轉到事上講，便要「敬、義夾持」，此則又是一條引而

向外的歧途。上面說過，若講存主一天理，便易使人向外尋覓，其證在此。

以上是說二程對於敬字看法之轉變。現在再說程門。本來二程拈出「敬」字來代替濂溪之「主

靜立人極」，正恐靜字流入釋氏，其意已詳上述。但程門高第，仍不免於敬字上流歸釋氏，此又是敬

字一歧途。此層可以謝上蔡爲證，上蔡云：

敬只是事至應之，不與之俱往，非敬乎？萬變而此心常存。

其實心不與事俱往，雖很像程子所謂之「無適」，其內裏則是禪宗之無住不著也。上蔡如此看心，似

乎只看在心的輕鬆靈活處，沒有看到心之剛健篤實處。若果如上蔡此番話，則到頭只可做到禪宗的

「本分爲人」，卻不能做到孟子、王介甫之所謂「大人」。人心只有應的能，沒有感的力。《中庸》說仁者

必有勇，佛家亦說勇猛精進，人心自有一種向前邁進的動力，此是感的力。感是主動，應是隨動、被

動。只因有感的力，所以遇到阻礙，自能向前衝決而過，此是心之勇。那裏僅是事至應之而已！但宋

儒言心頗忽此，因此他們常只說到無畏與不懼，卻沒有多說「勇」。無畏不懼，依無還是順動、隨動，

還是事至應之，並非主動、帥動，並非「自強不息」。並非自有動向，自有生命，自有一種感的力量。

此種意態，即於二程可證。明道說：

> 目畏尖物，此事不得放過，便與克下。室中率置尖物，須以理勝他，尖必不刺人，何畏之有。

有人眼前常見一獅子撲來，問於伊川，伊川令其見獅子卽張手捉之。其人屢捉不獲，獅子亦遂不見。

此兩事實同一理，而後一事尤精微。二程對心理學確有一番研究，但可惜只注意在消極方面，最多是以理自尅，還是以外制內，於內心眞活力眞源泉似少理會。只說是不爲外物所動，卻沒有指點出此心之對外物，自有他的一番進取與活動，自有他一種感的力。上蔡云：

> 吾舊多恐怖，每於危階上蹈險以習之。
>
> 或問色欲想已去多時，曰：「伊川則不絕，某斷此二十來年矣。」又問於勢利如何？曰：「打透此關，十餘年矣。當初大做工夫，揀難捨底棄卻，後來漸漸輕。今日於器物之類置之，只為合要用，並無健羨底心。」問公於外物一切放得下否，曰：「可謂切問矣，實就上面做工夫來。」
>
> 問洒掃應對上學，卻是太瑣屑，不展拓，曰：「凡事不必須要高遠，且從小處看，只如將得一金與人，如將天下與人，雖大小不同，其實一也。我若有輕物底心，將天下與人，如一金與人相似。我若有吝物底心，將一金與人，如將天下與人相似。又如行於千尺臺邊，心便恐懼，行

平地上，心便安穩。我若去得恐懼的心，雖履千仞之險，亦只與行平地一般。只如洒掃，不著此心，怎洒掃得？應對，不著此心，怎應對得？」

敬是常惺惺法，心齋是事事放下，其理不同。

上引上蔡語，大體相似。此處便從必有事焉轉入萬法平等，只要此心不黏不著，無愛無懼，所謂「萬變而心常存」也。此等只是僅談心有應，不談心有感。僅談心有能，卻不談心有性。又曰：

「常惺惺」是佛門語，「心齋」是道家言。其實常惺惺亦只如「運水搬柴皆是神通」之類，與心齋放下相距無幾。總之是隨動、順動，無自內而生的活力。無勇不前，可說是心的體態，決非心的生命。豈可說心生命是一個常惺惺乎？若心無生命，試問生命更在何處？伊川所謂「動處見天地之心」者，豈得謂天地之動亦僅如此，亦只是一個常惺惺乎？上蔡從心體上言敬，固爲不失明道宗旨，但恨認識心體不圓不實，落入禪家圈套，僅成一片平薄；其言所指，雖與伊川內外異類，而其爲敬字之歧途則一也。

但此種意境，到底還自程門傳來。明道嘗云：「某年十六七好田獵，既而自謂已無此好。周茂叔曰：『何言之易。』」後十二年，暮，在田間見獵者，不覺有喜心，乃知茂叔言不誣。」此條故事，可見

明道初入學時頭路。可見程學入頭處，還是濂溪「無欲則靜，靜虛則動直」的一套。明道他日也不免總是偏倒在靜虛上，偏倒在無欲上。又謂：「在澶州日，修橋，少一長梁，曾博求之民間。後因出入，見林木佳者，必起計度之心。因語以戒學者，心不可有一事。」又云：「昔在長安倉中坐，見長廊柱，以意數之。已尚不疑，再數之不合，不免令人一一聲言而數，乃與初數者無差。知越著心把握，越不定。」此等皆見明道平日用心處。故謝上蔡錄五經語，明道呵之，謂其「玩物喪志」。又上蔡舉史書成誦，明道又說「賢卻記得許多」。明道自謂：「再見茂叔後，吟風弄月，有吾與點也之意。」又謂：

又曰：

學者今日無可添，只有可減，減盡便沒事。

人心常要活，則周流無窮，而不滯於一隅。

此皆明道著精神語。只由此等處看入，便可見上蔡確還是程門眞傳。濂溪主靜無欲一脈，仍留在程門血脈裏，並未消煞也。

伊川在此等處，其態度頗與明道異。伊川嘗曰：

孟子曰：「養心莫善於寡欲。」此一句淺近，不如「義理之悅我心，猶芻豢之悅我口」，最親切有滋味。

此一分辨極重要，便是一虛、實之辨也。故伊川常教人在知見處用功，嘗云：

人只是要一個知見難。人既能知見，豈有不能行。

又曰：

學者須是真知。纔知得，便自泰然行將去也。

所謂真知者，伊川云：「向親見一人曾爲虎所傷，因言及虎，神色便變。旁有數人，見他說虎，非不知虎之可畏，然不如他說了有畏懼之色。蓋真知虎者也。」或問學何以有至覺悟處，曰：「莫先致知。」伊川言致知時倍有精采。嘗曰：「學者先要會疑。」又曰：「人思如泉湧，汲之愈新。若於一事上思未得，且別換一事思之，不可專守著這一事。」從此便說到格物上。伊川曰：

又曰：

今日格一件，明日格一件，積習既久，然後脫然有貫通處。

自一身之中，至萬物之理，但理會得多，相次自然豁然有覺處。

關鍵在於對心性看法之不同。明道認仁為心體，由此推衍，便成「心即理」說。伊川則謂：

今若從此等處分辨，則明道走了「為道日損」的路，而伊川走了「為學日益」的路。兩人異學，其

仁，理也。人，物也，以仁合在人身言之，乃是人之道也。（外書六）

如此則仁字不在人身上，故要合在人身乃成人之道。伊川又說：

仁只是一個公字。（遺書二十二）

仁道難名，惟公近之。（遺書三）

明道云「仁者渾然與物同體」，此只指心言。今云「仁只是公」，則涵義又別。公可指公心，亦可指公理。公理便偏在外，不是人心之自然體段與自然狀態矣。總之伊川處處要著實，故處處不免要引之向外。此乃二程與濂溪分歧處，亦是伊川與明道分歧處也。然則亦可謂明道多主無內外，而伊川便要分內外。

伊川又云：

性中只有仁義禮智四者，幾曾有孝弟來。（遺書十八）

伊川認性中有仁，卻不認性中有孝弟，此說更可注意。只因孝弟確然是人心，而伊川卻把性字、理字都要從人心引而外之，如此則仁字自然亦不在人心了。於是仁與孝弟亦確然有分別了。我們由此著眼，乃可說到伊川「性即理」的說法。伊川云：

性即理也。天下之理，原其所自，未有不善。喜怒哀樂之未發，何嘗不善。發而中節，則無往而不善。發不中節，然後為不善。

此一節，當與前引答蘇季明一大段語合看。可見伊川在實下工夫處，雖極力想避免濂溪虛靜一路，但在討論心性本體上，則依然超不出有前後之兩截。大體伊川認性爲未發，故說性中只有仁義禮智，沒有孝弟。因伊川認仁義禮智只是理，理可屬先天；孝弟則是人情與行事，皆應屬後天。後天只屬氣，不屬理。故說「性即理」，乃專指「天地之性」言。伊川此等意見，大體沿襲濂溪、橫渠。我們若細籀明道平日言論，其實亦復如是。但明道緊握住「仁是心體」一語，故不如伊川般牽引向外。分了內外，便分先後。此下朱、陸異同，即由此處分歧。

現在連帶說到變化氣質，此語始於橫渠。橫渠理窟有氣質篇，謂：

> 變化氣質，但拂去舊日所爲，便動作皆中理，則氣質自然全好。

明道亦云：

> 人語言緊急，莫是氣不定否？曰：「此亦當習。習到自然緩時，便是氣質變也。學至氣質變，方是有功。」

伊川云：

氣須是養，集義所生，積習既久，方能生浩然氣象。

根據上引諸條，可見張、程言氣質雖屬形而後者，但變化氣質則只在「習」上用功。究竟宋儒意見，並不如佛家般要厭棄此氣質。變化氣質，用今語質言之，只是把一種新習來改舊習。舊習者，人生一墮形氣，後天、已發，種種皆是習，亦種種皆是舊。新習則要人由此反之於先天之理性，此乃所謂「未發以前氣象」也。要走向新習，必先認識此先天理性之體段，必先認識此未發以前之氣象。橫渠主由禮教，禮教只是外在的，故近荀子。濂溪主由虛靜，虛靜則是空洞的，故近莊周。若謂靜虛則自動直，仍與孟子相似，則當知莊周、孟子本可相通。只是莊周站的是靜一邊，孟子站的是動一邊。明道主由存養此心，只言存養，不言推擴，故只近孟子之一偏。明道蓋是孟子、莊周之合流。伊川主由致知窮理，又言集義，則是近孟子之又一偏。亦可謂是孟子、荀卿之合流。若以偏輕偏重論，則濂溪、明道近莊，橫渠、伊川近荀。但他們所推敬，則完全在孟子。

（民國三十六年五月《思想與時代》四十五期）

朱子心學略

程、朱主「性即理」，陸、王主「心即理」，學者遂稱程、朱為「理學」，陸、王為「心學」。此特大較言之爾。朱子未嘗外心言理，亦未嘗外心言性。其文集、語類，言心者極多，並極精邃，有極近陸、王者，有可以矯陸、王之偏失者。不通朱子之心學，則無以明朱學之大全，亦無以見朱、陸異同之真際。本篇姑拈數十則，稍發其趣，未能備也。

朱子未嘗外心言性，亦未嘗外心言理，觀下引諸條可證。曰：

又曰：

原此理之所自，雖極微妙，然其實只是人心中許多合當做底道理而已。但推其本則見其出於人心而非人力所能為，故曰天命。雖萬事萬化皆自此中流出，而實無形象可指，故曰無極。（答廖子晦）

以「天命之謂性」觀之，則命是性，天是心。心有主宰之義，然不可無分別，不可太說開成兩箇。當熟玩而默識其主宰之意可也。

此朱子不外心言理，不外心言性之證也。其明言心卽理處尚多。如曰：

此心虛明，萬理具足，外面理會得者，卽裏面本來有底。

心與理，不是理在前面為一物，理便在心之中。

然朱子所謂心卽理，亦有一限度。曰：

仁者心便是理，看有甚事來，便有道理應他。

可見未到仁者地位，卽不得漫言心卽理。又曰：

大凡道理皆是我自有之物，非從外得。所謂知者，便只是知得我底道理，非是以我之知去知彼

道理也。道理固本有，用知方發得出來，若無知，道理何從見。

可見未到知者地位，亦不得漫言心卽理。論語言「仁且知既聖矣」。象山謂「東海有聖人，西海有聖人，千萬世之前之後有聖人，此心同，此理同」。亦必特舉聖人言之。苟不到聖人地位，亦不得漫言心卽理。就此一點，是朱、陸大同處。故曰：

人心萬理具備，若能存得，便是聖賢，更有何事。（答項平父）

又曰：

自古聖賢，皆以心地為本，聖賢千言萬語，只要人不失其本心。

此可謂卽象山之「先立乎其大者」。又曰：

凡學先要明得一箇心，然後方可學。譬如燒火相似，先吹發了火，然後加薪，則火明矣。若先加薪而後吹火，則火滅矣。某這裏須是事事從心上理會起。

象山謂「今之論學者，只務添人底，自家只是減他底」，陽明亦有以衣食投波濤中是適重其溺之喻，皆至此條義旨相似。又曰：

又曰：

學者常用提省此心，使如日之升，則羣邪自息。他本自光明廣大，自家只著些子力去提省照管他便了，不要苦著力，著力則反不是。

又曰：

人只要存得這些在這裏，則事君必會忠，事親必會孝，見孺子則怵惕之心便發，見穿窬之類則羞惡之心便發，合恭敬處自然會恭敬，合辭遜處自然會辭遜。

又曰：

施之君臣則君臣義，施之父子則父子親，施之兄弟則兄弟和，施之夫婦則夫婦別。都只由這箇心。如今最要先理會此心。

此即象山「當惻隱即惻隱，當羞惡即羞惡」，陽明「見父自然知孝，見兄自然知弟」。「如日之升，羣邪自息」，即猶陽明「紅鑪點雪」之喻也。

上引皆就心與理言，下引其言心與性者。曰：

道理存著處。

人多說性方說心，看來當先說心。……今先說一箇心，便教人識得箇情性底總腦。教人知得箇

又曰：

中庸說「天命之謂性」，即此心也。「率性之謂道」，亦此心也。「修道之謂教」，亦此心也。以至於「致中和」「贊化育」，亦只此心也。

此等處皆絕似陸、王。又曰：

人只是此心，以至千載之前，千載之後，與天地相為終始，只此一心。

試問主張心學者下語，亦復何能異？然朱、陸畢竟不同，試先舉朱子議象山者如次。朱子曰：

陸子靜、楊敬仲有為己工夫，若肯窮理，當甚有可觀，惜其不改。

又曰：

陸子壽兄弟氣象甚好，其病卻是盡廢講學而專務踐履，卻於踐履之中要人提撕省察，悟得本心，此為病之大者。……惜其自信太過，規模窄狹，不復取人之善，將流於異學而不自知耳。

（答張敬夫）

故曰：

可見朱子斥陸學，最要在其盡廢講學，不肯窮理。換言之，則是只主「尊德性」而忽了「道問學」。

子思說尊德性，又卻說道問學。……如今所說，卻只偏在尊德性上去，無道問學底許多工夫，恐只是佔便宜自了之學。出門動步便有礙，做一事不得。時變日新而無窮，安知他日之事，非

吾輩之責乎？若只自了，便待工夫做得二十分，到終不足以應變。到那時，卻怕人說道不能應變，也牽強去應，應得便只成杜撰，便只是人欲。

應變須有學問，非現成可期，又曰：

這道理無所不該，無所不在。……若只守箇些子，捉定在那裏，把許多都做閑事，便都無事了。如此只理會得門內事，門外事便了不得。所以聖人教人要博學。（二字力說）

又曰：

人如何不博學得？若不博學，說道修身行己，也猛撞，做不得。……氣質純底，將來只成一箇無見識底獸人。若是意思高廣底，將來過不下，便都顛了。

象山說「雖不識一箇字，亦還得堂堂地做箇人」。陽明說「只要成色純，一錢也是黃金」。但朱子說「氣質純者不免爲無見識底獸人，意思高廣便都顛了」。這裏是朱、陸兩家分手處。孔子曰：「十室之邑，必有忠信如丘者焉，不如丘之好學也。」象山、陽明注意及此，則不對朱子有深斥。故曰：

古人之學，所貴於存心者，蓋將推此以窮天下之理。是以古人知益崇而禮益卑，今人則論益高而其狂妄恣睢也愈甚。（答方賓王）

工夫用在「識心」上，不用在「存心」以識理上，此心學與理學之所歧。又曰：

　　若只收此心，更無動用生意，又濟得什麼。所以明道又云：「自能尋向上去」，這是已得此心方可做去，不是道只塊然守得這心便了。

收此心了仍得用，非塊然守此心。守此心是「尊德性」，用此心是「道問學」。又曰：

　　心要活，活是生活之活，對著死字，活是天理，死是人欲。

塊然守這心，照朱子意，便是死了，便是人欲。朱子卻要繼此下博學工夫。於是遂生出內外動靜之辨。此為朱子論心學精采處，前云可以矯正陸、王之偏失者，如此類是也。朱子謂：

人心知此義理，行之得宜，固是內發。人性質有不同，或有魯鈍，一時見未到，得別人說出來，反之於心，見得為是而行之，是亦內也。人心所見不同，聖人方見得盡。今陸氏只要渠心裏見得底方謂之內，若別人說底，一句也不是。纔自別人說出，便指為義外，如此乃是告子之說。……豈可一一須待自我心而出，方謂之內。所以指文義而求之者皆不為內，自家纔見得如此。便一向執著，將聖賢言語便亦不信，更不去講貫。只是我底是，其病痛只在此。只是專主生知安行，而學知以下一切皆廢。

此條駁象山最有力。既主心同理同，則聖人之心即是我心；聖賢底心，都寄託在書本上，讀書窮理，不得謂是支離。孟子曰：「堯、舜性之，湯、武反之」，此即別人說出來，反之於心，見得為是，亦是內。不識一字，總不如好古敏求。故曰：

簡策之言，皆古先聖賢所以加惠後學，垂教無窮，所謂先得我心之同然者。……凡吾心之所得，必以考之聖賢之書，脫有一字不同，更精思明辨，以益求至當之歸。（答吳晦叔）

如是則踐履講學，仍是一以貫之，不必多一分別。朱子又曰：

今人因孟子之言而識義之在內者，然又不知心之慊與不慊，亦必有待講學省察而後能察其精微者。故於學聚問辨之所得，皆以為外，而以為非義之所在，一切棄置不為，此與告子之言雖若小異，實則百步五十步之間耳。

此條亦駁象山。惟其分別內外太迫促，故規模窄狹，不復取人之善。辨內外復可分兩義。一則分人、我，一則分身、心。大抵人多認我為內，人為外，此層上引朱子語已辨之。又多認心為內，身為外，朱子亦加辨斥。故曰：

根本枝葉，本是一貫，身心內外，原無間隔。（答何叔京）

又曰：

大抵身心內外，初無間隔。所謂心者固主乎內，而視聽言動出處語默之見於外者，亦即此心之用而未嘗離也。今於其空虛不用之處則操而存之，於其流行運用之實，則棄而不省。此於心之全體，雖得其半而失其半矣。然其所得之半，又必待有所安排布置，然後能有。故存則有揠苗助長之患，否則有舍而不芸之失。是其所得之半，又將不足以自存而失之。孰若一主於敬，而

此心卓然，內外動靜之間，無一毫之隙，一息之停哉？（答楊子直）

又曰：

人能制其外，則可以養其中。固是內是本，外是末，但偏說存於中，不說制於外，則無下手腳處，此心便不實。

此兩條發明身心、內外相通，與前兩條辨人我、內外相通者並看，皆陳義諦當，圓宏無病。從前兩條有朱子之「窮理」論，從後兩條有朱子之「居敬」論。居敬、窮理，爲朱學兩大柱。象山頗不喜朱子言敬，此層下面再說。陽明力辨朱子之窮理論，茲舉兩條如下：

或人問陽明，凡學者繞曉得做工夫，便要識認聖人氣象，把做準的。陽明云：「聖人氣象，自是聖人的，我從何處識認，若不就自己良知上真切體認，如以無星之稱而權輕重，未開之鏡而照妍媸，真所謂以小人之腹而度君子之心，聖人氣象何由認得。自己良知原與聖人一般。若體認得自己良知明白，即聖人氣象，不在聖人而在我矣。」

陽明此條，前一段極是。無星之稱不能權輕重，未開之鏡不能照妍媸，故朱子亦主居敬涵養要求得一端緒以爲窮理地步。此層後詳。後一段則大可議。必牢守自心平地直達聖人境界，不肯把聖人來做準的，此卽朱子所謂「規模窄狹，不復取人之善」也。是只有「性之」，無「反之」也。陽明又力辨朱子「卽物窮理」之說。卽物窮理與把聖人做準的又不同。把聖人做準的，便是取人之善，是「反之」。卽物窮理，則就自己本身做明善工夫。孔子言仁又言知，又曰「知及之，仁守之」，是知亦在仁前。陽明之言曰：

朱子所謂格物云者，在卽物而窮其理。卽物窮理，是就事事物物上求其所謂定理者也。是以吾心而求理於事事物物之中，析心與理而爲二矣。夫求理於事事物物，如求孝之理於其親之謂也。求孝之理於其親，則孝之理果在於吾之心邪？抑果在於親之身邪？假而果在於親之身，則親沒之後，吾心遂無孝之理歟？見孺子之入井，必有惻隱之理，是惻隱之理果在於孺子之身歟？抑在於吾心之良知歟？其或不可以從之於井歟？其或可以手而援之歟？是皆所爲理也，是果在於孺子之身歟？抑果出於吾心之良知歟？以是例之，萬事萬物之理，莫不皆然，是可以知析心與理爲二之非矣。（答顧東橋）

陽明此條，力辨析「心」與「理」爲二之非，其義甚是，然細味亦有語病。孝之理固在於吾之心，

亦不可謂非存於親之身。誠使天地間無父母，則人心那復有孝？誠使天地間無孺子入井以及類此之事，人心那復有惻隱？故孝之理，惻隱之心，仍是合內外而始有。至朱子言格物致知，實亦未嘗析心與理而二之也。且孔子亦常析仁與知而言之。若以仁在內，則所知固在外也。朱子曰：

義理，人心之固有。苟得其養，而無物欲之昏，則自然發見明著，不待別求。格物致知，亦因其明而明之爾。今乃謂不先察識端倪，則涵養箇甚底，不亦太急迫乎？（答林擇之）

朱子又曰：

此處重要分辨，仍將心與理二字放寬看始得。若一向牽向外，固不是。若立意要拉向內，是亦一偏之見也。

（南問答）

未發時著理義不得，纔知有理有義，便是已發。當此時，有理義之原，未有理義條件。（再論湖南問答）

孝之理，惻隱之心，即所謂「理義條件」。「條件」猶今稱「項目」。理一分殊，種種項目，必接外物而始有。即物窮理，即窮此理之條件項目耳。除卻一應條件項目，何處去認此渾全底理？故曰：

此心因物方感得出來，如何強要尋討出此心常存在這裏。

此等處，仍是一內外之辨。湛甘泉謂陽明認良知爲有外，而主就事事物物上體認天理。此亦有見於引心向內之失而來。此後王學末流，過分重視良知，以謂萬理全具，遂欲盡屏外物而一意從事於我心，而弊害不勝言矣。

上述內、外之辨，其實已牽連到動、靜之辨。凡認我爲內、人爲外，心爲內、身爲外者，流弊所極，必至喜靜厭動，忽略了外面一切人事。朱子於此層，早已看到，故主內外並無間隔，又說動靜並無高下。其言曰：

人之身心，動靜二字循環反復，無時不然。……隨動隨靜，無處不是用力處。欲舍動求靜，無此理。（答吳伯豐）

又曰：

動了又靜，靜了又動，動靜只管相生，如循環無端。若要一於動，靜不得，如目豈能不瞬？又豈能常瞬？

或問隨說存養，即是動了。朱子曰：

此恐未然。人之一心本自光明，不是死物。所謂存養，非有安排造作，只是不動著他。即此知覺炯然不昧，但無喜怒哀樂之偏，思慮云為之擾耳。當此之時，何嘗不靜，不可必待冥然都無知覺，然後謂之靜也。（答孫敬甫）

朱子此等處，辨內外，辨動靜，皆極寬平。知覺存養皆是靜，不必冥然罔覺始算靜。而且靜了必須動，也不能死守在靜上。朱子師李延平，為默坐澄心之學，朱子亦非之，曰：

只為李先生不出仕，做得此工夫。若是仕官，須出來理事會。

可見朱子並不贊成此種工夫，所謂只理會得門內事，占便宜，自了也。但朱子也並不全反對此種工夫，故曰：

譬如人治生，也須先理會箇屋子，安著身己，方始如何經營，如何積累，漸漸須做成家計。若

先未有安著身己處，雖然經營，畢竟不濟事。為學者不先存此心，雖說要去理會，東東西西，都自無安著處。孟子所以云「收放心」，亦不是說只收放心便了，收放心，且收斂得箇根基，方可以做工夫。若但知收放心，不做工夫，則如近日江西所說，則是守個死物事。

又曰：

孟子云：「學問之道無他，求其放心而已。」豈是此事之外更無他事，只是此本不立，卽無可下手處。此本既立，則自然尋得路徑理進不已耳。（答鄭子上）

有本亦必有末，有源亦必有流。截去末流固不是，失卻本源亦不是。惟其不明得此理，乃有鑿空去格物之病。朱子曰：

今日學者所謂格物，卻無箇端緒，只是尋物去格。如宣王因見牛發不忍之心，此蓋端緒也。……凡人各有箇見識，不可謂他全不知。如孩提之童，知愛其親，長知敬其兄，以至善惡是非之際，亦甚分曉。……須是因此端緒而窮格之。未見端倪發見之時，且得恭敬涵養。有箇端倪發見，直是窮格去。亦不是鑿空尋事物去格也。

看此一節，始是本末源流兼顧了。陽明格庭前竹子，只是鑿空尋事物去格，非朱子所許。朱子雖說卽物窮理，卻要「因其已知之理而益窮之」。便是此處所謂「因此端緒」。居敬涵養，便是要替卽物窮理發見一端緒。故曰：

涵養於未發之先，窮格於已發見之後。

又曰：

天下之理，逼塞滿前。耳聞目見，無非物也。若之何而窮之，須當察之於心。使此心之理既明，然後於物之所在，從而察之，則不至於汜濫矣。

則朱子於卽物窮理之前，固該有一番預備工夫。故曰：

疑古人直自小學中涵養成就，所以大學之道，只從格物做起。今人從前無此工夫，但見大學以格物為先，便欲只以思慮知識求之，更不於操存處用力，縱使窺測得十分，亦無實地可據。（答

此條當與前引答林擇之「義理人心之固有」一條合看，朱子之意，始見明白。又曰：

從初不曾存養，便欲隨事察識，竊恐浩浩茫茫，無下手處，而毫釐之差，千里之謬，將有不可勝言者。（答張欽夫）

如此則象山所謂「先立乎其大者」，朱子固未嘗忽略。陸、王心學所加非議於朱子者，朱子實早已見到。故曰：

因良心發見之微，猛省提撕，使心不昧，則是做工夫底本領。本領既立，自然下學而上達矣。

若不察良心發見處，卽渺渺茫茫，恐無下手處也。（答何叔京）

但此層亦並不能死殺看。窮格物理，一樣能幫助涵養，一樣能收放心，使此心開明；所以說內外無間，動靜無端。此層最吃緊，俟後再詳。在此所擬交代者，朱子只把「收放心」看做學問底開頭工夫，不認「收放心」是學問底收梢工夫。從此上朱子便和象山歧異。故曰：

撫學有首無尾。

又曰：

陸子靜大要說當下便是。

又曰：

陸子靜之學，只管說一箇心本來是好底物事，上面著不得一箇字。只是人被私欲遮了，若識得一箇心了，萬法流出，更都無許多事。

又曰：

看子靜書，⋯⋯只我胸中流出底是天理，全不著得些工夫。

從此便要說到朱子對心學底另一番貢獻，卽朱子對「心體呈現」之說之非難是也。大抵陸、王心學總喜歡說心體，朱子卻不喜說心體，此乃朱子最高明處。故曰：

只存此心，便是不放。不是將已縱出了底依舊收將轉來。舊底已是過去了，這裏自然生出來。

這一條描寫心態極深微。心只如流水般，永永向前，刻刻飜新，並不先有一心體，放出去了又得收回來。故曰：

如渾水自流過去了，如何會收得轉，後自是新底水。

又曰：

求其放心，亦只是說日用之間，收斂整齊，不使心念向外走作，庶幾其中許多合做底道理，漸次分明，可以體察。亦非捉取此物藏在胸中，然後別分一心出外以應事接物也。（答廖子晦）

此處云「並非捉取此物藏胸中」，上引一條云「不是將縱出了底依舊收轉來」，總之是在指說心態。

心只是一活的刻刻向前的東西，並沒有如一般想像底一箇心體完整地存在。故曰：

近世之言識心者則異於

心固不可不識，然靜而有以存之，動而有以察之，則其體用亦昭然矣。

是。蓋其靜也，初無持養之功。其動也，又無體驗之實。但於流行發見處認得頃刻間正當意

思，便以為本心之妙不過如是，擎夯作弄，做天來大事看，不知此只是心之用耳。此事一過，

此用便息。豈有只據此頃刻間意思，便能使天下事事物物不各得其當之理。所以為其學者，於

其功夫到處，亦或小有效驗，然亦不離此處。而其輕肆狂妄，不顧義理之弊，已有不可勝言

者。此真不可以不戒。（答方賓王）

之說。曰：

此一節話，剖劃入微，對於心體呈現之說，可謂犁庭搗穴，摧陷而擴清矣。人心只如一股活水，永永

向前流，豈能捉取一段，認爲是本體，卻想從此本體發出一切大用來。因此朱子又力辨當時「頓悟」

今有一種學者，愛說某自某月某日，有一箇悟處。及問他如何地悟，又卻不說。……只是截自

甚月甚日為始，已前都不是，已後都是，則無此理。人心存亡之決，只在一息間。此心常存則

皆是，此心才亡便不是。聖賢教人，只據眼前，便著實做將去。……學者初做時，固不能無間

斷，做來做去，做到徹時，自然純熟，自然光明。一刻有一刻工夫，一時有一時工夫，一日有一日工夫。豈有截自某日為始，前段都不是，後段都是底道理。

此因言頓悟，亦猶言心體呈現，都謂人心自有一本體，可以用工夫瞥見。瞥見了此體，便如把柄在手，縱橫運用，無不如志。朱子既不喜心體呈現之說，自該連帶斥及頓悟。於是又有「本原源頭」之說，亦爲朱子所斥。其言曰：

如吾友所說，從原頭來，卻要先見箇天理在前面，方去做，此正是病處。是先有所立卓爾，然後博文約禮也。若把這天理不放下，相似把一箇空底物，放這邊也無頓處，那邊也無頓處，放這邊也恐攧破，放那邊也恐攧破。這天理說得蕩漾，似一塊水銀，滾來滾去，捉那不著。又如水不沿流泝源，合下便要尋其源，鑿來鑿去，終是鑿不得。（答廖子晦）

又曰：

道不是有箇物事閃閃爍爍在那裏。（同上）

此處所謂「天理」，所謂「道」，也如所謂「心體」，皆即朱子所謂「閃閃爍爍在那裏」，可以為人一眼瞥見者。此一觀念，禪宗時代最為盛行，此乃當時宗教經驗中之一種境界，其詳非本篇所能述。後儒不免承襲此見，欲將禪宗要求清淨擺脫的一種宗教經驗應用於人世間一切事事物物之對付，則宜有所扞格而難通矣。亦有時轉稱此種境界為「未發之中」，未發之中還是指心體，也即是指天理，指道也。朱子亦不認可此說。故曰：

又曰：

蓋其病根，正在欲於未發之前求見於所謂中者而執之。是以屢言之而病愈甚。（中庸或問）

且一有求之之心，則是便為已發，固已不得而見之，況又從而執之，則其為偏倚亦甚矣。又何中之可得乎？且未發已發，日用之間，固有自然之機，不假人力。方其未發，本自寂然，固無所事於執。及其已發，則又當即事即物，隨感而應，亦安得塊然不動而執此未發之中耶？

朱子意，已發未發，內外動靜，本是一貫。人心是一件活東西，如流水般，不能硬捉某一時刻的心態作為本體，把來應付一切。其斥象山為禪學，重要便在此處。故曰：

操存只是教你收斂，教那心莫胡思亂想，幾曾捉定有一箇物事在裏。

又曰：

不是塊然守定這物事，在一室關門獨坐，便可以為聖賢。自古無不曉事底聖賢，亦無不通變底聖賢，亦無關門獨坐底聖賢。聖賢無所不通，無所不能，那箇事理會不得，所以聖賢教人要博學。

朱子並不是不主張將此心操存收斂，只是操存收斂了好將來理會事，博學。並不是操存收斂了便可不理會事，不須博學，而自能泛應曲當。或人問：欲求大本以總括天下萬事。曰：

江西便有這箇議論。須是窮得理多，然後有貫通處。

朱子只不認有這樣一箇心體，可以為人一眼瞥見，把來在凡事凡物上應用。因此也不認有這樣一箇大本大原，可以總括天下萬事。總之朱子不認有那樣一條簡捷的路，一走上便可行所無事。因此朱子又

不信有「病根」之說。病根也如言本體。本體一到手，萬事順心。病根一祛除，也可同樣不再有問題。或言：常陷於粗率，無精密之功，不知病根何在？朱子曰：

要討甚病根。但知道粗率，便是病在這上，便更加仔細便了。今學者亦多來求病根，某向他說，頭痛灸頭，脚痛灸脚。病在這上，只治這上便了，更別討甚病根也。

朱子不喜說病根，又不喜說本原，總之是不喜說此心之全體，像一件物事般完整安頓在那裏，可仗以應付一切也。故曰：

來書云，事事物物皆有實理，如仁義禮智之性，視聽言動之則，皆從天命中來，須如顏、曾洞見全體，卽無一不善。此說雖似無病，然詳其語脈，究其意指，亦是以天命全體者為一物之渾然，而仁義禮智之性，視聽言動之則，皆其中零碎渣滓之物，初不異於前說也。至論所以為學，則又不在乎事事物物之實理，而特以洞見全體為功，凡此似亦只是舊病也。且曰洞見全體，而後事無不善，則是未見以前，未嘗一一窮格，以待其貫通，而直以意識想像之耳。（答廖子晦）

「洞見全體」，直是一種意識想像，朱子最不喜言。讀者必疑既如此，則朱子在大學格物補傳上何以又說「我心之全體大用」乎？當知朱子所謂我心之全體，只指在事事物物上窮格後的一種會通，並非如有一物焉可以使人洞見。更不曾說待洞見此體了，便可以應萬事萬物而曲得其當也。在當時心學者所言之心體，朱子則僅認爲是此心一時之用。並不能仗此一時之用作爲把柄，橫用豎用，惟我所使。此爲朱子論心體的眞意見。朱子論心體處既明，則其論工夫處自可迎刃而解。故曰：

性命之理雖微，然就博文約禮實事上看亦甚明白。正不須向無形象處東撈西摸，如捕風繫影。

用意愈深，而去道愈遠也。

朱子不喜懸空意識想像，於無形象處撈摸，而主從實事上看。故曰：

承以家務叢委，妨於學問爲憂，此固無可奈何者。然亦只此便是用功實地。但每事看得道理，不令容易放過，更於其間見得平日病痛，痛加剪除，則爲學之道何以加此。若起一脫去之心，生一排遣之念，則理、事卻成兩截，讀書亦無用處矣。但得少間隙時，不可閒坐說話過了時日，須偷些小工夫，看些小文字，窮究聖賢所說道理，乃可以培植本原，庶幾枝葉自然張旺。

（答陳膚仲）

此即象山「在人情物理上做工夫」，陽明「事上磨練」之說也。又曰：

天下萬事都是合做底，而今也不能殺定合做甚底事。只自家日用間看甚事來便做工夫，今日一樣事來，明日又一樣事來，預定不得。

又曰：

如遇一件事，且就這事上思量合當如何做，處得來當，方理會別一件。

此即陽明「今日格一件，明日格一件」之說也。學者工夫只有如此，故曰：

學者工夫，只如易傳所說，知其不善則速改以從善，此是要約處。若說須要識得端倪而心體可識，則卻是添卻一事也。窮理之學，只是要識得如何為是，如何為非，事物之來，無所疑惑耳。非以此心又識一心，然後為窮理也。（答王子合）

然則學者用工，不在求識心體，而在識得事物之是非。所謂事物是非，即是天理。此說亦陸、王心學之所同。或問象山先生之學自何處入？曰：「不過切己自反，改過遷善。」陽明曰：「一點良知，是爾自家準則，只實實落落依著他，善便存，惡便去。」此等說法，全與朱子一般。若循此下工夫，便已是知、行並進。故曰：

此等語，與陽明「即知即行」之說更相似。而其實更重要處則仍在知的一邊。故曰：

知與行須是齊頭做，方能互相發。程子曰：「涵養須用敬，進學則在致知。」下「須」字「在」字，便是要皆齊頭著力，不可道知得了方始行。

又曰：

也緣知得不實，故行得無力。

又曰：

人之所以懶惰，只緣見此道理不透，所以一向提掇不起。若見得道理分明，自住不得，豈容更有懶惰時節。（答劉季章）

此即陽明「不行只是不知」之說也。可見凡論工夫處，朱子並不與陸、王分別。但此心如何知，陽明則提掇「良知」二字，謂此心自然能知。而良知如何到手，則在後來王學，便多流入心本體底老窠臼中，仍不免要去撈摸那無形象的東西。朱子則認為心固自然能知，也須有一番從旁贊助工夫。故曰：

萬理雖具於吾心，要使他知得，今人有箇心在這裏，只是不曾使他去知許多道理，少間遇事，做得一邊，又不知那一邊，只成私意。

心須使他知，便須向外到事物上去。若牢守此心在這裏，又知什麼？朱子又說：

人心惟定則明。所謂定者，非謂定於這裏，全不修習，待他自明。惟是定後卻好去學。

此處有兩層，第一要使「有箇心在這裏」。所謂有箇心在這裏者，只是要此心不走作，不走作卽是定。如何常使有這箇心而不走作，能定，此卽所謂主敬涵養。有此一番工夫，此心始可有知。故曰：

今於日用間空閒時，收得此心在這裏截然，這便是喜怒哀樂未發之中，便是渾然天理。事物之

來，隨其是非，便自見得分曉。是底便是天理，非底便是逆天理。常常恁地收拾得這心在，便如執權衡以度物。

此猶陽明「良知卽天理」之說也。如何能「收得此心在這裏截然」，則便是敬。故曰：

敬只是提起此心，莫教放散。恁地則心自明。這裏便窮理格物，見得當如此便是，不當如此便不是，既是了，便行將去。

又曰：

先賢之意，蓋以學者不知持守，身心散漫，無緣見得義理分明，故欲其先且習為端莊整肅，不致放肆怠惰，庶幾心定而理明耳。程子云「主一無適」，只是持守得定，不馳騖走作之意。（答方子實）

居敬工夫則乃合內外而兼動靜者。故曰：

自早至暮，有許多事，不成說事多擾亂我，且去靜坐。敬不是如此。若事至前，而自家卻要主靜，頑然不應，便是心都死了。無事時敬在裏面，有事時敬在事上。

又曰：

只虛著此心，隨動隨靜。無時無處不致其戒謹恐懼之力，則自然主宰分明，義理昭著。然著箇戒謹恐懼四字，已是壓得重了。要之只是略綽提撕，令自省覺，便是工夫。（答潘子善）

這裏說「敬」字工夫及體段最分明，最恰切。敬有似於戒謹恐懼之意，但著戒謹恐懼字，已嫌壓得重了。敬只是略綽提撕，令自省覺。故曰：

人之為學，千頭萬緒，豈可無本領。此程先生所以有持敬之語。只是提撕此心，教他光明，則於事無不見。久之自然剛健有力。

可見敬只是略綽提撕，教人在心上用這一些子工夫；極輕鬆，極微妙，只教此心不走作，不散漫，便得。人當閒暇無事時，此心最易走作，最易散漫，便最可驗敬字工夫。朱子曰：

靜坐而不能遣思慮，便是靜坐時不曾敬。敬則只是敬，更尋甚敬之體。似此支離，病痛愈多。

（答熊夢兆）

此條說「敬」字工夫最明豁，最斬截。敬則只是敬，更尋甚敬之體。一說到敬之體，便又在撈摸那無形象的東西了。一語明淨，葛藤全斷。後人卻偏要說敬是心之體，總之捨不得一「體」字，捨不得那閃閃爍爍沒形象沒撈摸的東西。朱子講心學最著精神處亦即在此。故曰：

此心自不用大段拘束他，他既在這裏，又問向那裏討他？要知只爭簡醒與睡著耳。

醒的人只是心在這裏，能省覺，那便够了。不須再從此深入去尋探那能醒覺之體，來當寶貝玩弄。敬只是略綽提撕，令常自省覺，教此心不散漫，不走作，如人常醒著莫昏昏睡了。故敬字工夫並不藏有神妙，並不可專恃他來應付一切。故曰：

苟不從事於學問思辨之間，但欲以靜為主，而待理之自明，則亦沒世窮年而無所獲矣。（答程正思）

這是何等直截語？如此則居敬了還須窮理，窮理尤貴博學，這一層已在上文講過。今試再加淺譬，如

人醒時，自能應付事物，此固不錯。但人在醒時能應付事物者，此僅人心一時之用，卻不能硬把握此

一刻，認爲心體，而說只求醒了，此心在此，便自能應付一切。當知人在醒時之應付一切，則仍自有

工夫在。此理本極明顯。朱子所謂「居敬」，只要此心常常覺醒。朱子所謂「窮理」，則要人將此醒

覺的心來好好應付外面事物。我們卻不該說朱子在這上便犯了支離騖外之病。朱子曰：

其善。今只說一箇心，便都道是了，如何得？

人之喜怒憂懼，皆是人所不能無者，只是差些便不正。所以學者便要於此處理會，去其惡而全

在朱子意，只教人根據當下此心來下工夫，不許人認當下此心爲全都是了。此在王門便是所謂「現成

良知」。現成良知本來靠不得，卽王門後學亦知之，惟朱子並不肯認有所謂「到家十足的良知」，教

人憑此來應付一切，則又是朱子與王學之異。故朱子曰：

善端之發，慊於吾心而合於聖賢之言，則勉勵而力行之。邪志之萌，愧於吾心而戾於聖賢之

訓，則果決而速去之。大抵見善必為，聞惡必去，不使有頃刻悠悠意態，則為學之本立矣。異

時漸有餘力，然後以次漸讀諸書，旁通當世之務，蓋亦未晚。(答林伯和)

「不使有頃刻悠悠意態」，便是敬。以此誨示學人，亦何嘗不易簡，不親切。惟朱子既云善端之發，一邊說「慊乎吾心」，一邊又兼說「合於聖言」，必把聖言、吾心雙提並重，這裏又與心學不同。孟子道性善，言必稱堯、舜，亦何嘗不雙提並重。聖人我之同類，而又先得我心之所同然，高談心學而諱避聖言，終不免規模窄狹，強分內外，自限心量之所至。惟既分聖言與吾心而兩言之，則終不免偏輕偏重之分。朱子曰：

子靜只是拗。伊川曰「惟其深喻，是以篤好」，子靜必要好後方喻。看來人之於義利，喻而好也多。若全不曉，又安能好。然好之則喻矣，畢竟伊川說占得多。

喻而後好，偏在由外入內。好後則喻，偏在由內及外。人心愛好的便易懂，懂了便易愛，兩面循環，並不是定由一面向一面。朱子定說伊川說占得多，還是偏重講學過於踐履。象山鵝湖之會，曾欲詢堯、舜以前曾讀何書？若遠推到人文演理的源頭上去，則應該象山說勝此。陽明亦云：

人必有欲食之心，然後知食。欲食之心即是意，即是行之始。（答顧東橋書）

此亦主張象山好後方喻也。今就人文演進之歷程言，必先由人類之欲望及行動引出知識，並不是先有知識了，始生欲望與行動。此方面實是陸、王理論較勝。但及人文演進已深，已經歷了一時期，人類種種經驗和發明積累已多，人心本屬相同，為何不承接這一分遺產，偏要深閉固拒，獨自一人從頭做起？所以陸、王在理論上固是簡捷，但引用到工夫上來，卻反似徑而實紆。因此他們要捏造出一個心體來逃避那種似徑實紆的方法論。這一邊程、朱在工夫上，借聖言來作己心之參考，卻是似紆反徑。但在理論上，又要粧點出一箇「理先氣後」，則像是支離了。所以就人文源頭處說知行本體，則陸、王之言爲是。就日常實際說修習軌轍，則朱子之論爲允。此處仍只是尊德性、道問學各是偏了的一番老話。東萊朱子亦曰：「子壽前日經過，留此二十餘日，幡然以鵝湖前見爲非，甚欲著實看書講論。」又答邢邦用，謂：「講貫誦繹，乃百代爲學通法，學者緣此支離汎濫，自是人病，非是法病。見此而欲盡廢之，正是因噎廢食。然學者苟徒能言其非，而未能反己就實，泛泛汨汨，無所底止，是又適所以堅彼之自信也。」此言最持平。清儒顏習齋力斥朱子講誦之教，乃其弟子李恕谷便不能恪遵師訓，得失可見。

朱子既主講學，於是有「先立定本」之說。定本者，如孟子道性善，言必稱堯、舜，堯、舜即性善之定本。朱子曰：

教人恐須先立定本，卻就上面整頓，方始說得無定本底道理。今如此一概揮斥，其不為禪學者

可見朱子也並不主張死守在定本上，只從定本漸企無定本。譬如寫字臨帖，漸漸脫化。若全沒有一定本，甚難寫好字。照理論，應該先有字，後有帖。照方法，不妨臨著帖，來寫字。寫字固須性靈，但在性靈上無多說話，故朱子說的卻不免多偏在教人臨帖的工夫上。故曰：

幾希。（答呂伯恭）

講學不厭其詳。凡天下事物之理，方册聖賢之言，皆須仔細反覆究竟。至於持守，則無許多事。若覺得未穩，只有默默加功，著力向前耳。今聞廢書不講，而反以持守之事為講說之資，是乃兩失其宜。下梢弄得無收殺，只成得杜撰揑合而已。（答劉公度）

持守並非不重要，只無多話待講說。照上面所引，只略綽提撕便得。以下卻儘有事，不可空空持守。陽明晚年提出「必有事焉」之教，戒人莫空鍋煮飯。心學流弊，卻在持守上過分看重，遂將此下許多事事擱置。如江右王門，依舊是空鍋煮飯也。或問致知後須持養方力行，朱子曰：

如是則今日致知，明日持養，後日力行。只持養便是行，正心誠意，豈不是行。但行有遠近，治國平天下，則行之遠耳。

此處見陽明「即知即行」一番話，也有語病。若論人文演進初期，以及孩提之童的身上，即知即行並

不錯。但到人文演進已深，以及長大成人的身上，則一切事複雜了，那能今日知到這裏，今日便行到

這裏。此如治國平天下，朱子所謂「行之遠者」，卻不能說講學與踐履無大間隔，此處正須有講學準

備。「適莽蒼者三湌而反，腹猶果然。適百里者宿舂糧。適千里者三月聚糧。」近行則知行不隔，遠行

則知行漸離。人文演進到複雜的文化社會，人生脫離孩提到大人年歲，這便是行漸遠了。若一切事還

是即知即行，不許講學與踐履稍稍分開，則終不免太急促，無個翔餘地。但人類一到複雜境地，卻易

把原初從來處忽略了，那則毛病也够大。陸、王發明心學，到底在人生哲學上不失爲一種大貢獻，但

朱子在此處實也並沒有忽略過。故曰：

且須虛心涵泳，未要生說。卻就日用間實下持敬工夫，求取放心，然後卻看自家本性元是善與

不善，自家與堯、舜原是同與不同。若信得及，意思自然開明，持守亦不費力。（答周舜弼）

此等語，與陸、王分別甚微。只在入門下手處，虛心涵泳，未要生說，較之陸、王似轉多添了一層。

正是先立定本，喻之乃好，踐履之外又重講學；必如此乃能擴大心量，直達聖境。所以朱子說話，雖

若迴環往復，實是盛水不漏。但朱子一切話，盡是脚踏實地，一些也不放鬆，所以愛玄虛，務高明

的，往往不喜。或問：向來所呈「與點」說一段何如？朱子曰：

某平生不愛人說此話。論語一部，自學而至堯曰，都是做工夫處。不成只說了「與點」，便將許多都掉了。……若都掉了，只管說「與點」如何，如喫饅頭，只撮箇尖處，不喫下面餡子，許多滋味都不見。

論語「與點」一章，正是當時言心學者認為指點心體一箇最好榜樣，人人多心嚮往之。朱子卻譬他是一個饅頭尖。並不是說饅頭尖不在饅頭上，但若只喫饅頭尖，便喫不到整個饅頭的真味，而且也喫不飽。我嘗說，一部中國中古時期的思想史，直從隋唐天台、禪宗，下迄明代末年，竟可說是一部心理學史，問題都著眼在人的心理上。只有朱子，把人心分析得最細，認識得最真。一切心學的精采處，朱子都有。一切心學流弊，朱子都免。識心之深，殆無超朱子之右者。今日再四推闡，不得不認朱子乃當時心理學界一位大師也。

（民國三十七年一月初稿，七月改定，刊載於是年十月南京學原二卷六期。）

朱子學術述評

我們若把宋學演進勉強擬之佛學，則初期宋學如小乘，濂溪、橫渠如大乘空、有二宗，二程如台、禪諸家；到南渡後的第三期宋學，便要到和會一切與掃蕩一切的時代。朱子是和會一切者，象山是掃蕩一切者。若謂朱子如宗密，則象山是馬祖。

朱子學說，規模極闊大，其思想頭緒又極繁複，自來號爲難究。竊謂欲治朱子思想，當分數要端。首在詳密排比其思想先後之演變。此項工作，固需精嚴考訂，然尤要者在能有哲理之眼光。否則僅賴考訂，猶不足以勝任而愉快，如清代王懋竑朱子年譜是也。其次在通觀朱子對於並世諸家之批評意見而加以一種綜合研究。學者多知朱、陸異同，然朱子並非僅與陸異，並世諸家如張南軒、呂東萊、陳止齋、薛艮齋、陳龍川、葉水心等，朱子皆有往復評騭；必通觀此諸異同，而後朱子自己思想之地位乃始躍然呈露。然朱子在學術思想史上貢獻最大而最宜注意者，厥爲對儒家新道統之組成。道統觀念，本由釋氏，隋唐間台、賢諸家皆有傳統，不獨禪宗也。韓愈原道，始爲儒家創傳統。下及北宋初期，言儒學傳統，大率舉孔子、孟、荀以及董仲舒、揚雄、王通、韓愈。惟第二期宋學則頗已超

越董、揚、王、韓，並於荀卿亦多不滿。朱子承之，始確然擺脫荀卿、董、揚以下，而以周、張、二程直接孟子，第二期宋學始確然占得新儒學中之正統地位。此為朱子第一大貢獻。關於此方面之著作，最著者為近思錄。

其次朱子又於孔、孟之間增入曾子、子思兩傳，而有孔、曾、思、孟四書之彙集，此即論語、大學、中庸、孟子是也。論、孟自來為儒學所尊。中庸起於秦代，其書融匯儒、道思想，與易繫辭傳相先後。南北朝釋、道思想盛行，中庸、易繫即為時所重。唐李翱復性書遠開宋代新儒學之先河，其篇中理論即據中庸。釋氏如天台宗等治中庸者亦盛。北宋初期諸儒皆於此書頗重視，張橫渠初謁范文正，即勸其讀中庸。大學則由二程始特推尊，故曰程門專以大學、西銘開示學者。至朱子遂彙學、庸、論、孟成一系統，並以畢生精力為論、孟作集注，學、庸作章句。元、明以來迄於清末七百年朝廷取士，大體以朱注四書為圭臬，學者論學亦以朱注四書為準繩。朱子注四書，正猶孔子修六經。孔子修六經，未必有其事，而朱注四書則其影響之大，無與倫比。此為其第二大貢獻。先秦儒學雖原本經術，但儒學與經學畢竟不同。兩漢博士始把經學替代了儒學。此一風氣，直到唐人未能改。宋儒始漸漸從經學中擺脫來復興儒學，朱子乃此一續業之完成者。他對諸經有許多極精闢的意見，他說：

易非學者急務也。某平生也費了些精神理會易與詩，然得力則未若語、孟之多也。易與詩中所

得，似雞肋焉。（語類一○四）

又說：

詩、書是隔一重兩重說，易與春秋是隔三重四重說。春秋義例，易爻象，雖是聖人立下，今說者用之各信己見，但未知曾得聖人當初本意否？且不如讓渠如此說。今欲直得聖人本意不差，未須理會經，先須於語、孟中專意看他。

又說：

書中可疑諸篇，若一齊不信，恐倒了六經。（語類七九）

朱子此種見解，黃東發日鈔裏曾有一段批評說：

朱子謂易本卜筮，謂詩非美刺，謂春秋初不以一字為褒貶，皆曠世未聞之高論，而實皆追復古始之正說。乍見駭然，熟輒心靡。卓識雄辨，萬古莫儔。（日鈔卷三八）

此真說出了朱子治經學的真貢獻。他的周易本義，說易爲卜筮書，較之王輔嗣、程伊川注易，更多開明。他的詩集傳，全用後代文學集部眼光來解說詩經，更爲脫淨前人窠臼。他對尚書，早已疑及今古文之不同，遠開將來清儒門路。他亦認尚書爲一部古史，其間有關上古天文、曆法、地理、制度以及種種名物，全需專家智識來整理，所以他把書集傳的工作讓他門人蔡沈去完成。朱子對於孔子春秋也只認爲是一部通史。史學應該注重近代，在孔子時修史，自然偏重春秋時代，在後世則不應仍是看重春秋。因此朱子把司馬光通鑑來代替春秋，而他有意來寫一部綱目。這又是一種極大膽而極開明的見解。他對於禮的一部分，也認爲古禮不能行於後代，而制禮作樂則不屬社會私人事業，故他只有意寫一部家禮。這樣，在他手裏，把自漢歷唐，對古代經學的尊嚴性與神秘性全剝奪了，而重新還他們以應得之地位。後來陽明「《六經》皆史」的理論，其實在朱子已透切發揮了。從此以下，四子書占踞上風，五經退居下風，儒學重新從經學中脫出。這是朱子第三大貢獻。

以上三點，都從學術史上著眼。若說到朱子的思想，則他的最大貢獻，不在其自己創闢，而在能把他理想中的儒學傳統，上自五經、四書下及宋代周、張、二程完全融成一氣，互相發明。在朱子的見解上，真是「先聖後聖，其揆一也」。他在中國思想史裏獨尊儒家，在儒家中又爲製成一系統，把他系統下的各時代各家派，一切異說，融會貫通，調和一致。此非朱子氣魄大，胸襟寬，條理細密，

而又局度開張，不能有此成就。孟子稱孔子爲集大成，此層無可細說。至於朱子確是集孔子以下儒學之大成。這是朱子第四大貢獻。

但是朱子思想之眞實精神，實際上還是承襲伊川，最顯著者莫如他的大學格物補傳，此乃沿襲伊川集義致知的見解而來。大學是程門新經典，朱子大學章句首引：

子程子曰：大學，孔氏之遺書，而初學入德之門也。於今可見古人爲學次第者，獨賴此篇之存，而論、孟次之。學者必由是而學焉，則庶乎其不差矣。

大學既如此重要，而程、朱相傳皆認古本大學有錯簡，有脫文。最重要者在大學八條目的開始第一步工夫，卽所謂「致知在格物」者，亦不幸有脫文而其義已失。朱子乃特爲之補上。其文曰：

右傳之五章，蓋釋格物致知之義，而今亡矣。間嘗竊取程子之意以補之。曰：所謂致知在格物者，言欲致吾之知，在卽物而窮其理也。蓋人心之靈莫不有知，而天下之物莫不有理，惟於理有未窮，故其知有不盡也。是以大學始教，必使學者卽凡天下之物，莫不因其已知之理而益窮之。以求至乎其極。至於用力之久，而一旦豁然貫通焉，則眾物之表裏精粗無不到，而吾心之全體大用無不明矣。此謂物格，此謂知之至也。

此即有名的所謂朱子格物補傳。學者入德必由大學，而大學始教又在格物，則豈非格物便成了學者為學第一步最基本的工夫。但古人「格物」義已亡失，今朱子卻云推本程子意補之，此無異俗云「偸天換日」，使後世學者自以為是遵循孔門，而實際乃依照程、朱。但在朱子則並非有意作偽或假託。四書集註乃其畢生精力所萃，直至七十二歲臨死那一日，還修改了大學章句裏的「誠意」章。在朱子心裏，彼實深見其理之當然，而成為一種近於宗教性的信仰。此等境界，不當用後代考據家意見來責備。

後人批評朱子格物補傳最重要的意見，稱為朱子乃主一種心、理兩分說。所謂理者，有物理，有事理。朱子注大學「格物」說：

格，至也。物，猶事也。窮至事物之理，欲其極處無不到也。

此顯然主要是指事理，但有時亦指物理，所謂「一草一木亦皆有理，都須格」是也。今若謂物理、吾心非一是二，此猶易說。若謂事理、吾心判為兩事，則義難圓成。當知朱子的心、理兩分說，還是根據程子心、性分別的見解而來。玉山講義，乃朱子晚年意見，他說：

大凡天之生物，各付一性。性非有物，只是一箇道理之在我者耳。故性之所以為體，只是仁義禮智信五字，天下道理不出於此。後世之言性者多雜佛、老，所以將性字作知覺心意看了，非聖賢所說性字本指也。（文集卷七四）

此處朱子將性、心分開說，似與孟子論性原旨有背。孟子說：「惻隱之心，仁之端也。」只說從惻隱之心推擴出去便是仁，故惻隱之心便是仁之端。言「端」者，猶云火之始然，泉之始達，惻隱之心便是仁道之開端也。如此便見性善。所謂性善，只是善之端由於人性，而人性則由人心而見。朱子說：

謂之端者，猶有物在中而不可見，必因其端緒發見於外，然後可得而尋。（玉山講義）

如此則成爲性（卽性。）居人心中不可見，因惻隱之端緒發見在外而後可見。如此則由仁之性發出惻隱之心來，性是內在之本，心只是外顯之末，不免要教人由外在的端緒（心。）向內尋索，而識其性；而非教人由內心的端緒向外推擴，而達於仁；豈不與孟子原意相背？明道論心，重存養過於重推擴，伊川則主性中只有仁義，那有孝弟；朱子承之，遂似把孟子文義曲解了。又孟子「盡其心知其性也，知其性則知天矣」章，明說盡心始可知性，知性始可知天，但朱子集注又倒說了。他說：

心者，人之神明，所以具眾理而應萬事者也。性則心之所具之理，而天又理之所從以出者也。

人有是心，莫非全體，然不窮理，則有所蔽而無以盡乎此心之量。故能極其心之全體而無不盡者，必其能窮夫理而無不知者也。既知其理，則其所從出亦不外是矣。以大學之序言之，「知性」則物格之謂，「盡心」則知至之謂也。

根據朱子此節注文，極看重人心，確是孟子原意，但主先窮理然後可以盡心，則與大學格物補傳相一致。孟子原意，要人把自己此心惻隱、羞惡諸端向外推擴盡致，則自然可以知性。並非說知性了始可盡心，更非說窮理是知性工夫。此處可見朱子與孟子意見有異，在其下工夫處，一內一外，正相倒置。關於此層，明道所解尚不甚誤。明道云：

心也性也天也，一理也。自理而言謂之天，自稟受而言謂之性，自存諸人而言謂之心。

明道本有主「心即理」的傾向，故此處言之甚渾括。但伊川、晦菴則力主「性即理」，看心只是一個知覺靈明，於是遂與明道有歧。此在伊川、晦翁亦有他們用意所在。朱子曾說：

釋氏專以作用為性，在目曰見，在耳曰聞，在鼻齅香，在口談論，在手執捉，在足運奔。且如

手執捉，若執刀胡亂殺人，亦可為性乎？龜山學龐居士云「神通妙用，運水搬柴」，以比「徐行後長」，亦坐此病。不知徐行後長，乃謂之弟，如曰運水搬柴即是妙用，則徐行疾行，皆可謂之弟耶？（語類一二六）

又說：

知覺之理是性，所以當如此者。釋氏不知。他但知知覺，沒這理。

又引上蔡云：

佛氏所謂性，正聖人所謂心。

又云：

朱子這一番辨論極重要，正如後人所謂儒、釋疆界，這是宋儒所力求異於釋氏處。若就此一方面看，伊川、朱子分辨心、性，不得不謂其較孟子更深入，更細到。而其最吃緊者仍在一「理」字。朱子

吾以心與理為一，彼以心與理為二。彼見得心空而無理，此見得心雖空而萬物咸備也。（文集卷

五六答鄭子上）

釋氏既主心空無理，所以只要認得此心便夠。今既主心具眾理，則不得不於此眾理上下工夫。這是朱子意見。佛學在宋代還極流行，即程門高第，如謝上蔡、游定夫、楊龜山後梢皆入禪去。（此亦朱子語。）朱子從此處分出儒、釋疆界，實不得謂其非一大貢獻。

此處又牽涉到未發、已發問題。伊川本云：「善觀者卻於喜怒哀樂已發之時觀之。」但楊龜山一傳爲羅仲素，再傳爲李愿中，卻教人「看喜怒哀樂未發之謂中，未發時作何氣象」，此豈非與師門宗旨顯相違背，這明明是禪學。朱子親受學於李愿中，但朱子自始便懷疑李先生的教法。他說：

李先生為默坐澄心之學，只為李先生不出仕，做得此工夫。若是仕宦，須出來理會事。（語類二

（三）

這是朱子從人的實際生活上來反對默坐澄心，這便是反對了楊龜山以下程門相傳的爲學入門工夫，便是反對了他師門嫡傳宗旨。朱子此種精神，實大可佩服。朱子又有觀心說，在純粹理論上反對此種默坐澄心的工夫。他說：

佛者有觀心說。夫心，一而不二者也，為主而不為客者也，命物而不命於物者也。故以心觀物，則物之理得。今復有物以反觀乎心，則是此心之外復有一心而能管乎此心也。此亦不待教而審其言之謬矣。（文集卷六七）

朱子反對佛家的觀心說，其實亦是反對當時程門相傳「看喜怒哀樂未發以前氣象」的工夫，亦即是反對他老師李願中的默坐澄心之學。但在朱子本身，此處亦似仍留一罅縫，則反觀己心，豈不便成眾理畢現？伊川說：「沖漠無朕，萬象森然。」程門所以要默坐澄心，看喜怒哀樂未發以前氣象者，正是要從沖漠無朕中看出萬象森然來。以後陽明良知之學所謂「見父自然知孝，見兄自然知弟」，正為心具眾理，故能因物而現。若物欲錮蔽，則始自默坐澄心，即陽明始教亦然。今朱子既說心具眾理，卻又教人「以心觀物則物之理得」，似乎又主張理在物不在心，此似朱子學說本身一大罅縫。但朱子意，須心與物交始見理，外了物，人心之理更於何見？所謂「物之理得」，乃是人處物之理，則物理主要乃事理。朱子意實未有罅縫，未可輕議也。

照孟子意，天地間一切道理，本由人心展衍而出。如人有惻隱之心，推擴出去便成仁的道理。一切道理，推求本原，全由我心，故曰「萬物皆備於我矣」。這是說人生行爲萬般的標準，皆備在人心。又說「盡心知性，盡性知天」。可見性只是心，說心似屬人爲，說性則明屬自然與天賦，故盡心可以知性知天也。程、朱則倒轉來說，因人心中有仁的道理，

故能發出惻隱之心來。有義的道理，故能發出羞惡之心來。這些道理在心中者便叫「性」，故說「性即理」。故此等道理，雖在心中，而非即是「心」，故不許說「心即理」。心只是一個虛靈不昧之體，關於性的見解，亦有些近似涅槃佛性。惟涅槃佛性是第一義空，所以此後台、禪諸家主張「明心見性」，「即心即性」者，便認心只是一個虛明靈知。心只是虛明靈知，適成其第一義空之性。此仍是佛義。若專從卽心卽性的見地上看，則台、賢諸家又若轉與孟子爲近。惟孟子卽心卽性之「心」，兼包有「情感」，並不專指「虛明靈覺」。人心在虛明靈覺外，還有他自己的嚮往，自己的要求。若抹殺人心自己的嚮往要求，而只從其虛明靈覺處看，則仍是得半而失半，自然談不上性善、性惡。今程、朱只以虛明靈覺言心，則不免沿襲了台、禪諸家；但不肯認性爲空，於是說成性是一個道理在心中。則試問此來入心中之理又是什麼？這裏便要折入西方哲學之所謂宇宙論與形而上學方面去。朱子在這一方面則把橫渠尤其是濂溪的理論來彌縫二程之所缺。故欲求朱子立說本旨，實本孟子，而有些處乃不免與孟子有異也。

故論朱子思想，應可分爲心性論與理氣論之兩部分，心性論承襲二程，理氣論則補其缺陷。朱子說：

先有個天理了卻有氣，氣積爲質，而性具焉。（語類一）

此處理字、氣字，孟子書中皆未論及。則朱子言性處，自不能不與孟子有異，亦自可見。朱子又說：

理氣本無先後之可言，然必欲推其所從來，則須說先有是理。然理又非別有一物，即存乎氣之中，無是氣，則是理亦無掛搭處。（又說：「無此氣，則此理如何頓放。」）

又說：

不可說今日有是理，明日卻有是氣。也須有先後。且如萬一山河大地都陷了，畢竟理卻在這裏。

又說：

所謂理與氣，此決是二物。但在物上看，則二物渾淪，不可分開各在一處。然不害二物之各為一物也。若在理上看，則雖未有物，而已有物之理，然亦但有其理而已，未嘗實有是物也。（文集卷四六答劉叔文）

朱子此種理氣論，不可謂其是理氣二元論，而應稱之為理氣之混合一元論。乃在一元中不可不分此理、氣二物耳。其實此等理論，亦深受佛說尤其是賢首宗的影響。或人問：萬物各具一理，而萬理同出一源，朱子曰：

釋氏云：「一月普現一切水，一切水月一月攝。」這是那釋氏也窺見得這些道理，濂溪通書只是說這一事。（語類一八）

這是朱子自己說他理論同於釋氏也。其實朱子所謂「理」，仍近於釋家之涅槃佛性，惟涅槃佛性是第一義空，是寂滅，而朱子之理則是實在，是生與有之所以然。此是朱子有意融釋歸儒，故如此說之。故朱子此番理論，實是極費分釋，非可一言而解。第一、「理」雖是一實在，而必掛搭於「氣」，不能獨立自存。第二、「理」雖為生與有之所以然，但他只是一種規範而並無力量，只能主宰「氣」，不能推動「氣」。如此則理乃是一沒氣力的偏於靜定一邊的東西。所以說：

氣則能凝結造作，理卻無情意，無計度，無造作。只此氣凝聚處，理便在其中。（語類一）

又說：

理只是箇淨潔空闊底世界，無形迹，他卻不會造作。氣則能醞釀凝聚生物也。但有此氣，則理便在其中。（同上）

故若將朱子的理氣分作兩物看，則將全不成物，亦無此心。故知朱子言理氣，其實是混合之一體，而在此一體中，乃有理、氣可分。朱子「氣」的觀念，全近道家。道家亦認一氣運行中有自然條理，理亦只是自然，人須剗心去智，無作無為，始能合此自然。今朱子則認理與氣別，說他是箇「淨潔空闊底世界」，又說「山河大地都陷了，理畢竟卻在」，故知其說近於佛氏之涅槃佛性，而與道家自然之理不同。在朱子實是會合道、釋以歸之於儒，而自創其一番宇宙論，故非道非釋，而亦不免與孔、孟有異也。

明白了朱子的理氣論，便更易明白朱子的心性論，此在朱子思想中本是一脈貫通也。朱子說：

天下無無性之物，蓋有此物則有此性，無此物則無此性。（語類四）

此處物卽是氣，性卽是理。朱子四書集注孟子告子篇有云：

性者，人之所得於天之理也。生者，人之所得於天之氣也。性形而上者也，氣形而下者也。人物之生，莫不有是性，亦莫不有是氣。然以氣言之，則知覺運動，人與物若不異也。以理言之，則仁義禮智之稟，豈物之所得而全哉。

此處性、氣兩分，正猶大學格物補傳之心、理兩分，實爲朱子學說之中心主幹。朱子常說「理掛搭在氣上」，又說「性是一物在心中」。性卽理，心卽氣，性在於心，卽是理附於氣之比。朱子看的理，既是一個沒氣力的理，因而朱子看的性，亦是一個無生命的性，同樣不能自動的發出行爲與變化。朱子又說：

心便是官人，性便是合當做底職事，氣質便是官人所習尚，或寬或猛。情便是當廳處斷事。（語類四）

此處證明朱子看性，只是一個沒氣力而近於靜定一邊的物。爲之作主者是此官人。若此官人不盡職，不做此合當做的事，誰也對他沒奈何。一切責任，全在官人自身。處斷事的又只是「情」不是「性」，如此，則性的功能豈不全落空了？但性亦實非落空。因性是一物在心中，惟此物乃是形而上

二七六

的。若無此物，則不成爲心；如沒有職事，便不成爲一官人也。朱子又說：

性者心之理，動者是情，主宰是心。（語類五）

人多說性方說心，看來當先說心。（語類五）

然則朱子縱不肯言「心卽理」，但極看重此心。後人又分陸、王爲心學，程、朱爲理學，實則朱子看重心，乃決不遜於陸、王也。朱子又說：

天地若無心，則須牛生出馬，桃樹上發李花，心便是他個主宰處。（語類一）

又說：

天下之物，至微至細者亦皆有心，只是有無知覺處爾。且如一草一木，向陽處便生，向陰處便憔悴，他有個好惡在裏。（語類四）

是朱子又把心推擴到宇宙萬物，說其莫不有心，但又不是唯心的一元論。朱子學說之所當詳細分說者

正在此。

因此朱子有時也像頗有主張「心即理」說之傾向。或問：「理是道理，心是主宰底意否？」朱子說：

心固是主宰底意，然所謂主宰者即是理也。不是心外別有個理，理外別有個心。

如此則豈不明明成了「心即理」？但從朱子思想之大體看，則朱子只肯明白說「性即理」，又說「性是一物在心中」，不肯說「心即理」。故今亦只能說朱子是主張心性混合之一元，一如其主張理氣混合之一元也。然朱子之重視心工夫心主宰，乃在人生論上，所以直承孔、孟之處。至其必認性在心之先，則繩之以近代生物學知識，而誠見其實然，不得不謂其較孟子為尤允愜也。

到此，我們可以繼續講朱子的格物窮理論。朱子雖主張萬物同出一源，但又說：

所以說：

道理散在事物上，卻無總在一處底。（語類一二〇）

天下豈有一理通，便解萬理皆通，也須積累將去。（語類一八）

積累多，自當脫然有貫通處，乃是零零碎碎湊合將來。（語類一八）

零零碎碎的湊合，這是朱子格物窮理精神。所以說：

大體只是合眾小理會成。今不窮理，如何便理會大體。（語類二五）

朱子不主張徑去理會大體，只教人從眾多小理處窮究。故云：

萬理雖只是一理，學者且要去萬理中千頭百緒都理會，四面湊合來，自見得是一理。（語類一一七）

朱子教人從「萬個道理四面湊合來」，此是朱子之知識論。知識則決然是積累湊合的。所以他說：

大而天地陰陽，細而昆蟲草木，皆當理會。一物不理會，這裏便缺此一物之理。（語類一一七）

又說：

天下無書不是合讀底，無事不是合做底。若一箇書不讀，這裏便缺此一書之理。一件事不做，這裏便缺此一事之理。（語類一一七）

上引各節，應與大學格物補傳合看。朱子雖在格物補傳上說有豁然貫通之一日，然並非說貫通以後卽不再要做窮理工夫。當知儘管貫通，依然還要窮格。少窮一物，便少知一物之理。在此朱子有他更緊要的說明。他說：

論萬物之一原，則理同而氣異。觀萬物之異體，則氣猶相近而理絕不同。（文集卷四六答黃商伯書）

可見朱子所重，固在理的一原，而更要在理的絕不同處。此是朱子格物窮理論之精神。亦見朱子決不主唯理一元，而是主理氣混合之一元也。

朱子論理如此，論性亦然。他說：

性如日光，人物所受之不同，如隙竅之受光有大小也。（語類四）

又說：

人物性本同，只氣稟異。如水傾放白椀中是一般色，放黑椀中又是一般色。（語類四）

又說：

如一江水，你將杓去取，只得一杓。將椀去取，只得一椀。至於一桶一缸，各自隨器量不同，故理亦隨異。（語類四）

根據上述，可見朱子心中之人性，亦非全是一樣，此所謂「理一分殊」。朱子既注重在分殊，自然要使他的思想有些處像是更近於荀子而較遠於孟子。朱子主張憑藉自己虛明靈覺之心來向外窮理，亦與荀子近，與孟子遠。但朱子在此上又添一曲折，他說心具眾理。說：

此心虛明，萬理具足，外面理會得者，卽裏面本來有底。

此說卻非荀子所有。但亦似非孟子意。只有釋家，如云「山河大地盡是妙明心中物」。但朱子又把理氣分說，不主張萬物在我心中，而認萬理在我心中；此是朱子與釋家相異處。因心與物交必見理，無心則理不見。因此既認萬理在我心中，而又要向外尋求，故窮理必須格物。物無窮，斯理亦無窮，但卻又全在你心裏，理不能外心外物而自在。此是朱子思想。

惟其萬理全具心中，故朱子於格物窮理之外又補上一番「居敬」工夫。此是朱子之緊承二程處。居敬、窮理合說，則是其緊承伊川處。他說：

> 敬則萬理具在。

子說：

此云「萬理具在」，並不是說「萬理具現」；故居敬而後可以窮理，並非即可以居敬代替窮理。朱子說：

> 凡學須要先明得一箇心，然後方可學。譬如燒火相似，必先吹發了火然後加薪，則火明矣。若先加薪而後吹火，則火滅矣。（語類一二）

此處又頗似荀子，但畢竟仍與荀子異。朱子在此上又轉到中庸已發、未發的問題上去。朱子說：

今於日用間空閑時，收得此心在這裏，截然，這便是喜怒哀樂未發之中，便是渾然天理。事物之來，隨其是非便自見得分曉。便如執權衡以度物。

其實中庸本係荀子以後書，本可受荀子影響。中庸「未發之中」的理論，頗似從荀子書中脫胎。如云「執權衡以度物」，此只是心氣中平，沒有偏向，如所謂「水靜則見鬚眉」也。但朱子又云「渾然天理」，此層卻須分釋。有人文理，有自然理，如仁義禮智信皆人文理，皆人性中所有，性具於心，故曰「渾然天理」。但有生物、無生物各有性，其性與人性異。但求明此理，須待我虛明靈覺之心，故曰「萬理具足」。以人文理判別自然理，故曰「執權衡以度物」。明此便知程朱只主「性即理」，不主「心即理」之意。心中萬理具足，乃在其未發之中。此仍是伊川所謂「沖漠無朕而萬象森然」也。欲求達此境界，則須居敬工夫。故必居敬而後可以格物窮理，但已與大程子所謂「誠敬存之更有何事」之意義不同。昔禪宗教人「看父母未生以前本來面目」，此乃要人悟到萬法皆空的境界，所謂「三界惟心，萬法惟識」，到底則只是一空。故朱子說：「吾儒以性爲實，釋氏以性爲空」也。知有性乃見實，若僅知有心，則無不歸於虛矣。朱子別一處又說：

釋氏雖自謂惟明一心，然實不識心體。雖云心生萬法，而實心外有法。故無以立天下之大本，

而内外之道不備。然為其說者，猶知左右迷藏，曲為隱諱，終不肯言一心之外別有大本也。若聖門所謂心，則天序、天秩、天命、天討、惻隱、羞惡、是非、辭讓，莫不該備，而無心外之法。故孟子曰：「盡其心者知其性也，知其性則知天矣。」存其心，養其性，所以事天也。是則天人性命豈有二理哉。（文集卷三〇答張欽夫）

朱子此文，頗見他言「心」與釋氏別，仍屬儒家傳統。惟孔、孟只就人生圈子內立論，謂人類百行眾德，皆由人心自然傾向展衍而來。朱子則於人生外又添上一個氣世界，必說「物各一理」，則已轉入宇宙論方面去。故朱子之所謂「理」，已非孟子之所謂「義理」。孟子義理專指人事言，朱子則牽涉到宇宙物理上面去也。故朱子只肯說「天即理」，卻不說「心即理」。朱子既要會合道，釋以歸之於儒，問題複雜了，於是一切思辨亦不得不趨於複雜，故象山乃以「支離」譏之也。

現在再說到未發、已發的問題。朱子在此上亦曾極費研尋。他最先則謂：

良心未嘗不發。

人自有生即有知識，事物交來，應接不暇，念念遷革，以至於死，其間初無頃刻停息，舉世皆然。（文集卷三〇與張欽夫，又宋元學案卷四八中和說一）

那是他主張程子「未發之前更如何求」，「善觀者卻於已發之際觀之」的見解。但稍後他變了。

他說：

日間但覺為大化所驅，如在洪濤巨浪之中，不容少頃停泊。蓋其所見一向如是，以故應事接物處，但覺粗屬勇果增倍於前，而寬裕雍容之氣略無毫髮。（文集卷三二答張敬夫，又學案中和說二）

又云：

手忙足亂，無著身處。（同上）

於是朱子又回頭轉到未發的存養方面來。他說：

人之一身，知覺運用，莫非心之所為，則心者，固所以主於身而無動靜語默之間者也。然方其靜也，事物未至，思慮未萌，而一性渾然，道義全具，其所謂中，是乃心之所以為體而寂然不動者也。及其動也，事物交至，思慮迭萌焉，則七情迭用，各有攸主。其所謂和，是乃心之所以為用，感而遂通者也。然性之靜也而不能不動，情之動也而必有節焉，是心之所以寂然感通，

周流貫澈，而體用未始相離者也。蓋心主乎一身而無動靜語默之間，是以君子之於敬，亦無動靜語默而不用其力焉。未發之前是敬也，固已主乎存養之實，已發之際是敬也，又常行於省察之間。……君子之所以致中和而天地位萬物育者在此而已。（文集卷三二答張欽夫，又學案〈中和說三〉）

這裏朱子明認「性」為未發，「情」為已發，又用橫渠「心統性情」之說，謂心貫徹乎動靜，動時省察，靜時存養，即是程門「敬」字工夫，如此則已發、未發面面兼到。這裏的問題，依然在性、情分張，未發之性管攝不到已發之情，故要把心來作主。增強心的作主力的便是敬。敬裏面又分靜存、動察，而格物窮理只偏在動察一邊。若非有靜時存養工夫，則動時省察便易失錯。於是便造成朱子居敬、窮理兩面用功的理論。此卽伊川「涵養須用敬，進學則在致知」說之變相，但到朱子手裏，卻開展精微得多了。而朱子有時在此兩邊又有偏重靜存一面的意向。他說：

又說：

未發之前不可尋覓，已覺之後不容安排，但平日莊敬涵養之功至，而無人欲之私以亂之，則其未發也鏡明水止，而其發也無不中節矣。

向來講論思索，直以心為已發，而日用工夫亦止以察識端倪為最初下手處，以故闕卻平日涵養一段工夫，使人胸中擾擾，無深潛純一之味。而其發之言語事為之間，亦常急迫浮露，無復雍容深厚之風。蓋所見一差，其害乃至於此，不可以不審也。（文集卷六四與湖南諸公論中和第一書，又

學案中和說（四）

從此遂產生後來陽明一派「朱子晚年定論」之爭訟。總之，朱子在此方面，確曾下過一番深功夫。他最先頗像要擺脫當時向心用功的舊習，轉換到向外事物方面去。但最後依然折回到老路上，而把此兩面牽縮合一。一方面和會舊說，一方面開闢新趨，這是朱子之大氣魄處，亦是朱子學說之所以頭緒紛繁處。

清儒常以朱子與鄭玄相擬，其實康成非晦翁之儔。以整個中國學術史觀之，若謂孔子乃上古之集大成者，則朱子乃中古之集大成者。其包孕豐富，組織圓密處，朱子甚似孔子。孔子每好以相反相成之兩字面來表達一觀念或一境界，如言仁必言智，或言仁必言禮，又言禮必言樂之類。朱子亦常如此，如言理必及氣，言心必及性，言窮理必及居敬之類。但其間卻有一分別。孔子只就人心人事立論，令人當下有入手處。孔子的圓密是面面俱到，或是面面兼顧。朱子則以宇宙、人生糾合在一起，他的思想似乎相互間依恃的條件更多了，如理必依恃著氣，必以氣為條件。氣亦依恃著理，必以理為條件。同樣心必依恃著性，必以性為條件。性亦依恃著心，必以心為條件。一切互相依靠，言及於

此，則必以彼爲條件。所以研究朱子思想，常覺其氣魄大而苦難下手，若圓密而又嫌瑣碎。陸象山譏

其支離者即在此。朱子亦非不自知，爲教人的方便，乃不免以讀書來代替著窮理，漸漸以研窮字義來

代替研窮物理，於是又漸漸從讀書轉到章句與訓詁上，這是朱學之流弊。但不能說朱學精神只是讀

書，只是章句與訓詁，乃以與康成相比擬。此則只以見清代漢學之陋耳。

（民國三十六年九月思想與時代四十七期；一九七五年曾收入中國學術通義。此篇又

續有增訂，盼讀者取通義本合併參讀之。）

略論朱子學之主要精神

中國學術有一特徵，亦可謂是中國文化之特徵，即貴求與人同，不貴與人異。請從孔子說起。孔子自言其爲學曰：「述而不作，信而好古。」人之爲學，能於所學有信有好，稱述我之所得於前人以爲學，不以自我創作求異前人爲學。故孔子曰：「甚矣吾衰也！久矣吾不復夢見周公。」則孔子之學，所日夜追求夢寐以之者，爲周公。孟子亦曰：「乃吾所願，則學孔子。」周公、孔、孟一線相承，遂成中國之儒學。

孟子又言，舜「與人爲善」，「善與人同」，「樂取於人以爲善」。中國人認爲，能與人同即是善，大同即是至善。爲學即是學爲人，而爲人大道則在人與人之相同處，不在人與人之相異處。

其實不僅儒家如此，即墨家亦然。墨主兼愛，視人之父若其父。稱天志，尚同。又曰：「非大禹之道不足以爲墨。」墨子在古人中舉出一禹，正如孔子在古人中舉出一周公。墨子正亦如孔子之「述而不作，信而好古」。

繼儒、墨而起者，有道家。其持論則更求同不求異。老子曰：「同謂之玄。玄之又玄，眾妙之

門。」故在古人中特舉一黃帝。其人愈古，則愈不見其與人之相異處。則道家亦同是「述而不作，信而好古」。此下儒、道兩家，即成爲中國傳統文化中學術思想之兩大主流。所以說中國之學術特徵，即其文化特徵。

漢儒表彰五經，罷黜百家，獨尊周、孔。但到魏、晉，道家復起，乃有孔子、老子「將毋同」之說，成爲一時名言。佛教東來，與儒道鼎足成三，孔子、老子、釋迦遂同爲中國人所崇奉。

宋代理學家起，辨異端，一尊儒，然仍是「述而不作，信而好古」，與前無異。惟其述而不作，信而好古，故不貴自創論，自立說，而著書非所重。孔子作春秋，乃是一部史書，則仍是述而不作，信而好古。論語則孔子平日之言論行事，由其門人弟子寫錄流行，直到其三傳、四傳以下之後學手中，乃彙編成書。當距孔子之卒百年以上矣。墨子亦未自著書，亦由其門人後學傳述其說而成書。

孟子七篇，固由孟子親身與其弟子如萬章、公孫丑之徒，編撰成書，其體裁亦大致與論語相似，亦只記孟子平日言行；與孟子親身自著書，有系統、有組織，自闢一番創論、自表一番特見者仍不同。只有莊、老，因其隱退，不似儒、墨廣集門人弟子，相聚講學，乃由其私人閒居自撰成書。如莊子之內篇七篇，老子上下篇，乃特創了由學者自己編撰成書之一例。惟莊子多寓言，避世立說。老子書名則託之莊周書中之老子，亦寓言，並不詳著者之姓名。此下復有會通儒、道，寫成專篇，如中庸、易大傳，則更不知出於何時誰何人之手。又如小戴禮記，所收大學、樂記、禮運諸篇，作者姓名皆不詳，時代亦無考。要之，皆盡在莊、老成書之後。則中國學人實皆爲述而不作，信而好古，並無私人自創

作、自表現、自成名之心理存在。即此下之道家，亦不重私人一己之著書立說，觀其此下之發展而可知。

中國學人極少由其私人一己來著書立說之事。有之，則除史書外，如屈原之作離騷，乃為後世文學集部之祖。其他因事成篇，如西漢初年賈誼之陳政事疏，董仲舒之天人對策等，皆與私人一己著書立說有不同。惟董仲舒於實際政治上無發展，乃寫有春秋繁露。揚子雲在新莽受禪時，下簾寂寂，著有法言、太玄等書。然春秋繁露乃闡發春秋義，太玄、法言乃模倣易與論語，皆明表師承，與自創作、自立說仍不同。下至隋代，王通寫有文中子一書。然其書乃由後人編纂，書名亦後人所定。其書主要內容，仍在勒定一傳統，依然是述而不作，信而好古，非自創作、自立說，則較董、揚為更顯。其書此三人皆儒家中之傑出人，其著書立說猶如是，其他則更可類推不詳論。

除史學、文學外，更要者則為注釋古經典，為漢儒最崇高之事業。鄭玄網羅百家，括囊大典，集兩漢經注之大成。此下如王弼注周易、注老子，何晏注論語，郭象注莊子，甚至如曹操一世豪雄，亦注孫子兵法。佛教東來，中國高僧翻譯印度經典外，更重注釋。唐代五經正義注外有疏，即承釋氏來。如天台，如華嚴，中國人在佛教中自創宗派，亦遵守一部經發揮，不尚自著書、自立說。禪宗則惟有語錄。其實論語非即孔子之語錄乎？

宋代理學家起，惟周濂溪、張橫渠有著書。實則濂溪易通書即為說易。橫渠正蒙，其書名亦本於易，僅以正童蒙，非前無古人，自創新說也。二程則不著書，伊川畢生最大著作為易注，亦非自著

書。朱子繼周、張、二程，集宋代理學之大成。其最大著作，爲論孟集注、學庸章句之四書。其次爲

近思錄，僅分類纂集周、張、二程四家語。又於濂溪太極圖說及橫渠西銘特有注。除注詩注易外，於

史學，亦只本司馬光資治通鑑作綱目。於文學，則注離騷，又爲韓文考異。甚至又注參同契。古今學

人著作，論其浩富，朱子當首屈一指。但無一書自抒其創見。其門人編集語錄，則有一百四十卷之

多。自所爲詩文集亦踰百卷，則皆因時、因地、因事、因人而隨感隨應，自然流露，與精心結撰有系

統，有組織刻意著成一書，以表現其自我一己之獨得與創見者，大不同。是則即就朱子一人，可證中

國學術史一特徵，貴能上同古人，不貴能自創新說矣。

然所謂上同古人者，乃以己上同，非除古人外無己。孔子唱「爲己之學」，而最惡鄉愿。「生斯

世，爲斯世也善」，乃不知有「己」。就空間、就時間論，天地生人惟己爲獨一無二。各有一己，而

「己」與「己」不相同。孔子之不能上同於周公，孔子已自言之。曰：「如有用我者，我其爲東周

乎」，是也。論語所記豈不多是孔子之言？惟孔子則謂，我上承周公，一切意皆傳述周公之意而已。

孟子學孔子，何嘗不自有一己。子貢謂「夫子之言性與天道，不可得而聞」，而孟子唱爲「性善論」，

顯非孔子語。然孟子不自謂此乃我自創語，謂我之所異於孔子者在此。此則孟子之所以爲孟子也。孟

子又曰：「聖人先得我心之同然。」則我之所學於前古聖人者，乃學此同然之心耳。本此心以立言，

則所言自亦與古聖同。其不求異可知。

易傳、中庸言「性」，亦言「天道」，然皆兼采道家言。但易傳、中庸之作，則一承孔子。不謂

此乃我之新創，不謂乃我會通儒、道兩家而自創新說。並其著書人之姓名亦隱而不彰。彼亦自謂此乃古人意非我意，而實有其一己之意之作爲會通和合，則固無疑。

周、張、二程四人之爲學，亦各有其一己，亦互有其相異。而朱子會通和合之，以成宋、元、明三代理學一大傳統，與先秦孔、孟以來之儒學會通和合，以成儒學之新傳統。今欲研討朱子學，其最大難題，乃見朱子僅若網羅舊說，稱述前古，而其自己則若不見有新創特見，可以自異於前人，而確認其爲朱子一人之學。實則若果有之，自中國人觀念言，則亦朱子一人之學而已，又何足貴！

司馬遷著爲史記，乃上承孔子之春秋，非自我作古也。則亦朱子一人之學而已，又何足貴！

家之言。」明之、通之，豈不在己？中國稱門人受業爲「弟子」，比如一家人。子子孫孫相承爲一家。學問亦當有傳統，故謂之「一家言」。中國全部二十五史必推司馬遷爲鼻祖，斯亦誠如一家言矣。豈一己獨創，前無承，後無繼，一人之學，何得謂之「家」？且如其父司馬談爲六家要指，其子遷則尊孔子，列爲世家，則遷之意顯異於其父，而遷不以爲諱，亦不特自表白。後人亦不於此等處持論立說。惟治史學，則大體必求上同司馬遷，如是而已。

今人治朱子學，每喜分別其與前人之相異處。實則朱子亦豈不知前人有相異，如二程有四大弟子，楊龜山僅占其一，李延平則得龜山之傳。朱子乃親受業於延平之門，其對延平可謂備致尊仰，然而朱子之發明二程，又豈限於龜山、延平之一脈？又如後人每以程、朱連這，尤多以伊川與朱子連言。朱子之推尊伊川，亦固甚至。伊川易傳，朱子引其說入近思錄者何限？然朱子自爲易本義一書，

定周易本爲古人一卜筮書，此則與伊川意見豈不大異？而朱子則並不在此一節上顯作分別。卽就語孟集注言，所注之異於二程者又何限？惟朱子爲學精神重在會通和合，尋求古人之共同處，不在獨抒己見，表明其個人之特異處。今果專向此方面探索，則不免有失朱子爲學精神之主要所在矣。

或問如上所言，理學家又何必主辨異端？蓋求同必有辨異，辨異亦以求同。而二者之間，則終以求同爲要，辨異爲次。先秦如墨，如荀，辨異過於求同，皆不爲後世所重。呂覽、淮南，集賓客爲書，而主會通和合，其見重乃轉有勝於墨、荀。而如易傳、中庸，亦已會通儒、道爲言。濂溪、橫渠著書，多據易、庸。卽二程，亦多會通儒、道。至如釋氏禪宗，理學家采及其意者亦不少。朱子亦明白提及華嚴。今人乃據此等處疑理學家亦多出入釋、老，不知此正理學家長處，非理學家短處。會通和合，以求共同之一是，始是理學家所用心也。

象山反朱子，而朱子則曰：象山多用力在「尊德性」，己則多用力在「道問學」。因戒其門人，當采他人長，以補自己短，勿輕相爭。然象山之死，朱子終說「死了一個告子」。則朱子雖不同意於象山，而必求勿失其所長。其於釋、老亦類此。及明代陽明起，從陸反朱，作爲朱子晚年定論，亦謂朱子卒從同於象山。此亦可謂中國學人尙同不尙異之一證。

而朱子學之最易受後人之懷疑與爭論者，則爲其大學格物補傳之一章。朱子以己意來補古經傳之缺，此則大違中國學術傳統「述而不作」之大義。雖朱子自謂乃取程子之意以爲之，然又何得逕取程子意以補代古人意？朱子此處所指之程子乃伊川，非明道。故後人反朱子必反伊川。易傳、中庸雖明

白多采道家義，但言必稱孔子，則不易起後人之爭。故清儒之主漢學反宋學，則必以「考據」與「義理」並稱。朱子之大學格物補傳，僅得謂義理當如此，而考據則無憑；即不易爲後人接受。此亦中國學術之傳統性如此。故可謂中國一學者，其所學，實乃爲一部中國學術史，而不貴於學術史外自創一套新學術。亦可謂此一部學術史，乃創始於孔子。而整理此一部中國學術史，最有成績者，則爲朱子。此即余之所謂「尙同不尙異」。此亦如耶教不得在耶穌外自創新說也。

清初顧亭林、黃梨洲、王船山三人，其學皆承宋、明理學來。亭林力斥陽明，不稍假借。梨洲則終於陽明有偏祖。船山晚年又一主橫渠，而於程、朱有微辨。然此三人皆意在求同，不在求異；又必上同於古人，不求異其一己；則無以異也。

竊謂中國之有孔子，猶如西方之有耶穌。朱子則如耶教中之馬丁路德。其於儒學中之最大貢獻，則爲編有論孟集注與學庸章句之四書，以上駕於漢、唐相傳之五經之上。而唐代之五經正義，遞傳至宋以後，乃成爲十三經注疏。愈會通，愈和合，以愈見其共同之一是。此乃中國之學術特徵，亦即中國之文化特徵。

乾、嘉時代之清儒，提倡漢學，則如耶教中之天主教，力反馬丁路德之新教。而在中國，則新教終盛於舊教。如同、光以下，曾國藩爲聖哲畫像記一文，陳澧爲東塾讀書記一書，其論學亦皆尙同不尙異，皆述而不作，信而好古，決不高抬一己，以求傑出於前人。則可謂千古一致之最相同處，無他異也。此二人之爲學，皆義理更重於訓詁考據，而宋代理學精神亦更勝於漢代經學精神。要之，朱子

之風則更甚於其他之諸儒。此風迄清末而猶然。

但孔子在中國決非一宗教主。其所信、所好、所述皆在古，同屬人類，而非高出人類之上帝。故亦不高抬一己，以出於前人之上。中國學術如是，文化亦如是。而孔子之在中國，其地位乃若有更超於耶穌以上者。今日吾人果能從此一點上來研究朱子之學，則庶最能獲得其主要精神之所在耳。

（一九八二年爲美夏威夷召開世界朱子哲學會作，刊載於一九八三年一月臺北史學評論第五期。）

周程朱子學脈論

濂溪、二程、晦翁，見稱爲理學正統，全祖望濂溪學案序錄，謂：

濂溪之門，二程子少嘗游焉，其後伊、洛所得，實不由於濂溪，是在高第滎陽呂公已明言之，其孫紫微又申言之，汪玉山亦云然。今觀二程子終身不甚推濂溪，並未得與馬、邵之列，可以見二呂之言不誣也。晦翁、南軒始確然以爲二程子所自出，自是後世宗之，而疑者亦踵相接焉。

故全氏又謂：

濂溪誠入聖人之室，而二程子未嘗傳其學，必欲溝而洽之，良無庸矣。

這裏是說二程並未嘗直接濂溪的傳統。考明道、伊川見濂溪在慶曆六年丙戌，時濂溪在南安，年三十歲。下距其卒尚二十七年。疑易通書與太極圖說，皆應在後。二程之於濂溪，亦僅兩度見面，既不得謂之師事，亦不得謂之從遊。是年冬，濂溪即移郴縣，二程再不與濂溪相見。是全氏之說是也。然據此下明道自述與濂溪兩次見面時情形，則二程之學，確是受濂溪之絕大啟發無疑。

全氏明道學案序錄又云：

世有疑小程子之言若傷我者，而獨無所加於大程子。

這裏所云「疑小程子言若傷我」，乃指陸象山。是象山認為二程學說並不全同。其後王陽明著朱子晚年定論，頗於朱、陸異同有偏祖，但其推尊濂溪、明道，則有時還在象山之上。然則此濂、洛、朱子四家，在思想系統上究竟是同是異，實在值得研究。不佞於他文中，屢嘗指出此四家思想之相異及其先後轉接之線索。本文則旨在指出一兩個大節目，說明此四家思想雖有小異，仍屬大同。明白得此四家思想之大同處，便更易明白陸王學派與正統派之相異處。

為求敘途簡徑起見，姑從明道定性書說起。此書在明道鄠縣作簿時，年猶未三十，實是明道早年思想，最可由此窺其學問之來源。定性書中重要的一段說：

天地之常，以其心普萬物而無心。聖人之常，以其情順萬物而無情。君子之學，莫若廓然而大公，物來而順應。與其非外而是內，不若內外之兩忘也，兩忘則澄然無事矣。無事則定，定則明，明則尚何應物之為累哉？聖人之喜，以物之當喜。聖人之怒，以物之當怒。是聖人之喜怒，不繫於心而繫於物。

劉蕺山云：

此伯子發明主靜立極之說，最為詳盡而無遺。

是說明道此文，乃根據濂溪太極圖說「主靜立人極」的意見。此話若頗有理。但明道為鄠縣主簿時，濂溪年四十三，在合州，下距其卒尚十四年。其時濂溪尚未有太極圖說。果明道本太極圖說立論，此下不應絕不提起。竊觀明道此文，顯屬別有來歷。明道自云：「吾學雖有所授受，天理二字，是自家體貼出來。」古書中惟小戴記樂記篇有「天理」二字。其文曰：「人生而靜，天之性也。感於物而動，性之欲也。物至知知，然後好惡形焉，好惡無節於內，而知誘於外，不能反躬，天理滅矣。」應大體本是。魏何晏（平叔）創為聖人無喜怒哀樂論，鍾會（士季）諸人皆述之，王弼（輔嗣）獨與不同，謂：

聖人茂於人者神明，同於人者五情。神明茂，故能體衝和以通無；五情同，故不能無哀樂以應物。然則聖人之情，應物而無累於物者也。今以其無累，便謂不復應物，失之多矣。

是何晏主聖人無喜怒哀樂，而王弼則主聖人同有喜怒哀樂，惟與眾人異者，乃在其雖有喜怒哀樂而不爲喜怒哀樂所累。明道定性書，似與王弼意相近。明道說「以其情順萬物而無情」，則非無情也。此情亦可謂之即性即理，故曰無情。黃梨洲特爲此語下分疏，他說：

兩截，此正佛氏之消煞也。無情只是無私情。

此語須看得好。孔子之哭顏淵，堯、舜之憂，文王之怒，所謂情順萬物也。若是無情，則內外

梨洲意，「無情」應作「無私情」解。情兼內外，若在內部心上增添些子，此即不順物，即私非理。

明道又云：

風竹是感應無心，如人怒我，勿留胸中，須如風動竹。德至於無我者，雖善言善行，莫非所過之化也。

此云「無我」，即無私，這裏明道特指怒之一事爲言。定性書中亦云：

人之情易發而難制者，惟怒爲甚。第能於怒時遽忘其怒，而觀理之是非，亦可見外誘之不足

惡，而於道亦思過半矣。

此皆著重在治怒上。因喜怒哀樂四者，惟怒最易於應怒之上增加了分數。故曰「風之動竹，感應無

心」，竹已應了動了，但並非竹之自身起心要動，故曰「無心」，亦可曰無私情。然與濂溪言「反躬」

之意實不同，而與王弼「體冲和以通無」之意爲近也。則明道實兼融儒，道而言之，與濂溪有淵源，

而非直承濂溪可知。抑且明道本篇所論實有更當申辨者。孟子言「口同嗜於易牙，耳同聽於師曠，目

同姣於子都，見孺子入井莫不有惻隱之心」。心之所同然，則同此情，同此理。喜怒哀樂亦莫不有其

同，此即情之公，一若其在物而不在我。明道言「以有爲爲應迹，以明覺爲自然」，「弗自私，毋尚

智」，從孟子此等處言，義可相通。陽明言「見父自然知孝，見兄自然知弟」，人之良知，亦即心之

同然。然人生遭遇，若有不盡於此者。如舜之父瞽瞍，而舜能善盡其孝，則不當仍以「有爲爲應迹，

明覺爲自然」說之矣。而又何以「內外兩忘澄然無事」說之。孟子又曰：「人少則慕父母，知好色

則慕少艾，有妻子則慕妻子。仕則慕君，大孝終身慕父母，五十而慕者，予於大舜見之。」此豈亦僅

以「有爲爲應迹，明覺爲自然」乎？且亦非「内外兩忘」所能達。故明道、橫渠之言「定性」，終似與孟子言「盡性」尚有辨。明道必言性無内外，然性終在己，必反己求之。明得此性而盡之，則非不累於外物之所能盡其意也。故明道乃就當前問題自申己見，來續補孟子所已言，並不是以當前所言來更改孟子所已言。若專據明道此言，不再會通之孟子，則又入歧途。故明道言性無内外，伊川之言格物窮理繼之。窮理乃有當於孟子之盡性，然求之外終亦與求之内有别，此象山所以譏朱子爲支離也。然「先立乎其大」，終不如言「致良知」更爲簡易明白，而「心卽理」究不如言「性卽理」更爲妥愜，斯則程、朱較陸、王終爲與孟子更近也。

明道他處又說：

謝子曰：「吾嘗習忘以養生。」明道曰：「施之養生則可，於道則有害。習忘可以養生者，以其不留情也。學道則異於是。夫必有事焉而勿正，何謂乎？且出入起居，寧無事者。正心以待之，則先事而迎，忘則涉乎去念，助則近於留情，故聖人之心如鑑，孟子所以異於釋氏，心也。」

定性書說「内外兩忘」，是指忘内外之别言。此處說於道不宜忘，是指當境之順應言。兩語並不相背，若當境而忘，則將如列子所舉宋之陽里華子，此則近於無知。明道只說「聖人之心如鑑」，明鏡照物，

有知則自應有情；但應順乎外面所知，不自己增加了些，妍則妍，媸則媸，是有情猶無情也。今再以

伊川言證之。伊川說：

舜誅四凶，怒在四凶，舜何與焉？蓋因是人有可怒之事而怒之，聖人之心本無怒也。譬如明鏡，好物來時便見是好，惡物來時便見是惡，鏡何嘗有好惡也？

是單論心則無怒，應於物而有怒，故不當拒外。試再證以程門後學楊龜山之言。龜山說：

中庸曰：「喜怒哀樂之未發謂之中，發而皆中節謂之和。」學者當於喜怒哀樂未發之際以心體之，則中之義自見。執而勿失，無人欲之私焉，發必中節矣。發而中節，中固未嘗忘也。孔子之慟，孟子之喜，因其可慟可喜而已，於孔、孟何有哉？其慟也，其喜也，中固自若也。鑑之照物，因物而異形，而鑑之明未嘗異也。莊生所謂「出怒不怒，則怒出於不怒，出為無為，則為出於不為」，亦此意也。若聖人而無喜怒哀樂，則天下之達道廢矣。

這裏龜山亦明明主張聖人有喜怒哀樂，吃緊則在「未發之中」上。喜怒哀樂發而易偏。方其未發，則停停當當是個中。所以未發之中，便像是一個無喜怒哀樂的境界。這一境界叫做中。心在這境界時，

便如明鏡般，能照而無照。保得此境界，於是始可有發而中節之和。此心一發，便有喜怒哀樂，但是應物而來，所以說是和。和還只是中。換一句話說，那時喜怒哀樂雖已發，而還如沒有喜怒哀樂。何以故？因其喜怒哀樂起在物而不在己。己之所有，仍此未發之中。喜因物之可喜，慟因物之可慟。明道說「於孔、孟何有」，這如說不在孔、孟心上。外物未來，此心便是澄然無事，便是鏡何嘗有好惡。明道說「遽忘其怒而觀理之是非」，則此怒應稱爲理。動亦定，靜亦定，即如此。這是程門宗旨。

我們把握上述分析，其實心無不應物之時，亦無不應物之心，但程門把來分說，好叫人對此心更易明。大體二程意，「性」屬先天，「情」屬後天。「人生而靜」以上是天理，「感物而動」以下則易有人欲。「情」則在此「性」與「欲」之間。一任其天則是理，加進了人欲則近欲。故明道自言：「見周茂叔，每令尋孔、顏樂處所樂何事。」明道好田獵，自謂已無此好矣。茂叔曰：「何言之易，但此心潛隱未發耳。」十二年後復見獵者，不覺有喜心，乃知果未也。此乃明道確受濂溪啟發處。根據此故事來讀定性書，則明道真意顯豁呈露矣。若必謂明道親見太極圖說，則終無明證可據。而濂溪接見二程時，其學已定，雖未有通書與太極圖說之著作，然教二程「尋孔、顏樂處所樂何事」，則所學方向端的已定，其「主靜立人極」之意殆已存立。後人又必謂濂溪太極圖說淵源方外，此皆未得古人真相也。呂氏童蒙訓述伊川言：

愛惟仁之一端。喜怒哀樂愛惡欲，情之非性也。

此是程門明白說性與情別，欲與情近之證。喜怒哀樂皆屬情非性，情則常動，故求定性，不能有喜怒哀樂愛惡欲之相擾。劉蕺山謂定性書乃發明濂溪主靜立極之說，眞屬有見。濂溪自注云「無欲故靜」，

今明道、伊川之說「情」字，主要在說明濂溪所謂之「無欲」。但從此發揮，又另有許多問題發生。

明道明說「情順萬物而無情」，亦可謂其近於何平叔；梨洲雖以「無私情」釋之，然從來亦無「公情」之說；要之明道似不重此「情」字。伊川又明明說情非性。今再續其論愛與仁之辨。從來亦皆以愛說仁，卽論、孟已然。而伊川則曰：

> 孟子曰：「惻隱之心仁也」，後人則以愛為仁。惻隱固是愛，愛自是情，仁自是性，豈可專以愛為仁。

又說：

> 仁之道，只消道一「公」字，公卽是仁之理，不可將公便喚做仁，公而以人體之故為仁。只為公，則物來兼照，故仁所以能恕，所以能愛，恕則仁之施，愛則仁之用也。

此處伊川以仁爲性，以愛爲情，性屬體，情屬用，故必分別仁愛，謂不當專以愛爲仁。避去「愛」字，換上「公」字，卽明道所謂「廓然而大公，物來而順應」。順應卽有情若無情。濂溪說「明通公溥」，大體「愛」在情一邊，「公」在理一邊。愛偏在動，公在靜。廓然大公，便是未發之中，便是靜。然理中有性亦有情，有公亦有私，有動亦有靜；偏卻一邊說，終似未允。

今問何以又由靜轉到動？這裏便該說到二程之說感應。明道說：

寂然不動，感而遂通天下之故者，天理具備，元無欠少，不爲堯存，不爲桀亡，父子君臣，常理不易，何嘗動來。因不動，故言寂然。惟不動，感便感，非自外來也。

此一節話，頗費分疏。似明道釋理字，頗偏靜一邊，故曰「我心雖感而未嘗動」，又曰「感不自外來」。因我心之感以理，理則自在，故雖動而未嘗動。又理合內外，故說感不自外來。若說我心以情感，情落在我一邊，自見感之由外。由其感於外而內動我情，此卽分內外，又不得謂之不動。後來伊川也說：

寂然不動，萬物森然已具。感而遂通，感則只是內感，不是外面將一件物來感於此也。

又說：

> 寂然不動，感而遂通，此已言人分上事。若論道，則萬理皆具，更不說感與未感。

此等處二程認天地間只有一理，平鋪滿足，無內外，無動靜。則更不需說感應。但伊川又說：

> 天地之間，只有一個感與應而已，更有甚事。

其實此條仍與前引各條語異而義同。天地間只此一理，故如是感則如是應。鳶飛魚躍，活潑潑地，是其境界。如是則二程的感應論，正正像是一種無情論。明道又說：

> 心磊磊在腔子裏。

試問此語指的什麼？正因無內無外，寂然不動，故見我心常在腔子裏。不動故曰「磊磊」。若果外面有感，內動我情，引向外去，這便成放心。心放了，便不在腔子裏，便不磊磊。這豈不又是一個「主靜立人極」嗎？但亦只可謂二程得濂溪之啟發而自臻此悟，決非二程親受濂溪書而加以發揮也。抑且

二程意是否即是濂溪意，此處亦有辨。濂溪之主靜立人極，似謂人當站定在人的地位上來合天；二程則把天理太看重了，似不免忽略了人的地位。人也可去感外感天，不是專來應天與外之感。而且「性無內外」語，亦大可商榷。明道意，似乎欲矯釋氏專一向內之病，而故意牽向外去，又牽得太過份了。一面既不分內外，而一面又要應應無心。在我無心，而在外又全部不加拒絕，於是在我則只有應，更無感；似乎人生如此，亦就大有問題。

因感不感又牽連到發不發。中庸「喜怒哀樂之未發」，這是程門最愛特提的話頭。上面已引楊龜山一番話，此後到朱子，對未發之中經過許多精微的辨析，此處不詳述。姑舉一條如云：

四端之未發，雖寂然不動，其中自有條理，自有間架，不是籠侗都無一物。所以外邊纔感，中間便應。如赤子入井之事感，則仁之事便應，而惻隱之心於是乎形。

這一條，朱子也徑說外邊感，中間應；由外感，由內應。只分內外，有感應，似較二程說法更平易，更接近常識的看法。但朱子此番話，精神上仍是二程傳統。他們似乎看人生只有應，沒說到有感。「感」是主動，「應」則是被動。所謂「順應」，亦是後天被動也。他們所謂感，只是物來感我，由外感內；更不說我去感物，由內感外。正因由我感外，便是動，便是私，便似落在「情」一邊，便非廓然之大公，便非寂然而不動。照這一點說，程、朱意見還是一貫。程門言性，替出「愛」字，換上

「理」字。言仁，替出「愛」字，換上「公」字。朱子在這些大節目上，並未有改變更動。他們都沒有孟子「如火始然如泉始達」，《中庸》「溥博淵泉而時出之」的一種境界。這是宋儒理學正統，所由與先秦儒相異處。追尋根源，亦可說全是濂溪「主靜立人極」的一派。只從此一大條理，便可把周、程、朱子四家思想縮成一線。但若說濂溪主靜，亦有動的一面，故曰「志伊尹之所志，學顏子之所學」，而二程對「伊尹所志」一面似疏了。此說則應由後人再來尋討。

今再說「性中只有仁義禮智信，曷嘗有孝弟來」的說法，這又是程門一番極新鮮而又極費分疏的理論。正因孝弟只是對父兄長上的一番愛情，程門言性似乎要避卻情，避卻愛，則演繹引伸，不得不說性中無孝弟。後來《黃百家求仁篇》闡述此層說：

後儒謂性生於有生之物，知覺發於即生之後。性，體也。知覺，用也。性，公也。知覺，私也。不可以知覺為性。愛親敬長屬乎知覺，故謂性中無孝弟，而必推原其上一層。不知性雖公共之物，而天命於人，必俟有身而後有性。吾身由父母而生，則性亦由父母而有。性由父母而有，似屬一人之有。然人人之有，仍是公共之物。夫公共之物，宜非止以自愛其親。然人人之所以自愛其親，正以見一本大同之道。

黃氏這一節話，指出了宋儒論性癥結。一則指性乃在父母未生以前，所謂「人生而靜以上不容說」也。二則指性乃一公共之物，此即程、張所謂「天地之性」，「義理之性」。及其一涉父母既生之後，便墮落在形氣中，便在小我身上，即程、張所謂「氣質之性」也。氣質之性，不是性之本，這一理論，似由深受佛家影響，遂與先秦儒大異。因此孟子指惻隱之心爲仁之端，謂由仁之端生出惻隱之心來，這是由體生用。程、朱則說成仁之端爲惻隱之心，謂由仁之端引出仁之端來，這是由情見性。

此是一大分別。

讓我們由此再轉到五性之說。伊川在太學，有顏子所好何學論，謂：

天地儲精，得五行之秀者為人。其本也眞而靜，其未發也五性具焉，曰仁義禮智信。形既生矣，外物觸其形而動於中矣，其中動而七情出焉，曰，喜怒哀樂愛惡欲。情既熾而益蕩，其性鑿矣。是故覺者，約其情使會於中。

這些話，顯與濂溪太極圖說極相似。所謂：

惟人得其秀而最靈，形既生矣，神發智矣，五性感動而善惡分，萬事出矣。聖人定之以中正仁義而主靜立人極焉。

伊川此文作於早歲，豈非其學術源頭，確本濂溪。今可謂濂溪接見二程時，應未有太極圖說，然不得謂絕無太極圖說中之見解。二程既接聞其語，則他日所言，自不害有相近。以後黃晦木太極圖辨力駁之，他說：

性一也，分天命氣質為二，已屬臆說，況又析而為五。感動在事不在性，四端流露，觸物而成。卽以乍見孺子入井論之，發為不忍乃其仁，往救乃其義，救之而當乃其禮，知其當救乃其智。身心相應乃其性。焉有先分五性然後感動之理。

又說：

仁義者，性之大端。循是而行謂之道，然恐其行之也不免於過不及之差，則聖人立教，使協於中而歸於正。今以中正仁義對言，而中正且先於仁義，則在天命之性，率性之道，修道之教之三言者，何所施耶？謂性有善惡，而仁義待乎聖人之所定，此告子杞柳桮棬之說也。

晦木這一段辨論，極爽快。但濂溪說的五性，乃指火水金木土而言。伊川說五性，始指仁義禮智信。

把仁義禮智信分配於水火金木土，在漢儒已然。朱子又詳爲發揮。所以也可說，濂溪的五性說確已包孕有伊川的五性說。總之只要說到五性，明明已是「氣質之性」，而非程、張所謂的「天地之性」。

濂溪謂「聖人定之以中正仁義而主靜立人極」，亦可謂「中正仁義」只人性所有，非萬物並有。萬物與人生皆屬後天，先天中有此中正仁義否，濂溪似未強調此主張。但伊川則明白認仁義禮智信爲五性，以喜怒哀樂愛惡欲爲七情，認「五性」在父母未生以前，人生而靜以上；而「七情」在父母既生，感物而動之後。這一分別，濂溪是否先有，宜再討論。而下及朱子，則大體與二程相差不遠。二程固是早歲曾受濂溪之啟發，但後來自得道眞，於濂溪不甚稱道。故思想線索雖仍自一貫，而不能謂無異。直到朱子，始確然推尊濂溪，以爲二程所自出。這亦是朱子之特識，而細節異同，朱子似未及。卽在二程間，亦有細節之異。劉蕺山說：

小程子大而未化，然發明則有過於其兄。

其實朱子發明更過伊川。他的理氣論，乃爲直接周、程而綜合之的最要理論。他的理氣論似可會合先、後天爲一，而仍不免分先、後天爲二。此外四家復有種種異同出入，只是在大節目上，其主要血脈處，則一氣相承。這裏便見宋儒理學正統精神。而其各別相異處，則仍宜仔細推尋。

關於朱子發明更過周、程處，其主要更在挽合周、程上通孔、孟處，此篇中不擬詳說，姑拈

「愛」與「仁」之辨一層爲例。朱子答張敬夫說：

程子言仁，本末甚備。撮其大要，不過數言。蓋仁者生之性，愛其情也，孝弟其用也。公者所以體仁，猶言克己復禮爲仁也。……今不深考其本末指意之所在，但見其分別性情之異，便謂愛之與仁了無干涉，見其以公爲近仁，便謂直指仁體最爲深切。殊不知仁乃性之德而愛之本，因其性之有仁，是以其情能愛。但或蔽於有我之私，則不能盡其體用之妙。惟克己復禮，廓然大公，然後此體渾全，此用昭著。……程子之言，意蓋如此。非謂愛之與仁，了無干涉，（朱子自注：「性發爲情，情根於性。」）……非謂公之一字便是直指仁體也。

又云：

細觀來喻，所謂公天下而無物我之私，則其愛無不溥矣。不知此兩句甚是直指仁體處。若以愛無不溥爲仁之體，則陷於以情爲性之失。……若以公天下而無物我之私便爲仁體，則恐所謂公者，漠然無情，但如虛空木石。雖其同體之物，尚不能有以相愛，況能有無所不溥乎？……須知仁是本有之性，生物之心，惟公爲能體之，非因公而後有也。

又云：

由漢以來，以愛言仁之弊，正為不察性情之辨，而遂以情為性耳。今欲矯其弊，反使仁字況然無所歸宿，而性情遂至於不相管，可謂矯枉過直，是亦枉而已矣。

又朱子有仁說一篇，大意謂：

天地以生物為心者也，而人物之生，又各得夫天地之心以為心。故語心之德，雖其總攝貫通，無所不備，然一言以蔽之，則曰仁而已矣。故……此心也，在天地則塊然生物之心，在人則溫然愛人利物之心。……或曰，若子之言，則程子所謂愛情仁性，不可以愛為仁者非歟。曰：不然。程子之所訶，以愛之發而名仁者也。吾之所論，以愛之理而名仁者也。蓋所謂情性者，雖其分域之不同，然其脈絡之通，各有攸屬者，則曷嘗判然離絕，而不相管哉？吾方病夫學者誦程子之言而不求其意，遂至於判然離愛而言仁，故特論此以發明其遺意。而子顧以為異乎程子之說，不亦誤哉？

據上引，見朱子對於情性同異問題，實極費心思來廻護二程，而把二程缺點，大體上可彌縫的都彌縫

了。朱子又常引用張橫渠的「心統性情」說，謂：

性者心之理，情者心之動。

又說：

情是性之發。

求靜於未始有動之先而性之靜可見。

這裏一面是說合情性，一面是說分情性。一面主張性卽理，在靜的一邊。但理無不附於氣，則理亦無不動。但必要求理於「未始有動之先」，則還是一個父母未生以前，人生而靜以上，還是主靜立人極。

黃梨洲則云：

凡人氣聚成形，無一物帶來，而愛親敬長，最初只有這些子。後來盛德大業，皆原於此。故曰：孝弟為仁之本。集注「為仁，猶曰行仁」，謂「性中只有個仁義禮智，曷嘗有孝弟來」，蓋以孝弟屬心，心之上一層方纔是性，有性而後有情，故以孝弟為行仁之本。愚以謂心外無

性，氣外無理，如孟子曰：「惻隱之心，仁也」，蓋因仁義禮智而後發之為惻隱、羞惡、恭敬、是非也。人無此心，則性種斷滅義禮智，非是先有仁義禮智而後見其為仁矣。是故理生氣之說，其弊必至於語言道斷，心行路絕而後已。

這一番辨論，本極剴切，定要說氣外無理，實不如朱子說理氣之圓而允。又其對明道定性書廻護曲解，明道說無情，梨洲說只要無私情。不知程、朱之有一脈相通而各別相異處，探討仍未入細。南宋

葉水心有云：

定性皆老、佛語，程、張攻斥老、佛至深，然盡用其學而不知，以易大傳誤之，而又自於易誤解也。

此則直對明道定性書坦白攻擊。然水心幾乎是跳出當時理學界圈子的人了。在當時理學界，影響並不大。至於陸、王兩家，雖對伊川「性卽理」，朱子「理先於氣」諸說，頗加駁難；但兩人對明道，陽明對濂溪，都無非辭。因此在這裏，常隱藏著一條走廊，王門後學也不免常落到體先用後、性先心後的窠臼裏。仍要去追尋到「父母未生以前，人生而靜以上」之一境，仍是要「主靜立人極」，依然像在「看喜怒哀樂未發以前氣象」，依然想一旦把柄到手，可以「情順萬物而無情」。這是陸、王學派，

到底未脫淨程、朱正統派的牢籠處。不知「情」之既熄，而高言夫「理」，以定性而制行，則宜乎有清儒如戴震之所謂「以意見殺人」之譴責。這裏最重要的，是一個體、用之辨，是一先、後天的界線。這一分辨，並非不可有。周、程、朱一脈在此上便形成了在宋代理學上之正統地位。主要在其分別之圓通與活絡之程度上。這一篇文章的用意，不過在指出這一點來叫學者們注意。

茲再縱而言之。自孔子下傳孟、荀有儒家，自孔子上溯周公有五經。漢代罷黜百家博士，專立五經博士，孟子博士亦遭罷黜。孔子論語，僅爲小學教科書，太學博士專授五經。因此漢之微言大義，通經致用，著眼點重要在政治與歷史，以上跨暴秦，回復三代。孔子素王，爲漢制法，所爭在上層政治制度，尤急於下層之社會人生。魏晉以下，王統中輟，莊、老代興，隨之佛教東來，社會下層人生之領導權，乃操於道、釋之手。唐代恢復兩漢之治統，惟道統則仍不在儒而在釋。中經五代喪亂，宋儒所求恢復者，不僅漢、唐之治統，更主要者，在孔子以下儒家之道統。然如歐陽永叔之本論，以及慶曆、熙寧之變法，先急仍在上層政治。濂溪沉淪下僚，迹近隱逸，多親方外，其注意力乃更偏於人生方面。其運思爲學之主要對象，爲老聃與釋迦。所爭在人生哲學之領導權，而上層政治制度，轉居次要。以此遂成此下理學新興之開山，而被認爲宋學之正統。此爲宋明儒與漢唐儒之主要分歧點，此層最當注意。

惟濂溪所重，在如何由道、釋而返之儒。此乃人生一大轉嚮。最要精神，在當時之現實人生上，而稽古非所急。故其所爲太極圖說，根據周易，而易言「太極」，無「無極」，濂溪增入之。又易言

「天行健，君子以自強不息」，而濂溪乃曰「主靜立人極」。此非濂溪必欲違反周易以自立說，更非濂溪必欲引進老、釋之言以自廣。在濂溪之當前人生上，認爲惟此乃爲一正當適切之出路。濂溪之意，亦如此而已。

明道在熙寧時，屢上書論政，又曾助荆公推行新法，遂厭科舉之業。而求道之志未知其要，氾濫於諸家，出入於老、釋者幾十年，返求諸六經而後得之。

先生爲學，自十五六時，聞汝南周茂叔論道，遂厭科舉之業。而求道之志未知其要，氾濫於諸家，出入於老、釋者幾十年，返求諸六經而後得之。

生問題上作研討。伊川爲其兄行狀有曰：

可徵明道之學淵源濂溪，其弟伊川已明言之。濂溪雖言「志伊尹之所志」，然曰「學顏子之所學」。其志固不忘政治，其學則固在人生。故其告二程，「尋孔、顏樂處所樂何事」，此卽學問在人生尤先於在政治之明訓。范希文爲秀才時，以天下爲己任。胡瑗講學，分設「經義」、「治事」兩齋。孫復著春秋尊王發微。凡初期宋儒所重，尤在政治，更重於人生，顯自與濂溪有異。故文彥博之題明道墓有曰：

周公沒，聖人之道不行。孟軻死，聖人之學不傳。道不行，百世無善治。學不傳，千載無眞

儒。無善治，士猶得以明夫善治之道以淑諸人，以傳諸後。無眞儒，天下貿貿焉莫知所之，人

欲肆而天理滅矣。

漢唐儒志在求「善治」，即初期宋儒亦如此。而理學家興，則志在爲「眞儒」。志善治，必自孔子上

溯之周公；爲眞儒，乃自孔子下究之孟軻。此乃「經學」與「儒學」之別。由漢唐經學轉而爲宋明

儒學，其途實自濂溪啟之。故二程兄弟「聞周茂叔論道，遂厭科舉之業」。此是學術意態與途轍上之

一大轉變。孔子讚顏淵，「用之則行，舍之則藏」，濂溪、二程之學顏子，蓋尤更重在「舍之則藏」

之一面。一則有佛、老之挑戰，一則爲新政之懲戒，故濂溪、二程論學，終不免近似消極。孔子當

時，本對政治抱有一番興革之宏願。其後封建政體崩潰，統一政府興起，漢唐諸儒，自不免在「用之

則行」一面用心，而於「舍之則藏」一面則忽略了。於是老、釋乘之，在朝在野，人生分成兩截。

宋代上承漢、唐，在政制上可無大興革，而日常人生，對老、釋之挑戰，不能不有應付。則周、程學

統，實亦不得目之爲消極。若善觀於北宋晚期之世變，上通之孔、孟大道之傳統，宜亦可不流於偏陷

也。夫既志在求道，在實際人生上覓出路，則不得不出入老、釋，此自當時實際人生有如是，以當時

實際人生固在老、釋也。而明道之「返求諸《六經》而後得之」者，亦是其在當前實際人生上之所得，非

循章蹈句，隨文逐字，而可得之於書册者。

故明道謂：

吾學雖有所授受，只天理二字，卻是自家體貼出來。

論明道學之所授受，舍濂溪別無可考。然「天理」二字，不僅濂溪未言，卽六經、語、孟亦無之。只小戴禮樂記篇一見。此非明道必欲自創新見。惟欲自創新人生，則非自心親有體悟不可。故濂溪、明道之學，實是創新之功爲多，而稽古之功爲少。處此時代，則實有其不期然而然者。惟人生新途徑，卽由老、釋返孔、孟之途徑，既由兩人創闢，則後有隨者，於此新途徑之所嚮往，自當有繼續鑽研之功。故愈後則創新愈少，稽古愈多。伊川承濂溪、明道之後，其稽古之功，乃較兩人爲益進。

後人有言：

明道不廢觀釋、老書，與學者言，有時偶舉示佛語。伊川一切屏除，雖莊、列亦不看。

此雖或言之過甚。然濂溪、明道，不得不於釋、老書多所涉歷，朱子謂「不看，無緣知他道理」也。但到伊川，新路向已定，看釋、老書自不如看儒書更重要。伊川又言：

僧家讀一卷經，便要一卷經道理受用。儒者讀書，卻只閒讀了，都無用處。

是謂僧人讀佛書受用，儒者亦當讀儒書受用也。故自伊川起，其學乃轉更向內，轉向儒書一邊來。

明道有言：

　　聖人用意深處全在繫辭。詩、書乃格言。

但伊川又云：

　　易繫辭所以解易。今人須看了易方始看繫辭。

兄弟意見相同，而立言有不同，此亦明道所謂「自能尋向上去」，下學而上達也。伊川著易傳，此為自濂溪、明道倡導新儒學即理學以來第一部特為鑽研某一古經典而有之著作，然亦僅此一著作而已。然伊川乃以兩書接引門人後進，一曰大學，一曰西銘。大學在五經、論、孟之外，僅小戴禮記中之一篇，亦向不為漢、唐儒所重視。橫渠西銘，則二程同時朋輩之作品。可見濂溪、二程倡導新儒學，其意實欲自創一新系統，以為當前實際人生作指導，固非欲一一遵依孔、孟成規以立教也。故其意亦終不重在稽古著書上。

然而此種風氣實有流弊，如二程不稱重濂溪，即其一例。而程門大弟子如謝上蔡、楊龜山之徒，

其後梢皆流入禪學去。朱子承龜山之四傳，親受業於李延平，然於李延平之教終有不滿。並亦不滿於

伊川之易傳而著易本義，又爲詩集傳；乃皆自感不滿，至自譬爲鷄肋。於是乃一意求之孔子之論語。

自濂溪、二程以來，人人尊孔子，排釋、老，認爲新人生蘄嚮在此。然孔子究何言，所言究何義，實

未深切探究，有明白歸一之定論。使人人言自得，各自得於心，而不能建立一共同之師承，則斯道終

不明。濂溪、二程，意在創新儒學，亦終不脫舊經學圈套，其特重周易，即其一例。朱子則移新儒學

之重心於論語，求爲逐章逐句逐字，明白釋之。此雖有似漢、唐儒之經學章句，而用意固大別。朱子

幾乎乃畢生用力於此。先則多依據二程，繼則擺脫二程，即以論語求論語。其論語集注之最後定本，

所采二程語乃不多。此又爲濂溪、二程以來新儒學之一大轉變。其先只求擺脫釋、老，歸向儒學；至

是乃於儒學中心孔子一人論語一書作首尾貫徹之研尋。此乃朱子對新儒學之新貢獻，實亦是莫大之大

貢獻也。

然朱子作此研尋，其本源仍從濂溪、二程來，其主要精神，仍在創興一新儒學，以爲當前實際人

生作領導；故其論語集注，終亦與經生章句不同。如其注論語八佾篇「獲罪於天」曰：

天即理也。

此一注，大爲後代經學儒生所詬笑。朱子寧不知論語中凡言「天」，不可一以「理」字釋之，而此處特下此注，正是其承續濂溪、二程以來一種新儒學精神之表現，固不得以經學章句之見爲嗤也。

自有論語集注，繼之以孟子集注，又繼之以學庸章句，四書之結集乃代漢、唐之五經，而成爲後代儒者之人人必讀書。故朱子乃始以濂溪、二程之新儒學，上紹之於先秦儒，一以孔子爲宗而完成一大系統。而朱子遂爲中國儒學史上繼孔子而起之集大成者，亦以此也。

惟自濂溪、明道以下，宋儒新傳統，究自有其一番創新精神。伊川濟之以稽古，朱子益進，遂若稽古有過於創新。陸、王繼起，皆於此有不滿。然陸、王雖與伊川、朱子相敵對，終於濂溪、明道不失其崇重之意。治宋明理學史者，必當於此一番演進有瞭解，乃可不蹈於門戶之習，而於此諸家，乃可得見其共通處，又見其各別處，而後可以進而判別其是非得失之所在也。

又按：司馬溫公、呂申公嘗言於朝，曰：

程頤之爲人，言必忠信，動遵禮義，眞儒者之高蹈，聖世之逸民。

此贊伊川，用「高蹈逸民」四字。濂溪、明道，更顯其有此風格。朱子亦在野日多，在朝日少，仍不失此傳統。竊謂理學諸儒所爲與漢唐儒、宋初儒別者端在此。若使理學諸儒亦一心在「善治」上，惟求上進於朝廷，以爲官行政爲務，則社會下層，仍將受釋、老領導，甚至在朝當政者，亦無以自拔。

南北朝、隋、唐，史蹟甚顯。大羣實際人生之領導權，旣在釋、老，則善治亦有其限。今自濂溪以至晦翁，所以爲理學之正統者，乃在不脫一種「高蹈逸民」之風，故使社會下層，在實際人生上有一親切之領導，乃羣棄老、釋而惟儒之歸。後人乃疑理學諸儒多近隱退一路，乃其濡染於釋、老方外之證，則不免爲目睫之見也。

（本篇成於民國三十七年，舊曆戊子元旦，刊載於學原二卷二期。「縱論」以下各節，則補成於一九七七年，舊曆之中元節。前後相距，適三十年矣。）

程朱與孔孟

中國思想之主流在儒家，前有孔、孟，後有程、朱，影響最大。究竟所講是同是異，此是大問題。陸象山、王陽明說程、朱異於孔、孟。顏習齋、戴東原更謂雙方大異。習齋並謂：「必破一分程、朱，始入一分孔、孟。」細究之，孔、孟、程、朱確有不同，但同處更多於陸、王、顏、戴，此層不可不辨。

中國人常連說「道理」二字，亦可說：此乃全部中國思想史上所討論之主題。亦可說：二字涵義不同。孔、孟所講主要在「道」，程、朱所講主要在「理」。今天中國，則已把雙方主要混合一起了。莊、老所講，主要亦都在「道」。整個先秦乃至兩漢，亦都講「道」。莊子較多講到「理」，荀子、韓非亦偶爾提到「理」，漢代人或把「理」即註作「道」。但自魏晉南北朝下迄隋唐而至宋，便轉而多講「理」。今姑先把此兩字作一簡要分析。

莊子說：「道行之而成。」韓愈說：「由是而之焉之謂道。」此乃「道」字一最簡明的解釋。道是人走出來的。所走路不同，便是道不同。因此有所謂天道、人道，又有所謂王道、霸道，大道、小

道，堯、舜之道與桀、紂之道，君子之道與小人之道等。所以有「道不同，不相爲謀」、「卽以其人之道還治其人之身」，及「道並行而不相悖」諸語。

首先特別提出「理」字者，爲三國時王弼。彼云：「物無妄然，必由其理。」是說一切事物，都有其所以然，卽理。又云：「統之有宗，會之有元。」此是說，許多理，並不是零碎散亂的，可以找出其系統端緒來，而使之會歸於一的。由此說之，天地創始也是一理，王弼早把「理」字地位暗暗替代了古人相傳「天」字的地位。這在思想史上，不可不說是一大進展。

郭象註莊子，更多講「理」字。雖莊子原書原有此字，但讀者細玩郭註，與莊子原文相較，便知二者間顯有不同。佛家如竺道生，講頓悟，亦根據此理字。他說：「理不可分。」要明白此理，便該全悟，非逐漸地分層悟，這便是頓悟了。

依據上述，理是一「所以然」，或說「已然」，或說「成然」，乃是待其形成而始見其然的。「理」則是一種先在的。王弼所謂「物無妄然，必由其理」，理便是先物而在了。因此，人只能發現理，不能創造理。理固必經事物而表現，但像是先事物而存在。所以他主張天地只是一氣，而依理論之，則理又宜在氣之先。如說有上帝來創造此世界，也只能依此理來創造。而且此上帝，亦必依此理而有。所以朱子說：「天卽理也」他實是沿襲著王弼，把理來替代了天。

若說「道」，則非先在，乃是完成。人所行是「人道」，天所行是「天道」，莊子書中也多如此說。

孔、孟講「道」，則在「已然」中舉出其「常然」來，或許亦卽是「當然」了。

「理」則是一種先在的。朱子特別強調此講法。

老子則說「道生天生地」，此成「道」字異解，所以王弼要把「理」字來替代。如說二加二等於四，此

亦是理。但須二加二始見出。二上加二是道。道中見理，理已先在，非由道所完成。故曰明道、行道、

善道、弘道，道皆須人事來完成。若說「天道」，便在言外先承認了一天，天在主動，由天來完成道，

所以稱天。但性與天道為孔子所不言，門弟子莫得聞。孟子曰：「莫之為而為者謂之天。」可見孔、孟

皆不重言天。孔、孟言天，必落實到人事上，故孔子重言「命」。「與命與仁」，仁屬人而命屬天。又

曰：「不知命，無以為君子。」但孔子自言「五十而知天命」，則天命不易知。於是孟子遂易之言「性」，

性即天之所命於人者。性與命皆已先在，則孔、孟之言性命，實已下開宋儒言理之先聲。

易傳言：「形而下者謂之器，形而上者謂之道。」此兩語亦有先後次序。先有形而下之器，始見

形而上之道。凡天地間一切形器，皆有變化，此變化即是道。形器可捉摸，故說形而下。變化不可捉

摸，故說形而上。亦可說：「理」乃規定形器者，「道」則完成形器者。故道是一而道則多。理屬靜

定，存在而不變；道屬變動，不居故常。故理屬可知，而道則不可知，待人之行為一步步形成。道不

可知，故天亦不可知，故易傳以道為形而上。宋儒言「天理」，理可知，則天亦可知，形而上亦可知。

形上、形下無大分別，此即周濂溪之「無極而太極」也。

道，有天道，有人道，而無物道。因道必有一主動，物之在天地間，皆順理而動，無主動可言。

理屬靜定，不經造作，故程、朱言理，有天理，有物理，但不言人理。因人在天地間，既是一存在，

而更貴有造作。知理斯能造作，亦能主宰。故言「道」，可把天道統攝了物道，莊、老道家站在此一

邊。言「理」則要把天理統攝人理，程、朱思想則站在這一邊。故明道言，「天理」二字，是他體貼出來也。其實孔、孟言性命，自宋儒言之，亦即天理。惟孔、孟從性命向下言到道，便把物的一部分忽略了。宋儒從性命向上言到理，則物的位置便顯。橫渠西銘言：「民吾同胞，物吾與也。」大抵孔、孟注重前一語，不注重後一語。易繫傳言形而下，亦舉器不舉物。此亦是先秦儒與宋儒不同處。惟中庸多言物，故宋儒言孔、孟，必兼闌及於中庸。

孔子曰：「五十而知天命」，朱注：「即天道之流行而賦於物者，乃事物所以當然之故也。」命為天道，可謂是孔子意；但謂其「賦於物」，似與孔子意不同。孟子言性，亦僅言人性，中庸始兼物性。孔、孟及中庸，所言亦遞有變，則何害於程、朱之續有變。抑且孔、孟言命，或是命其為此，或是不許其為彼，似乎「命」是一種外在的力量；今朱子言事物所以當然之故，則命賦於物，即在物內，命在物之自身而不在外，即命無可言。故宋儒頗不重言「命」字。張橫渠言：「為天地立心，為生民立命。」易乾象傳：「天行健，君子以自強不息。」孔子言「知命」，而橫渠乃言「立命」。此即濂溪所謂「主靜立人極」；立人道之極，亦即橫渠所謂「立命」也。然則「為往聖繼絕學」，仍有一「繼」字工夫，為往聖繼絕學，為萬世開太平。」孔子言「知命」，而橫渠乃言「立命」。此即濂溪所謂不必依樣畫葫蘆也。

孔子曰：「獲罪於天，無所禱也。」朱注：「天，理也。」在孔子心裏，不能謂更沒有一天。但在朱子心裏，竟可謂無有此天之存在。朱子又說：「帝是理作主。」古人謂天上作主者是帝，朱子似亦

不認其存在。故又曰:「理者天之體,命者理之用。」是則不僅無帝在作主,亦復無天之存在。只有一理,遂謂之天耳。故又曰:「合天地萬物而言,只是一個理。」理無造作,而有規定,故曰「命者理之用」。如兔無角,非兔之自欲如此,亦非有天帝命之如此,乃理則然也。

孔、孟不言陰陽,程、朱言陰陽,後人遂謂程、朱接受了陰陽家言。此亦不然。程、朱與陰陽家言之絕大相異處。故朱子只教人格物窮理,即凡天下之物,莫不因其已知之理而益窮之,以求至乎其極。至於用力之久,而一旦豁然貫通焉。讀書亦格物之一端也。因於孔、孟、學、庸已知之理而益加窮格,此則程、朱之所用力也。

小戴禮有曰:「窮人欲而天理滅。」「天理」二字始見於此。鄭康成注:「理猶性也。」程、朱則云「性即理」。此一倒轉,而涵義大不同。鄭氏因多見「性」字,少見「理」字,故說理猶性。「理」字涵義暢於後代。王弼說:「物無妄然,必由其理。」性只是物之一特徵。人之性與犬牛之性不同,犬之性又與牛之性不同。物性不同,而皆有所由,即理也。故性則別而理則通。程、朱窮理之教,可謂於孟子、《中庸》教人「盡性」之上續有引伸。程、朱在宇宙論上較孔、孟為開發,其於人生論上亦不能不於孔、孟有變動。陸、王對於程、朱所創宇宙論一面,疏忽放棄;其對人生論一面,亦說成輕易簡薄。而顏、戴又從人生論一面來反程、朱,反而說成反孔、孟,而儒家傳統精義,亦全歸漫失了。

程、朱將「天理」、「人欲」嚴格對立,實亦承孔、孟來。孔子曰:「士志於道,而恥惡衣惡食者,未足與議也。」程、朱改志道說窮理,此於孔子為引伸。恥惡衣惡食,則即「人欲」也。孟子

曰：「養心莫善於寡欲。」又曰：「生，我所欲也。義，亦我所欲也。二者不可得兼，捨生而取義者也。」可見義與欲不同。戴東原孟子字義疏證把此一番話忽略了，遂成大錯差。天既欲人之生，又欲人之義，而有時又使二者不可得兼，故孔、孟則教人知命，而程、朱又教人窮理。窮於理而不欲生，蓋理是大通的，而生則是小別的。知人知天，即是知命，而是一種更深的知命，這裏便寓有一種極深厚的宗教信仰與宗教情緒。豈東原專一斟酌於人欲而求其恰好之所能知乎？

孟子曰：「盡心知性，盡性知天」，此乃窮理之極致。亦人道，亦天道，乃由小別而躋於大通。

朱子曰：

　　欲生惡死者，雖眾人利害之常情，但欲惡有甚於生死者，乃秉彝義理之良心，是以欲生而不為苟得，惡死而有所不避也。

此乃朱子在人生論方面之盡心工夫，於孟子「舍生取義」之說，可謂妙得其意矣。朱子又曰：

　　心者，人之神明，所以具眾理而應萬事者也。性則心之所具之理，而天又理之所從以出者也。人有是心，莫非全體，然不窮理則有所蔽，無以盡乎此心之量。故能極其心之全體而無不盡者，必其能窮夫理而無不知者也，既知其理，則其所從出亦不外是矣。

此條釋孟子「知性則知天」義，乃牽涉到宇宙論方面，乃不得不與孟子有稍異。朱子曰：「天又理之所從出」，此爲孟子所未言。孔、孟本不爲一宗教家，本不言必有一天爲眾理之所出。若使孔、孟復生，未必堅反朱子之說。今朱子言理在眾有之先，而東原言理乃在羣欲之後，然則此羣欲何由生？豈天之生人，與以欲而不與以理，如東原之所想像乎！故東原之說，不僅反朱子，並反孔、孟。反程、朱而不上溯之於孔、孟，則必有此失矣。

朱子釋「心」字，又曰：「具眾理而應萬事。惟人有心，而禽獸草木無之。故禽獸草木亦有理，而不能具眾理。」此程、朱之「盡心」說，實於孔、孟原義更進一層。求孔、孟、程、朱之異者，從此等處闡入，則知其進而益前，而非誠有所異也。

象山言「先立乎其大者」，陽明言「致良知」，一切工夫皆在此後，不見有在此前者，此其所爲終異於孔、孟之教也。今程、朱言「天即理」，理則我所知。又曰「心具眾理」，則理可皆在我。

今再言「敬」字。程、朱特言敬，若爲有異於孔、孟。孔、孟認有一天，其對天，不期然而然的有一番敬畏心，此即我所謂一番極深厚的宗教情緒，不能僅仗知識，僅爲應付，而須兼具此一番宗教情緒與宗教精神，孔、孟之爲不可及者在此。今程、朱言「天即理」，理則我所知。如此則將沖淡人心對外一番深沉的敬畏心，循至於爲小人之無忌

陸、王只主張此心，而謂「心即理」，則似乎謂心中本無欲；又若謂心中所欲皆是理，即本此心以應事，而省卻了一番知心、養心工夫。人之爲學制行，不能仗知識，僅爲應付，而

憚。惟其程、朱於孔、孟之教有極深的體會，於是乃特提一「敬」字。人之一切爲學制行，徹前徹後，此心必具此體段，是曰敬。敬即人心自然之理。縱使心中無一事，亦不能無此敬。敬不僅即是一種人生態度，實即是整個的人生體段，人生本質也。後人疑於程、朱言敬，只是一種道德修養規律，實則仍是一種極深沉的宗教信仰，宗教情緒也。故程、朱思想在當時，終能排拒老、而使孔、孟舊統重增光明，使後人之尊仰孔、孟，乃益增於兩漢、隋、唐之世。此非程、朱之教敬不爲功。而豈僅氣耶理耶，心耶性耶，一番言辨空論之所能躋此乎？

陸、王言「心即理」，言「良知即天理」，把一切外在之理全挽到内心來。推其極而至乎即心即天，即心即聖，聖人亦不稀罕。王學末流，至於「滿街都是聖人」，端茶童子也即是聖人。惟曰「心之精神是爲聖」，卻不言心之精神只是敬。捨卻一「敬」字，則成一切空，一切淪入虛無。陳白沙嘗言：「吾道有宗主，千秋朱紫陽。說敬不離口，示我入德方。」瞭此二十字，乃可與言程、朱。

依上所述，程、朱所言，有與孔、孟異，而無不從孔、孟來。後之學者，研程、朱，必上溯孔、孟，乃不失程、朱之所宗。若遺棄孔、孟，一尊程、朱，則如水無源，如木無根，亦只見其枯竭之不待終日矣。而如清代乾嘉諸儒，尊經學、蔑理學，如木之伐其枝葉，水之窒其流潦，而曰我將以存養其根源，則根源之得養得存者亦幾希矣。此亦古今儒學大消息所在也。

（一九五四年六月六日香港新亞書院文化講座演講。刊載於人生雜誌六月八卷三期，題名爲孔孟與程朱。又收入新亞文化講座錄。此篇爲講稿之全文改寫。）

辨性

一

我常稱儒家思想爲德性的一元論，或可云性能一元論，無論其宇宙論、人生論皆然。所謂德性一元者，因其一切思想，莫不以德性觀念爲中心，由此出發，亦於此歸宿。因此要明白儒家精義，非明白儒家論「性」的觀點不可。儒家論性，大體就實平正，亦並無甚深微妙晦昧難明之處。惟儒家思想，綿歷二三千年，其對於「性」的觀點，自身內部便有許多不同。若不分析清楚，糾纏牽混，則好像儒家論性，自有許多模糊恍惚難明處。茲篇試分儒家論性爲四派，其實卽分屬四個時期。一孔、孟、二易、庸、三程、朱、四陸、王，以下按次略說。

孔子很少論性，子貢說：「夫子之言性與天道，不可得而聞也。」今論語二十篇，只有「性相近，

習相遠」一語，算是說到性字。但論語雖少言性，卻屢言心。論語裏最重要的一個觀念，自然要推「仁」字。孟子說：「仁，人心也。」又說：「仁者愛人。」竊謂千古解說仁字，只此兩語最明白，最乾淨，人人易曉，卻更無賸義。以後朱子說：「仁者，心之德，愛之理。」便承孟子而來。清儒如阮元之徒，想把「仁」字與「心」字分開，硬說成仁無關於內心，只見其心勞日拙。因此我們可以說：論語論仁，便是論心；而論語言心，實亦即是其言性處。

論語言及人心，最重要是一個仁字，其次如孝弟，此亦言人心也。有子曰：

孝弟也者，其為仁之本與。本立而道生。

此說人類孝弟之心，便是仁心之根本。人類之仁心何由生，即生於其孝弟之心。仁只是愛人，孝弟則是愛父母。天下那有不知愛父母而知愛他人之理。心並非有兩個，仁心與孝弟心，還是一心。說孝弟為仁之本者，譬如一樹之有根榦；仁譬如是樹榦，即樹之本身，孝弟譬如樹根，乃樹之本身發育之最先一步。然不能說樹根不是樹身之一部分。論語於孝弟外，又說到忠恕。孔子告曾子曰：「吾道一以貫之。」曾子曰：「唯，夫子之道，忠恕而已矣。」曾子所言雖未經孔子當面印可，然曾子從孔子日久，平常必有所聞，乃始敢為此肯定之說。中庸亦云：「忠恕違道不遠。」孔子告子貢，謂：「有一言而可以終身行之者惟恕乎。」可證曾子言「夫子之道忠恕而已」，縱未必盡當孔子之意，亦必距孔子

之意不甚遠。孔子之道，蓋一貫之以吾心；謂之仁可也，謂之孝弟可也，謂之忠恕亦無不可也。仁與

孝弟忠恕，同是此心。若以樹譬之，孝弟如樹之根，仁如樹之幹，忠恕則樹之枝條扶疏也。盡己之謂

忠，推己及人之謂恕，忠恕只是一心，即人之仁心也。亦即孝弟之心也。對父母兄弟稱孝弟，對一切

人稱忠恕，合而言之皆可以稱仁。故又曰：「強恕而行，求仁莫近焉。」孔子既極言仁道，而曾子以

忠恕說夫子之一貫，可見其必有當矣。

《論語》言孝弟、忠恕，孟子又益之以愛敬。曰：

君子以仁存心，以禮存心。仁者愛人，有禮者敬人。

愛敬即是孝弟、忠恕也。孝弟只是愛敬其父母，忠恕只是愛敬其倫類而已。故論孝弟、忠恕之實際，

捨愛敬無他物。而愛敬又只是一心。未有愛不兼寓敬，亦未有敬不兼寓愛者。俗稱嚴父慈母，然豈有

敬其父而不寓有愛，愛其母而不寓有敬者。《論語》常以仁、禮兼言。仁之發乎外必有禮，禮之本乎內必

有仁。若單言之，則人道必由中達外，故言仁即可以兼禮，言愛即可以兼敬也。

上述孝弟、忠恕、愛敬，皆就人心言，又皆指人心之正面言，即其對別人之好意也。若兼正反面

言，則曰好惡。《論語》稱：

惟仁者能好人，能惡人。

大學言：

如好好色，如惡惡臭之謂誠意。

中庸言：

喜怒哀樂愛惡欲。

此皆兼言好、惡兩面。好卽愛，愛之反面爲惡，然惡亦發於仁，其本心亦卽是仁。譬之一物，必具正反兩面，卻不能謂正面是此物，反面卽不是此物。說到此處，則仁者人心，而已涉及情與性的地界。宋儒說「心統性情」，論語雖只言心，其實卽已包括性，不能說心、性乃不相關之兩物。故孔子雖少言性，而後代儒家言性，其大本源，則全出於論語也。

到孟子始屢言性，並堅持「性善」之主張。然孟子論性，其實仍只指點人心之發露呈現處而陳說之而已。故孟子曰：

人之所不學而能者，其良能也。所不慮而知者，其良知也。孩提之童，無不知愛其親者。及其

長也，無不知敬其兄也。

此處孟子仍就人心之孝弟愛敬立說，惟稱之爲「良知良能」，此猶說是人之「性」矣。可見孟子所謂

性，即是此孝弟愛敬之心而已。孟子又說：

惻隱之心人皆有之。羞惡之心人皆有之。恭敬之心人皆有之。是非之心人皆有之。惻隱之心，

仁也。羞惡之心，義也。恭敬之心，禮也。是非之心，智也。仁義禮智，非由外鑠我也，我固

有之也。

論語常言仁與禮，又或兼言仁與智；孟子又常兼言仁與義，又以仁、義、禮、智四者兼舉。仁、義、

禮、智出於心，即出於性也。此處有一當注意之點，孟子既說「無不知」，又說「皆有之」，此層最

爲吃緊。蓋孟子所謂性，即指人心之無不然與皆有而言。換言之，即指人心之同然處而言也。故曰：

凡同類者皆相似也。口之於味有同嗜焉，耳之於聲有同聽焉，目之於色有同美焉，至於心獨無

所同然乎。心之所同然，理也，義也。聖人先得我心之所同然耳。

可見孟子卽指人心之同然處，卽人心之無不然與皆有處而謂之「性」。孔子常說人心之仁，人心之孝弟忠恕，孟子則說此等皆只是人心之愛敬，而此等愛敬人之心，與求人愛敬之心，又是人人皆有，人人同然。人心無不知愛敬，能愛敬，且樂得愛敬者，孟子卽指此等人人莫不然皆有之心而稱之曰「善」。仁與孝弟、忠恕、愛敬豈不善？既爲人心之所同然而皆有，其彼我之間又甚相近，此正一切人道之生根發芽處。故孟子之說，實卽孔子之說，無甚違異也。

所謂仁、義、禮、智，所謂孝弟、忠恕、愛敬，皆屬人事，亦皆出于人心，故孟子之所謂性，亦專指人性言。其謂性善者，亦特言人之性善而已。故孟子道性善，言必稱堯、舜，所謂「聖人與我同類者」。告子曰：「生之謂性。」孟子非之，曰：「生之謂性也，猶白之謂白與？」此處之辨，極關重要。犬牛與人同有此生命，卻不能說犬牛與人同有此心靈。犬牛不知仁、義、禮、智，不知孝弟、忠恕、愛敬。犬牛之心與人類不同，卽不能說犬牛之性與人類相似。故只能說人之性善，不能說犬牛之性皆善。故孟子只謂善是性，卻不說生命是性。因說善是性，始見人性之獨特處；若說生命是性，卽猶云能知覺運動者是性，則人性與犬牛之性便無甚相異。因人與犬牛同有生命，同能知覺運動，則告子「生之謂性」一語，至多只說到生物之性，卻未說到生物中之人性。孟子言性

夫既同然而皆有，此卽孔子所謂「性相近」也。惟孟子不僅說其相近，又實說之曰「善」。「性」。

善，本就人性言，故不能贊同告子「生之謂性」之說。其實告子言性，其主要意義亦在說人性，而卻

只說得「生之謂性」，則只說到人與生物之共同處，未說到人對生物之獨特處。如說孔子乃魯國人，

此語本不錯，然只說了孔子與其他魯國人之共同處，未說到孔子對其他魯國人之獨特處。孟子則定要

說孔子是聖人，便不該把孔子與其他魯國人並列，而應與伊尹、伯夷、柳下惠或堯、舜、文王、周公

並列。故孟子道性善，即以人與堯、舜並列。若說「生之謂性」，則以人與犬牛並列。此處之辨，不

可不細剖。

根據上所剖析，可以明白下引孟子一番話的意義。孟子曰：

口之於味也，目之於色也，耳之於聲也，鼻之於臭也，四肢之於安佚也，性也，有命焉，君子

不謂性也。仁之於父子也，義之於君臣也，禮之於賓主也，智之於賢者也，聖人之於天道也，

命也，有性焉，君子不謂命也。

孟子此處提出性、命之辨，實也可說是天、人之辨，或人、禽之辨。孟子之所謂「命」，我們不妨稱

之曰天命，大體上是由於外的成分多。孟子所謂「性」，我們不妨稱之曰人性，大體上是具於內的成

分多。生命之得來，並不由此生命自己作主，自以從外面得來爲主，孟子則稱之曰「命」。德性之完

成，則應賴自力，孟子則稱之曰「性」。禽獸的生活，生命成份多於德性，外造重於自成。人類的生

活，則應是德性進於生命，自成勝於外造。故論語說「殺身成仁」，孟子亦說「舍生取義」，可見人類可有亦應有為完成其德性而舍棄其生命之自覺，卻不該專因保全生命而破壞了德性。固然德性的根柢亦從生命來，亦可說一般生命中，自有各具的德性，因而禽獸生命中，亦時有其本所具有的德性之流露；然此類只可說是人類德性之雛形或幼苗。而且禽獸只能有生命之自覺，不能有德性之自覺。即說禽獸也可自知自己有生命，卻不能自知自己有德性。若人類之德性，則從生命繼續演進而完成，而人類自身對於此種德性，亦能有一種極深微極清楚而且極親切的內覺與自感。因此人類生命究竟與禽獸不同。禽獸生命偏於外造，即天命的，亦可說自然的。而人類生命中因有此種德性之創出與完成，或說是人文的；此種生命，確然與禽獸生命有不同。孟子將此人、禽所同者稱之曰「命」，即同屬自然的；而將此人、禽所異，即人類生命中之所獨有者，而始稱之曰「性」，此當為人文的；雖亦同樣可說其是一種自然，而究是一種人生所獨有之自然。此則孟子與告子論性之絕大不同點。

以上說法，一面可以說明孟子性、命之辨的意義，同時也可以說明孟子心、物之辨的意義。孟子書裏心、物之辨到處可見，他說：

體有貴賤，有大小，養其小者為小人，養其大者為大人。

又曰：

耳目之官不思而蔽於物，物交物，則引之而已矣。心之官則思，此天之所以與我者，先立乎其大者，則其小者弗能奪也，此為大人而已矣。

心官與耳目之官，同屬自然，同屬生命之一體，而其間有小大貴賤之別。耳目之官為人、禽所同，心官為人類所獨。故曰「天之所以與我」。生命亦天之所與，然天並非以生命專與之人類，故就人類言，獨曰此心乃天之所以與我者。人若專顧養了耳目之官，則僅知有生命，與禽獸何異！若更知顧養心官，則於生命之上並知有德性，始得卓乎成其為人類。故孟子說：「盡其心者知其性也，知其性則知天矣。」因人類之心性，乃天所獨賦於人類，而未以畀之禽獸之凡有生命之屬者，故非盡心知性，亦無以知天之所以與人以獨厚也。

二

現在再把孟子論性大旨，扼要一說，則有兩點最須注意。第一，孔、孟論性，專就人性言，並不

兼及物性。第二，孔、孟論性，乃卽就人心之流露呈現處指點陳說。所以於此兩點特須注意者，因此後下及秦漢時代之新儒家，其論性便不如此。此可以易大傳與小戴禮記中之中庸篇爲代表而申述之。

中庸云：「天命之謂性，率性之謂道。」開宗明義，便與孟子意味有別。孟子所說之性重在心，中庸所說之性卻重在天。孟子將性、命分別疏說，中庸卻把性、命混爲一談。心偏內，演出爲人文。天偏外，本之於自然。若照中庸說法，以天命爲性，則人禽同具天命，便與告子「生之謂性」之說轉相近。所以中庸又說：

　　能盡己之性，則能盡人之性；能盡人之性，則能盡物之性；能盡物之性，則可以贊天地之化育，可以贊天地之化育，則可與天地參。

此處將己性、人性、物性一串說下，好像人己之間與人物之間同樣沒有多大分別。若在孟子，則說凡同類者皆相似，堯、舜與我同類，人己之間誠可謂無大差異，而人物之間則差異甚大。犬牛之性決不能與人之性相提並論。盡己之性，盡人之性，未必卽可以盡犬牛之性。而且中庸裏的「物」字，又像並不專指有生物言，應尙涵有無生物。中庸似亦認他們有「性」。然豈得謂只盡得己性人性，便可得犬牛之性，乃至一切無生物之性？此在孟子決不如此說，這裏便是孟子與中庸言性之大分別處。

今再說「率性之謂道」。當知中庸此一「道」字，並不指的仁、義、禮、智或孝弟、忠恕、愛敬

而言，實乃指天地之化育言。換言之，此中庸之所謂道，亦屬自然的，而不盡屬人文的。故曰：「道也者，不可須臾離也。」人豈能須臾離此大自然，又豈能須臾離此天地之化育乎？又曰：

中也者，天下之大本也。和也者，天下之達道也。致中和，天地位焉，萬物育焉。

可見中庸言道，必極乎天地位、萬物育，並不如孟子只說仁、義、禮、智、孝弟、愛敬。須知仁、義、禮、智、孝弟、愛敬，只是「人道」而已，中庸則多指「天道」。天道中自可包有人道，卻不能謂人道即盡得了天道。故中庸曰：「君子之道，造端乎夫婦，及其至也，察乎天地。」孔孟皆以孝弟為人道之本，而中庸則必以夫婦之道為人道之本，此亦有故。由孝弟推之仁、義、禮、智，盡屬人事。由夫婦推之，乃始與天地化育呼吸一氣。中庸言道之極，既必察乎天地，故其造端開始，亦必以夫婦之生生化育為主。中庸又說：「天地之道可一言而盡，其為物不貳，則其生物不測。」又曰：「大哉，聖人之道，洋洋乎發育萬物，峻極於天。」又曰：「道並行而不相悖，萬物並育而不相害。」可見中庸「道」字，必說到萬物之發生化育，則宜乎謂君子之道必造端乎夫婦矣。孟子言孝，只就提之童愛親敬長之良知良能言之；中庸則必以舜、文王、武王、周公之尊為天子，富有四海之內者為大孝。孟子主從內面說，中庸轉向外面說。故處處說來皆可不同。可見中庸與孟子兩書，意味確乎有別。孟子只言人事，中庸

所重則偏在天道。因此孟子論「性」乃專指人性言，中庸論「性」，則必兼包物性。孟子論「性」，卽

就人心之發露呈現處指點陳說；中庸論「性」，則必從「維天之命於穆不已」處推說根源。孟子論心

見性，中庸則必本乎天以見性，其實則為卽物而見性。此孟子、中庸二者之別也。

易繫與中庸代表同一時代的思想，其態度意趣多相似。故曰：

一陰一陽之謂道，繼之者善也，成之者性也。

一陰一陽，則天地萬物有生無生統統包括。如此言性，不僅不專限於人性，亦並不專限於生之性。凡

屬天地萬物莫不有性。一物卽有一性。不僅犬牛有性，一切無生物亦有性。如火性炎上，水性潤下是

也。故曰：「乾道變化，各正性命。」凡屬一陰一陽全是道，凡屬萬物化成全是性。此與中庸「天命

之謂性，率性之謂道」極相似。因此易繫對「善」字的看法，亦絕與孟子不同。孟子說：「可欲之謂

善。」顯指人心人事言。易繫說：「一陰一陽之謂道，繼之者善也。」善正在此一陰一陽之繼續不斷

處。故「善」卽是天地萬物之發生化育。「性」則是天地萬物在發生化育中到達了一個

完成的階段。完成並非終止停息之意。天地萬物永遠在發生化育，卽永遠不斷有其完成的階段。天地

萬物一面完成，一面還是繼續的發生化育。大而言之，成陰成陽，卽已在一種完成階段中，因此陽有

健性，陰有順性。但一陰一陽還是繼承不斷，此卽所謂善。所謂至健至順，亦卽指此一陰一陽之繼承

不斷言。因此性即是善，善即是道，「道」與「善」與「性」實非三物，而是一體。但此處所謂性，顯不限於人性，道亦顯不限於人道，因此其所謂善，亦決不限於人事中之善惡。固然易繫亦說「成性存存，道義之門」，人事上之道義，還是從性分中流出；但易繫性字範圍，卻不限於人事間之道義而止。大體上易繫之所謂性與道，乃與中庸同其性質。若用近代語說之，孔、孟言性屬於心理的，而易、庸言性則推極於生理的與物理的。孔、孟言性，只在人生範圍中，而易、庸言性，則轉屬於宇宙範圍。

三

易、庸與論、孟間的分別，形成了古代儒家思想之兩大系統。漢儒見解，多承襲易、庸。魏晉以下，道、釋兩教得勢，儒家思想與彼兩方思想較接近而可以相會通，又可以比量得失者，自推易與中庸。因此魏、晉、隋、唐時代的儒家思想，依然偏在易、庸方面。直到宋儒，始再回頭看重論、孟。但對易、庸一系的理論，無形中感染甚深，因此常不免將論孟、易庸兩系思想攪在一起，而自不免在此中間發生矛盾衝突。這一現象，最顯著者便表現在程、朱的學說裏。此下先言二程，再及朱子。

二程極尊孟子，然論性頗近易、庸。第一，二程明白贊成告子「生之謂性」之說，故曰：

告子言生之謂性，通人物而言之也。孟子道性善，極本原而語之也。生之謂性，其言是也。然人有人之性，物有物之性，牛有牛之性，馬有馬之性，而告子一之，則不可也。（二程粹言二）

此處謂人有人之性，馬有馬之性，告子一之不可，其意似偏向孟子，而實則不然。伊川他日又云：

生之謂性，止訓所稟受也。天命之謂性，此言性之理也。今人言天性柔緩，天性剛急，俗言天成皆生來如此，此訓所稟受也。若性之理也，則無不善也。曰天者自然之理也。

又曰：

犬牛人其性本同，但限以形，故不可更。如隙中日光，方圓不移，其光一也。惟所稟各異，故生之謂性，告子以為一，孟子以為非也。（遺書二十四伊川語）

伊川又說：

人之性猶器受光於日。（遺書三，又粹言二）

觀此諸條，可見二程雖亦謂犬牛之性與人性不同，然論其本原卻屬同一。譬如日光，方器受之爲方，圓器受之爲圓，器上日光有方圓，日光本體並無方圓。在禀受上人、禽有別，而在天之與之者言，則本原無二，同是一性。此種性論，較近中庸，而與孟子迥異。孟子只就「人心」見性，中庸始從「天命」見性。今二程謂「天命之謂性，此言性之理，則無不善」，則性如另是一物，其物至善，落在人身上，則如日光照圓器而爲圓；落在犬牛身上，則如日光照方器而爲方。如此說來，卻成爲是性本至善，限於器物之禀受而有不善。若論本原處，則豈非人性、物性同一天命，同無不善乎？此等見解，顯見與告子、中庸見解相近，與孟子見解相遠矣。然二程所說，又自與中庸有分別處。中庸謂天地化育萬物，故物性盡屬天命。如此則把人與物的大分別，似乎漫滅了。而二程尊向孟子，注意於人與物之不同，於是還有器受日光之譬喻，如是則成爲天所命者只如日光，而那方圓之器又自何來？故張橫渠「天地之性」與「氣質之性」之分疏，雖爲程、朱贊許，到底與孔、孟大異，抑且非易、庸、莊、老之意，無怪要受後儒之駁難。

故曰：

二程既主「生之謂性」之說，又主「不論有生無生，物各有性」之說，此又是易傳與中庸見解。

天下更無性外之物。（遺書十八伊川語）

如此，則人與萬物同在「性」之範圍內，爲同屬一天命之性。但二程畢竟又要分辨其不同處。此爲二程接受孟子之影響。二程所認爲人性、物性之所以不同，則只在形氣之間。故曰：

　　形易則性易，性非易易也，氣使之然也。（遺書二十五伊川語）

伊川又說：

　　動物有知，植物無知，其性自異，但賦形於天地，其理則一。（遺書二十四伊川語）

此處又說「性異而理則一」。理即天命之理，譬之如日光。性即稟受之性，譬之如日光照器而爲方圓。然若論日光，則非有二。故二程又常言「性即理」，如此則性在本原處，在天之授與處，即爲理而無不善。其落在稟受之後，則性各異而不能無不善矣。

故照二程之意，若從本原處論，則人與萬物皆屬至善。故云：

萬物皆備於我，不獨人爾，物皆然。都自這裏出去，只是物不能推，人則能推之，幾時添得一分。不能推之，幾時減得一分。百理具在，平鋪放著。（遺書二上）

又說：

天地之間，非獨人為至靈，自家心便是草木鳥獸之心也，但人受天地之中以生爾。（遺書一）

故又說：

仁則一，不仁則二。（遺書三伊川語，又粹言一）

又曰：

仁，性也。（粹言一）

仁者以天地萬物為一體，莫非我也。（粹言一）

故若推論至本原處，則人與萬物同一體。換言之，即同一性，同一理，同一命也。此等意見，孟子書中絕未之有。孟子以孩提之童之良知良能說性善，二程則謂：

萬物皆備於我，此通人物而言。禽獸與人絕相似，只是不能推。然禽獸之性卻自然，不待學，不待教，如營巢養子之類是也。人雖是靈，卻椓喪處極多。只有一件，嬰兒食乳，是自然，非學也。其他皆誘之也。欲得人家嬰兒善，且自小不要引他，留他眞性，待他自然，亦須完得些本性，須別也。（遺書二下）

又曰：

萬物皆有良能，如每常禽鳥中做得窠子極有巧妙處，是他良能，不待學也。人初生只有吃乳一事，不是學，其他皆是學，人只為智多害之也。（遺書十九伊川語）

此處謂人性善推，此義自屬取諸孟子。至謂人物相似，而物轉自然，人爲智害，此義實近莊周道家。由告子、中庸本與道家思想相通，今二程論性既近易、庸系統，自當與道家相近。故孟子言性善，就孩提之童之愛親敬長言，二程則從嬰兒食乳與禽之營巢言，此即近代生物學上之所謂「本能」之

說也。

惟天地間無不照物的日光，亦無不落稟受的性，故論性不能專從本原處說。所謂「論性不論氣不備，論氣不論性不明」。（遺書六，又粹言二）既論到氣，即不能無不善。故曰：

氣有善不善，性則無不善也。（遺書二十一下）

又曰：

生之謂性，性即氣，氣即性，生之謂也。人生氣稟，理有善惡，然不是性中元有此兩物相對而生也。有自幼而善，有自幼而惡，是氣稟有然也。善固性也，然惡亦不可不謂之性也。蓋生之謂性，人生而靜以上不容說，才說性時便已不是性也。凡人說性，只說「繼之者善」也，孟子云人性善是也。夫所謂「繼之者善」也者，猶水流而就下也。皆水也，有流而至海終無所汙，此何煩人力之為也。有流而未遠，固已漸濁。有出而甚遠方有所濁。有濁之多者，有濁之少者。清濁雖不同，然不可以濁者不為水也。如此則人不可以不加澄治之功。用力敏勇則疾清，用力緩怠則遲清。及其清則卻只是元初水也，亦不是將清來換卻濁，亦不是取出濁來置在一隅。水之清則性善之謂也，故不是善與惡在性中為兩物相對，各自出來。此理，天命也，順而

循之則道也，循此而修之各得其分，則教也。（遺書一）

此等說話，極見其周旋爲難處。既要如孟子般主張性善，又說成「惡亦不可不謂之性」，又說「才說性時便已不是性」，因此性已落稟受，已有惡的夾雜，故已不是本原至善之性。於是又說孟子說性，只說了一個「繼之者善」，亦未說到本原的性上。如是則二程所謂「本原之性」，乃是一懸虛的，不着實際。落到實際，則陷入了「氣」的拘限中。如此則就本原言，人、禽皆屬善；就氣質言，人亦不能無惡。其所以與孟子相異，則因兼采了易傳與中庸。惟因二程要遷就孟子，因此把惡的部分諉罪於氣質，如此則不僅異於孟子，亦又異於易傳與中庸矣。

二程又說氣稟是「才」不是「性」，此亦一種遷就之說。其言曰：

> 性無不善，其所以不善者才也。受於天之謂性，稟於氣之謂才。才之善不善，由氣之有偏正也。木之曲直，其性也。或可以為車，或可以為輪，其才也。然而才之不善，亦可以變之，在養其氣以復其善耳。（外書七）

又曰：

受於天之謂性，禀於氣之謂才。才有善否，由氣禀有偏正也。性則無不善。能養其氣以復其正，則才亦無不善矣。（粹言二）

此等強分性、才之辨，即程門弟子，亦已疑其與孟子不合，當時曾有極詳密的詰問，但程子並不能確切的答覆，只鶻突枝梧過去。（詳遺書十九楊遵道錄伊川先生語，此不備引。又遺書十八，伊川亦自言「才猶言材料，若毀鑿壞了，亦豈關才事」，是伊川亦並不能堅持前說也。）其實易傳言「一陰一陽之謂道」，則一陰一陽即本是善，中庸言「天地之化育」，則天地化育亦應是善。今二程分別天與氣而二之，而二程意中之天，又不能返之於上古素樸的天帝之天，則天者乃是理，而理、氣劃分兩截，爲以後朱子思想之所本。

二程既分理與氣而爲二，於是既謫「才」，又貶「情」。他說：

在天爲命，在義爲理，在人爲性，主於身爲心，其實一也。心本善，發於思慮則有善有不善。若既發，則可謂之情，不可謂之心。譬如水，只謂之水，至於流而爲派，或行於東，或行於西，卻謂之流也。

又曰：

喜怒非出於外，感於外而發於中也。湛然平靜如鏡者，水之性也。及遇沙石，或地勢不平，便有湍激。或風行其上，便為波濤洶湧，此豈水之性也哉。人性中只有四端，又豈有許多不善底事，然無水安得波浪，無性安得情也。（以上均遺書十八伊川語）

程門如此言性，性成了一個本原的、人生而靜以上不容說的、未發的、湛然如鏡的東西；而眞實的人生，只一著地，一落實，一發一動，便已不是「性」，便是「才」是「情」，便有許多不善。如此說來，一面固不是「孟子道性善」之性，一面亦已不是告子「生之謂性」，中庸「率性之謂道」之性矣。

有云：

但二程的意思，究竟偏近於易、庸，只要一時擺脫孟子，則說來還是告子、易、庸之意見。程子

又曰：

生生之謂易，是天之所以為道也。天只是以生為道，繼此生理者卽是善也。萬物皆有春意，便是繼之者善。成卻待他萬物自成其性須得。

告子云「生之謂性」則可，於中卻須分別牛之性，馬之性。「天命之謂性，率性之謂道」者，天降是於下，萬物流形，各正性命者，是所謂性也。循其性者，馬則為馬之性，又不做牛底性，此所謂率性也。人在天地之間與萬物同流，天幾時分別出是人是物？「修道之謂教」，此則專在人事。以其本性，故修而求復之。若元不失，則何修之有？「成性存存，道義之門」，亦是萬物各有成性，存存亦是生生不已之意，天只是以生為道。（遺書二上）

如此諸條，乃程子專就告子、易、庸傳統放寬一步說之；而程子心中，則依然存着孟子一派吃緊為人的意思，因此在易、庸中放寬說之者，到程子口裏，又不免要著緊的說；如此則說成萬物自然，各成其性，而人生則轉易失卻自然，失卻本性；如此則豈不較之易、庸為轉更近於莊周道家之意乎？當知在易、庸作者的胸中，並不如此想，而程子要把易、庸與孟子牽合，便不覺走上了又一條路。因此程子把宇宙、人生分作兩截，一截是形而上、人生而靜以上不容說的、未發以前的境界。另一截是形而下、人生而靜以下、既發以後的境界。此種兩截的宇宙觀，實非易、庸之本意。程子把性既分成「本原的」與「禀受的」兩截，則不免使人要時回頭去看本原的前一截境界。因此程門修養工夫，也不免要落到常使人去靜坐「看未發以前氣象」。此種工夫，不僅孟子沒有，亦易、庸所未道。

惟其程門的宇宙觀，分成前後兩截，因此程子也不大情願常講中庸、易經裏的所謂「道」。因易、庸中所謂道，只本是生生不已，已發未發，一滾而下，並不分成兩截，由此便與程子意趣不同。程門遂把中庸「率性之謂道」，易傳「一陰一陽之謂道」的「道」字擱下，另抬一「理」字來替代。程子說：

性即理也，所謂理性是也。天下之理，原其所自，未有不善，喜怒哀樂未發，何嘗不善。發而中節則無往而不善。（遺書二十二上伊川語）

又曰：

天命之謂性，此言性之理，若性之理則無不善，天者自然之理也。（遺書二十四伊川語）

伊川有時亦說：

道與性一也。（遺書二十五）

明道亦說：

道即性也，若道外尋性，性外尋道，便不是。（遺書一）

但到底還是愛說「性即理」，不大情願說「性即道」，這裏便是程氏與易、庸之分途處。緣言「道」則一片自然滾將出來，言「理」則嚴靜獨立，超乎物外。道太鬆馳，理則嚴緊。道太活動，理有規範。程子說：

天下物皆可以理照，有物必有則，一物須有一理。（遺書十八伊川語）

一物須有一理，便是說無理外之物，亦即是無性外之物也。因此易、庸裏的天道觀，到程子手裏便改成了天理觀。孟子本說「盡心知性，盡性知天」，程門則更愛說「窮理盡性，以至於命」。孟子盡心是使人求之內，程門窮理則使人求之外。程子說：

窮理盡性至命，只是一事，纔窮理便盡性，才盡性便至命。（遺書十八伊川語）

又說：

窮理盡性以至於命，三事一時並了，元無次序。不可將窮理作知之事，若實窮得理，則性命亦可了。（遺書二上明道語）

又說：

窮理盡性以至於命，一物也。（遺書十一明道語）

又曰：

窮理盡性至命，一事也。因指柱，曰：此木可以為柱，理也；曲直者，性也；其所以曲直者，命也。理性命一而已。（外書十一）

可見「窮理盡性，以至於命」是程門常常稱引的話。而且認為窮理、盡性、至命三語只是一事。橫

渠謂：

二程解窮理以至於命，只窮理便是至於命，亦是失於太快。此義儘有次序，須是窮理，便能盡得己之性，則推類又盡人之性，既盡得人之性，亦是並萬物之性一齊盡得，如此然後至於天道也。其間煞有當事，豈有當下理會了。（遺書蘇季明錄洛陽議論）

只因二程認為「性即理」，故謂「窮理」即是「盡性」。照孟子原義講，自然是橫渠所駁者為是。但橫渠亦主張「義理之性」與「氣質之性」的分別，論大體還與二程相差不遠，所以朱子謂：「氣質之說起於張、程，某以為極有功於聖門，有補於後學也。」孟子論性，只是即心見性，盡心知性，教人反而求之己，思則得之。一到程門，則一面要人求之人心以前的天命，一面又要人求之人心以外之物理，此即所謂「敬、義夾持」，敬以涵養，集義然後為有事。又曰：「涵養須用敬，進學則在致知。」此種教法，成為程門的一種特殊面目。格物窮理的理論，不僅與孟子異，抑且與易、庸異。

上述程門議論，自然要到伊川晚年始闡發到如此詳密。明道與伊川，自然也有許多小出入異同處。但就大體論，「窮理盡性，以至於命」的見解，明道、伊川本屬一致。明道又說：「學者須先識仁，仁者渾然與物同體。」又言「西銘備言此理」。（識仁篇。）以天地萬物一體言「仁」，此意亦始於程、張。論、孟言仁並無此說。明道又云：

性無內外，天地之常，以其心普萬物而無心，聖人之常，以其情順萬事而無情。（定性書）

只從此等扼要處看，明道意見實與伊川無甚差異。伊川後來，只是慢慢向裏面發揮得更透更盡而已。

四

朱子的理氣論，大體沿習二程，而尤更闡發到盡頭處。二程說話，尚多偏人生方面，朱子始正式推擴到宇宙論上來。朱子說：

未有天地之先，畢竟也只是理，有此理便有此天地。若無理，亦無天地，無人無物，都無該載了。有理便有氣，流行發育萬物。

莊、老言道先天地，道卽氣。今朱子言理先天地，理與氣雖是一體，但必分說。理不卽是氣，但必附搭在氣上，故成爲理氣渾合之一元。他又說：

天下未有無理之氣，亦未有無氣之理。有個天理了，卻有氣，氣積為質而性具焉。（以上語類卷

如此再從宇宙降落到人生，朱子的「理」字，便代替了上古「天」與「帝」的地位。朱子說：

（一）

帝是理為主。蒼蒼之謂天，運轉周流不已，便是那個。而今又說天有個人在那裏批判罪惡，固不可。說道全無主之者，又不可。這裏要人見得。（語類卷一）

因莊、老言道，不復須主宰，故轉成萬物自然。朱子也如二程般寧肯說理，不大情願說道。因說理，便見有一主宰。換言之，則是有了一「所以然」。有了所以然，便非盡「自然」。故程子說一陰一陽只是氣，所以一陰一陽者是道。此爲程、朱與易、庸最大分別。此種分別，則見程、朱運思之精密。

故朱子說：

道是統名，理是細目。道字包得大，理是道裏面的許多理脈。道字宏大，理字精密（語類卷六

程、朱與易、庸、老、莊的分別，亦正是一個宏大與精密的分別。

朱子論性既全承二程，朱子又曾明白指出二程論性與孟子之不同。他說：

性是理，然無那天氣地質，則此理沒安頓處。孟子之論盡是說性善，至有不善，說是陷溺。是說其初無不善，後來方有不善耳。若如此，卻似論性不論氣，有些不備。卻得程氏說出氣質來接一接，便接得有首尾，一齊圓備了。

又說：

孟子言性與伊川不同。孟子是剔出而言性之本，伊川是兼氣質而言。說性須兼氣質說方備。孟子未嘗說氣質之性，程子論性所以有功於名教者，以其發明氣質之性也。

又說：

孟子說得麤，說得疏略，孟子不曾推原源頭，不曾說上面一截，只是說「成之者性」也。（卷

（四）

只看上引諸條，便知朱子論性完全遵循二程，而與孟子不同。又明說他們所說較之孟子更精密。即朱子的理氣論，亦從程子論性的見解上推衍引伸而來。朱子所謂理，乃從程子天命之性、本原之性上引伸。朱子所謂氣，則從程氏禀受之性、氣質之性上引伸。惟程子雖說到天命本原，卻沒有在此本原上再推闡詳說。朱子則從程子「性即理也」之說，更進一層論之，確說理即是天命本原，未有天地之先，畢竟有理了。如此遂比程子更進一步，正式闖進了形而上學的境界。程門教法，一面教人看喜怒哀樂未發以前氣象，來體悟天命之本原；一面叫人格物窮理來貫通物理之萬殊。到朱子把理字看做天命本原，則程門兩條教法，大可併成一條。因此，朱子雖然主張居敬、窮理，兩面兼顧，其實朱子精神早已偏重在窮理一邊。只要能窮得理，則上一截的天命本原之性，與下一截的氣質分殊，均已包括無遺。在程子尚說孟子論性是說的天命本原之性，而只說了天命本原之性，但亦並沒有真說着了此天命之本原。因此又說孟子「不曾推原源頭，不曾說上面一截」。此乃朱子自指其「未有天地之先，畢竟也有理」的一番見解而言。

然理實無是物，朱子說：

理畢竟卻無形影，只是一個道理。（卷四）

又說：

理是條理，有文路子。文路子當從那裏去，自家也從那裏去；文路子不從那裏去，自家也不從那裏去。須尋文路子在何處，只挨着理了行。

又說：

理如一把線相似，有條理。如竹籃子相似。指其上行篾曰：「一條子恁地去。」又別指一條曰：「一條子恁地去。」

又如竹木之文理相似，直是一般理，橫是一般理。（卷六）

故理不是物，不是那竹籃子，只是那竹籃子上的文路。那文路那能脫離竹籃子，而自成爲文路。所以說朱子主張理、氣二元實不是。朱子所以看重格物窮理，其意只叫人在竹籃子上尋那文路。那些文路也究竟不能自己推動，自己向前，理只是一個應該，一個所以然，卻不是一個想怎麼與要怎麼。理只是規範，非動作。儻那天地只有一理，又如何運行？如何活動？所以理必與氣相配搭。朱子說：

天地初間，只是陰陽之氣，這一個氣運行，磨來磨去，磨得急了便拶出許多渣滓。（卷一）

故天地萬物之推動向前實是氣。朱子說：

理是一個淨潔空闊的世界，無形跡，他卻不會造作。氣則能醞釀凝聚生物也。但有此氣，則理便在其中。（卷一）

但此處，仍有一問題待解決。若氣的運行自然依着理，則如易傳所謂「一陰一陽之謂道」，中庸所謂「天命之謂性，率性之謂道」，只說一個「道」便已得。道的自身便已是自然，能動能前，豈不直捷？但程、朱見解不歡迎此種自然能動能前之道，如此則不煩人生更有所作爲了。因此必要換上一個「理」字。程、朱只在人事上說道。關於天地一邊，則寧說「天理」，不大說「天道」。因說天理，比較有路子，有規定性，有拘束性。若說天道，則嫌太活潑，太自由，沒把捉，不煩人自有作爲了。但雖如此，理依然是一條文路子，文路子最多是有規定，沒有活動。依然要那氣來自己磨，磨得急了，拶出許多渣滓。不用說這些渣滓便是惡，故程子要說「惡亦不可不謂之性」。故照程、朱意，只有理始是最本原的有善無惡，性則不免已落第二義。故只可說「性卽理」，不容說「理卽性」。

試再從此看朱子的性論。朱子說：

性即理也，在心喚做性，在事喚做理。性只是此理。性是合當的，性則純是善底，性是天生成許多道理散在處為性。

又說：

只是合如此底，只是理，非有個物事。若是有底物事，則旣有善亦必有惡。惟其無此物，只是理，故無不善。（卷五）

又說：

枯槁之物亦有性，亦有理。（卷四）

朱子意思，性並無此物，只是指的「許多合當底道理」。合當底道理豈有不善，故說天地本原之性是純乎善的。但那許多合當底道理，只是平舖的、淨潔空濶的，不能有所醞釀造作。因此朱子說理則必要掛搭在氣上，說性也必要寄放在心上。與孟子之即心見性卻微有不同。

朱子之分辨心性，一如其分辨理氣。朱子說：

性猶太極也，心猶陰陽也。（卷五）

所謂太極便是理，陰陽則是氣。朱子的宇宙論，大部襲自周濂溪。濂溪說：「太極動而生陽，動極而靜，靜而生陰。」似乎太極本身便有動。但就朱子說來，太極與陰陽是一體而相對列，動靜的是陰陽，太極只是該載在動靜裏面的一個理，這個理，卻非自己能動。朱子又說：

性便是心之所有之理，心便是理之所會之地。

又說：

必以性為體，心將性做餡子模樣。蓋心之所以具是理者，以有性故也。

又曰：

心之理是太極，心之動靜是陰陽。

又曰：

　　心者氣之精爽。

或問靈處是心抑是性？曰：

　　靈處只是心，不是性。性只是理。

又曰：

又曰：

　　所知覺者是理，理不離知覺，知覺不離理。

所覺者心之理也，能覺者氣之靈也。（卷五）

觀上引諸條，可見朱子心、性之辨，即猶其理、氣之辨。心屬氣，能動，因此便有善惡，不如性之純善。或問心有善惡否？曰：

心是動的事物，自然有善惡。（卷五）

說心能動，是粗說，若細言之，則說「心統性情」。朱子曰：

伊川「性即理也」，橫渠「心統性情」，二句顛撲不破。性是未動，情是已動，心包得已動未動，心如水，性猶水之靜。情則水之流，欲則水之波瀾。

又說：

性以理言，情乃發用處，心即管攝性情者也。故程子曰：「有指體而言者，寂然不動是也」，此言性也。「有指用而言者，感而遂通是也」，此言情也。程子云：「心譬如穀種，其中具生之

又曰：

理是性，陽氣發生處是情。」推而論之，物物皆然。

心之全體，湛然虛明，萬理具是，無一毫私欲之間。其流行該徧，貫乎動靜，而妙用又無不在焉，故以其未發而全體者言之，則性也。以其已發而妙用者言之，則情也。然心性情，只就渾淪一物，指其已發未發而為言爾，非是性是一個地頭，心是一個地頭，情又是一個地頭，如此懸隔也。（卷五）

統觀此諸條，則所謂「心是動的事物」者，其實只就其所統情的一面言。心既統攝性、情，則該貫動、靜，不能專以動言。所以說：「心如水，情是動處。」又曰：「性者心之理，情者心之動。」（卷五。）說到這裏，再回頭來看孟子。孟子道性善，似乎是在說水必流，流必向下，孟子正指出那個水流必向下的那種動進而不已的、明白的傾向而稱之曰「性善」。因此孟子所謂心、性、情，都是一種能動能前而有明白傾向的。現在朱子把心、情、性三件剖析到很細微處，他說只有「情」能動能有傾向，而他的傾向卻又是可善可惡，不甚靠得住。「性」則不像能動，「心」則包有此二者。這裏的問題，則在如何把這個不像能動而不甚靠得住的理（性）去管束那個能動而不甚靠得住的氣質（情）。程、朱不肯放膽

讓這能動的氣質自動去，卻又不能把這個能動的氣質天然帖服在此不能動的理之下而聽其指揮，如此則似乎該再請一個第三者出來。因此朱子雖想把伊川「敬、義夾持」的兩邊工夫打成一片，但他講到「窮理」時，勢必仍拋不掉要「居敬」。正因程、朱所講的性與理，是平舖沒氣力的；而程、朱所講的氣質，又不甚靠得住，不可放任；而除卻此二者，又沒有第三者。心統性情，「心」似乎是一第三者。心屬氣，但只在人之氣質上有心，程、朱似乎便把「心」來主宰此天地。但程、朱說此「心」字，有細密規定。不像此下陸、王之言心。故程、朱只說「性即理」，而不說「心即理」。此中又大可研尋。

朱子又嘗論天地之有心與無心，說：

　　若果天地無心，則須牛生出馬，桃樹上發李花。程子曰：「以主宰謂之帝，以性情謂之乾。」他這名義自定，心便是他個主宰處。所以謂天地以生物為心。某謂天地別無勾當，只是以生物為心。一元之氣，運轉流通，略無停間，只是生出許多萬物而已。天地以此心，普及萬物，人得之，遂為人之心。物得之，遂為物之心。草木禽獸接著，遂為草木禽獸之心。只是一個天地之心爾。

又說：

又說：

萬物生長，是天地無心時，枯槁欲生，是天地有心時。

又說：

心固是主宰底意，然所謂主宰者，卽是理也，不是心外別有個理，理外別有個心。

又說：

人字似天字，心字似帝字。（卷一）

此處明說要把心來主宰天地，此可謂程、朱依然是孔、孟、易、庸之老路。孟子說：「盡心知性，盡性知天。」中庸說：「天命之謂性，率性之謂道，修道之謂教。」易繫說：「天地之大德曰生，生生之謂易。」程、朱說法都把來包括會通了。但如此則仍有兩條通路在前面。一條是告子「生之謂性」的說法，一條是象山「心卽理也」的說法。因既主張天地只以生物爲心，卽不啻說天地只以生物爲理，亦無異說天地只以生物爲性，如此豈不要走上告子與象山的路？但這也非程、朱的主張。所以朱子又

說：

若指性來做心說，則不可。（卷四）

故朱子說的性與理，明明是在孟子、易、庸以外又新添了一些。此所新添的，則不可不說是有佛法東來以後之影響。此篇未能深涉，姑誌其說於此。

又或問論語言仁處，曰：

理難見，氣易見，但就氣上看便見。且看春夏秋冬，春時盡是溫厚之氣，仁便是這氣象。夏秋冬雖不同，皆是陽春生育之氣行乎其中，故偏言則一事，專言則包四者。人心中皆有仁義禮智，然元只是一物，發用出來自然成四派。如破梨相似，破開成四片。

又曰：

當來得於天者只是個仁，所以為心之全體。卻自仁中分四界子，一界子是仁之仁，一界子是仁之義，一界子是仁之禮，一界子是仁之智。心裏只有四物，萬事萬物皆由此出。春生夏長，秋

收冬藏，雖分四時，然生意未嘗不貫。縱雪霜之慘，亦是生意。（卷六）

此諸條，專以「仁」字論「心」，顯是孔子老路。由此再把孟子與易、庸會合，而再創新說。所以朱子又要說：

仁義禮智是未發之性。（卷六）

如此又把仁、義、禮、智與「心」字割分了，要是是「未發之性」，便不雜於氣質，便又成了幾件不能動的東西了。若果如上說，仁是「生意」，則天地間應有一種未發而不雜於氣質之生意。此種生意既屬未發，又不雜於氣質，絲毫動不得，則其為生意者又何在？如此則像是玄談。但朱子說理必掛搭在氣上，則生意必落到氣質上。若謂未有氣質以前，畢竟先有此生意？如此則像是玄談。但朱子本不許人分理、氣先後。只你定要問理、氣先後，他纔說理先氣後。則說先有了生意始有生，也未始不可。故程、朱論性，分義理與氣質而為二，又分宇宙、人生為上下兩截，若與孔、孟、易、庸異，但亦可謂無大相違。

今再拈一小節論之，上面說二程不喜歡講「盡心知性，盡性知天」，而喜講「窮理盡性，以至於命」。但到朱子手裏，對那「窮理盡性，以至於命」的話，亦不大段費力講。因朱子發揮「理」字已

到極高境界，窮理便是盡性至命，不用再多講了。但朱子逐字逐句注解四書，對孟子「盡心知性，盡性知天」一語，終不能存而不論。而照朱子自己意見，則與孟子意見恰相反。此層在語類裏記載極詳，文煩不能引，姑舉集注中語以見其概。朱子云：

心者人之神明，所以具眾理而應萬事者也，性則心之所具之理，而天又理之所從以出者也。人有是心，莫非全體，然不窮理，則有所蔽而無以盡於此心之量。故能極其心之全體而無不盡者，必能窮夫理而無不知。既知其理，則其所從出亦不外是也。以大學之序言之，知性則格物之謂，盡心則知至之謂也。

孟子明明說「盡心始知性，盡性始知天」，朱子偏說成「盡性始知心知天」。在朱子意，心屬氣，亦可善可惡，所以不教只在「盡心」上下功夫，要在「盡性」上下功夫。惟盡性先要窮理，窮理要賴此心，如是則理不便是心，性亦不便是心，而窮理盡性，則要在此心上下工夫。故用工夫者在「心」，而工夫有對象，此對象則非心。程、朱大意略如此。

由上所說，易、庸已較孔、孟走遠了一步，程、朱則想綰合易、庸與孔、孟，而有些處，則程、朱之於孔、孟，卻較易、庸更走遠了一步。但始終是在一條路線上向前。我們只要認此一條線，而行在線上的地位有不同，卻不該說易、庸、程、朱，都和孔、孟不同。此下才有陸、王興起，有人問象山：「先生之學亦有所受乎？」曰：「因讀孟子而自得之於心也。」只此一句，象山道盡了自己的學術精神。其脈絡自孟子，其功夫則在自得於心。所以象山教人，只在發明各自的本心。象山說：

孟子云，盡其心者知其性，知其性則知天矣。心只是一個心，某之心，吾友之心，上而千百載聖賢之心，下而千百載復有一聖賢，其心亦只如此。心之體甚大，若能盡我之心，便與天同，為學只是理會此。

象山要把人生一切義理力量全放到人之「心」上來，他說：

五

萬物森然於方寸之間，滿心而發，充塞宇宙，無非此理。孟子就四端上指示人，豈是人心只有此四端而已。

又說：

近來論學者言擴而充之，須於四端上逐一充，焉有此理。孟子當來只是發出人有是四端，以明人性之善，苟此心之存，則此理自明，當惻隱處自惻隱，當羞惡當辭遜是非在前，自能辨之。

又云：

當寬裕溫柔自寬裕溫柔。當發強剛毅自發強剛毅。所謂溥博淵泉，而時出之。

這裏象山也和孟子有不同。孟子只說人心之同然者爲性，象山則說成只此同然之心乃是一大心。故心體廣大，在此廣大心體中見你心與我心，其實全是此大心。孟子言心，可訴之於常識；而象山言心，則成爲哲學的，形而上的。故象山說心，便不需再說性，象山只說「心即理」，可不再說「性善」。

惟象山在此，似乎僅是引而未發，未透切說到盡頭處。又有人問：「心性才情如何分別？」象山云：

今之學者讀書，只是解字，不求血脈。情性心才，都只是一般物事，言偶不同耳，只與理會實處，就心上理會，須是血脈骨髓理會實處始得。

象山又謂：

人欲天理分別得亦未是，人亦有善有惡，天亦有善有惡，豈可以善皆歸之天，惡皆歸之人，此說出於樂記，不是聖人之言。

又云：

天理人欲之言，亦自不是至論。若天是理，人是欲，則是天、人不同矣。此其原蓋出於老氏。樂記曰：「人生而靜，天之性也，感於物而動，性之欲也。物至知知，而後好惡形焉，不能反躬，天理滅矣。」天理、人欲之言，蓋出於此。樂記之言，亦根於老氏。且如專言靜是天性，則動獨不是天性耶。書云：「人心惟危，道心惟微。」解者多指人心為人欲，道心為天理。心

一也，人安有二心。自人而言則曰「惟危」，自道而言則曰「惟微」。「罔念作狂，克念作聖」，非危乎。「無聲無臭，無形無體」，非微乎。因言莊子云「眇乎小哉，以屬諸人，謷乎大哉，獨遊於天」，是分明裂天、人而為二也。（以上均語錄）

此處象山最要的，不許人由讀書來解字，只教人由讀書來自得之於心。程、朱分「天命之性」與「氣質之性」，也是裂天、人而為二，也正夾雜了道家思想在裏面。象山不喜濂溪太極圖說，由陰陽五行天地萬物，講到人生，亦正是道家路徑；象山只從孟子，直從人心入。然既有了道家，儒家中便又產生了易、庸。既有佛教東來，儒家中又產生了程、朱，此是思想史上一條向前道路，有不知其然而然者。今象山要專一歸之於孟子，其實孟子已多講了性與天道，與孔子已不同。若依象山意，只應直歸之孔子纔是。更暢快言之，應直歸之己心纔是。象山意，天地間有善有惡，人心中亦同樣有善有惡，「天理」是人心，「人欲」亦是人心。只人心自能知，自合天理，自能向上。心體廣大，即天即理。此種說法，在象山亦並未詳細闡說，總覺單薄，於是有待於陽明之繼起。

陽明繼續象山精神，暢闡其「心即理」之說。他說：

聖人之學，心學也。孔、孟之學務求仁，而當時之弊固已有外求之者。夫子告子貢以一貫，而教以能近取譬，蓋使之求諸其心也。孟子曰：「仁，人心也，學問之道無他，求其放心而已

矣。」又曰：「仁義禮智非由外鑠我也，我固有之，弗思耳矣。」功利之徒，外假天理之近似以濟私，不知既無其心，尚何有所謂天理。世儒支離外索，以求明其所謂物理，不知吾心即物理，初無假於外也。（象山先生全集敍）

又曰：

心之體，性也，性即理也。故有孝親之心，即有孝之理。無孝親之心，即無孝之理矣。有忠君之心，即有忠之理，無忠君之心，即無忠之理矣。理豈外於吾心耶。

又曰：

心外無理，心外無事。

又說：

所謂心便是那能視聽言動的，這個便是性，便是天理。有這個性才能生。這性之生理便謂之

仁。這性之生理發在目，便會視；發在耳，便會聽；發在口，便會言；發在四肢，便會動。都只是那天理發生。以其主宰一身，故謂之心。這心之本體，原只是個天理，原無非理，便是汝之眞己。

又曰：

良知只是個是非之心，是非只是個好惡，只好惡便盡了是非，只是非便盡了萬事萬變。（以上皆〈傳習錄〉）

此等處，陽明說心卽性，心卽天理。從前孔子不言性與天道，孟子便言了，〈易〉、〈庸〉言性與天道更詳。程、朱又爲心、性、天三字詳加分別。象山則只言一「心」，陽明又把「性」與「天」縮合到「心」上，力求簡易，而終不免言之單薄。惟陽明從心的能動、能前、有傾向的方面來看性，則是其眞接象山、孟子處。

但陽明亦批評象山，說：

濂溪、明道之後還是他，只是粗些。（〈傳習錄〉）

又說：

自宋周、程二子，始復追尋孔、孟之宗，而有無極而太極，定之以仁義中正而主靜之說。動亦定，靜亦定，無內外無將迎之論。自是而後有象山陸氏，雖其純粹和平，若不逮於二子，而簡易直捷眞有以接孟氏之傳。其議論開闔，時有異者，乃其氣質意見之殊，而要其學之必求諸心，則一而已。（象山先生全集敍）

此處陽明評騭象山地位還在濂溪、明道之下。在陽明之意，似謂象山在當時，只針對晦翁、伊川毛病，教人返從心體實處下功夫，而對其他方面，則一時精神照顧未全，他所說自是偏於人生部分的多，而宇宙本原一邊，則頗少涉及。他所說又多屬「心」字，對「性」字「天」字亦少闡發。象山精神之接近孟子處正在此。但自易、庸以下，儒家理論早已不能專一關閉在人生日常方面，而不再涉及宇宙萬物的廣大範圍；尤其是經過佛學傳入，儒門淡泊，幾乎收拾不住人心，因此理學諸儒繼起，也不能不多從宇宙本體論上思索作解答。濂溪、明道便是宋儒對此方面之開山，伊川、晦翁又推索得太遠太盡。但許多問題，爲伊川、晦翁所注意討論者，陽明還是不能不注意不討論。大體上陽明龍場一悟，發明「良知」，教人反向自心實下工夫，此固極似象山。但其他方面，似乎陽明也並未能完

全自己造成一嶄新的系統。有些處，大體還要承繼濂溪、明道，乃至伊川、晦翁的見解。但從此等處推闡益進，便不免要引起陽明學說自身內部的問題。

或問：「生之謂性，告子亦說得是，孟子如何非之？」陽明曰：

告子認得一邊去了，孟子亦曰：「形色，天性也」，這也是指氣說，故曰「論性不論氣不備，論氣不論性不明」。氣亦性也，但須認得頭腦是當。

此處可見陽明除論心外還不得不論性，其論性則依然依著伊川、晦翁舊說。又說：

孟子說性，直從源頭上說來，亦是說個大概。荀子性惡之說，是從流弊上說來，也未可盡說他不是。

此處說孟子從源頭上說性，卽伊川「本原之性」之說。說荀子性惡之說亦未盡不是，卽程門「惡亦不可不謂之性」之說。是陽明言心則主良知，言性反又要引荀子，那裏面問題便複雜了。陽明又說：

夫子說性相近，卽孟子說性善，不可專在氣質上說。

此若與伊川微異，但謂「性不可專在氣質上說」，則大端仍是程門之舊說。陽明又曰：

良知本來自明，氣質不美者渣滓多，障蔽厚，不易開明。質美者渣滓原少，無多障蔽，略加致知之功，良知便自瑩澈。

又曰：

張、黃、諸葛、韓、范諸公，皆天質之美，自多暗合道妙。

此等處皆接近朱、程。總之陽明論性，語雖無多，然從沒有一句話說程、朱分「氣質之性」與「本原之性」是錯了，可證陽明心中，至少已不自覺地接受了朱、程的見解。

既承認有「氣質之性」與「本原之性」之分別，便很易過渡到人心已發、未發的問題上去。陽明說：「如養得心體果有未發之中，自然有發而中節之和。」或問中字義，曰：「是天理。」曰：「天理何以謂之中？」曰：「無所偏倚。」曰：「無所偏倚是何等氣象。」曰：「如明鏡然，全體瑩澈，無纖塵染者。」須是平日好色、好利、好名等項一應私心掃除蕩滌，無纖毫留滯，而此心全體廓然，純是

天理，方可謂喜怒哀樂未發之中，方是天下之大本。」此等意見，甚近明道，亦與伊川無不合，但與孟子卻有不合。因中庸在孟子後，根據中庸，即不易全合孟子。陽明又曰：

不思善不思惡時，認本來面目，此佛氏為未識本來面目者設此方便。本來面目即吾聖門所謂良知，今既認得良知明白，即已不消如此說矣。隨物而格，是致知之功，即佛氏之常惺惺，亦是常存他本來面目耳。

佛氏「認本來面目」，亦猶程門「看未發前氣象」也。「常惺惺」，又是程門高第謝上蔡所樂道。此等功夫，皆自宋儒始提出，實受道、佛方外言修養之影響。宋儒術語多本之易、庸，實際已羼雜了禪學。孟子似尚無此意。陽明倡爲「致良知」之說，主張切實踐履，即知即行，此等處亦均沿宋儒，而明白引及禪說，可知非孔、孟古義也。又云：

良知所謂情順萬事而無情，無所住而生其心，佛氏曾有是言，未為非也。

此皆陽明承襲明道，而明白引及佛說之證。後來江右王門，便再從此途深入。晚明東林以下，又從此途轉出，遂成由王反朱。大體此一途可歸屬於程門「居敬」工夫之一邊，即向天命本原探求之一

邊也。

既講到本原之性，既講到未發之中，又很容易過渡到性的本體問題上去。或問：「古人論性各有異同，何者爲定論？」陽明說：

性無定體，論亦無定體。有自本體上說者，有自源頭上說者，有自流弊處說者。性之本體原是無善無惡的，發用上原是可以爲善可以爲不善的，其流弊也原是一定善，一定惡的。

陽明此處謂「性之本體原是無善無惡」，則明與孟子性善論相背。蓋陽明此說實自濂溪「無極而太極」來。陽明天泉橋四句教，明把自己說法分而爲二。一爲「無善無惡是心之體，有善有惡是意之動，知善知惡是良知，爲善去惡是格物」。此爲錢緒山所守。一爲「心是無善無惡的心，意是無善無惡的意，知亦是無善無惡的知，物也是無善無惡的物」，此爲王龍溪所持。兩派同爲陽明所印許。要之同主心體無善無惡，此卽濂溪之「無極而太極」也。然其四無教，則大爲後起儒者所反對，亦可謂從來儒者皆無此理論。陽明之說，則顯從道、釋兩家來。陽明又說：

無善無惡者理之靜，有善有惡者氣之動。

又曰：

　　汝心循理便是善，動氣便是惡。

　　如此理、氣分說，分明又是沿襲朱子。只伊川、晦翁以理爲至善，而陽明四無之說則說成一切無善無惡。在陽明意中，或是無善無惡卽是至善，在彼或猶謂卽如濂溪之云無極而太極，而其實大不同。龍溪、泰州卽循此議論而下，最後則爲晚明一代之狂禪，爲後來由王反朱論者攻王最大之藉口。此又陽明學說中一未獲定論之大關節。

　　既講到性之本體，又很容易過渡到天地萬物與我一體的理論上去。明道說：

　　仁者渾然與物同體。

　　如此言「仁」，顯是明道說法，與孔、孟古義有不同。孔、孟言仁、孝，只就人心人事上說，絕未說到與物同體。將天地萬物看成一體，在儒家則始於易、庸。北宋儒家最大文章說此事者，莫如橫渠之西銘，程子謂：「西銘備言仁體，秦漢以來學者所未到。」其推挹如此。然西銘理論，決非孔、孟古義。正是秦漢以來學者見解耳。游酢初見西銘，卽曰：「此中庸之理也。」明道稱之，謂能求之語言

之外。楊時見西銘，卽疑其言之過，謂其弊將流於墨氏之兼愛。其實墨子兼愛，尚限於人事，西銘主

張萬物一體，何止如墨子之言兼愛乎！其後伊川以「理一分殊」告楊時，楊時未敢堅持已說。要之當

時程門高第弟子，固未嘗無識透西銘理論之脈絡者，既主萬物一體，又說性卽理也。

伊川、晦翁見解之後面，莫非有西銘天地萬物一體的見解爲之撐揭。故朱子大學格物補傳，修、齊、

治、平明屬人事，而須「卽凡天下之物而格」，正爲萬物與我一體耳。陽明倡爲良知之學，力求簡易

直捷，然於萬物一體的理論，則未能自外。惟陽明不說「性卽理」，而說「心卽理」。此理字若指人

事方面而言，固無不可。若指天地萬物之理，謂皆具於吾心，則其說頗費周章。陽明又說：

人只要在性上用功，看得一性字分明，卽萬理燦然。

此處「性」字若偏指其賦於人者言，則此處所謂「萬理」亦只能就人事上如孝弟、忠恕、愛敬等言。

若如朱子之理氣之理，則非「卽凡天下之物而格」，豈易遽明？陽明既主心卽理，又講萬物一體，其

間便自有難貫串處。傳習錄：

先生游南鎮，一友指岩中花樹問曰：「天下無心外之物，如此花在深山中，自開自落，於我心

亦何相關。」先生曰：「你未看此花時，此花與汝心同歸於寂，你來看此花時，則此花顏色一

時明白起來，便知此花不在你的心外。」

此竟是一片禪機矣。如此則心體廣大，包容了天地萬物，與象山之說正同。或問：「人心與物同體，如吾身原是血氣流通，所以謂之同體，於人便異體了，禽獸草木益遠矣，何謂之同體？」陽明曰：

你只在感應之幾上看，豈但禽獸草木，雖天地鬼神也與我同體。充天塞地，中間只有個靈明。人只為形體自間隔了，我的靈明，便是天地鬼神的主宰。天沒有我的靈明，誰去仰他高。地沒有我的靈明，誰去俯他深。鬼神沒有我的靈明，誰去辨他吉凶災祥。離卻我的靈明，便沒有天地鬼神萬物了。離卻天地鬼神萬物，亦沒有我的靈明，如此便是一氣流通，如何與他間隔得。

又問：「天地鬼神萬物，千古見在，何沒有我的靈明，便俱無了？」曰：

今看死的人，他這些精靈游散了，他的天地萬物尚在何處。

山謂：

此等議論，幾乎可謂是一種絕對的個人主義的唯心論。若照象山義，此心非一人一時之所得而私。象

又曰：

> 宇宙內事，乃己分內事，己分內事，乃宇宙內事。

又曰：

> 宇宙便是吾心，吾心即是宇宙。東海西海南海北海有聖人出，此心同此理同也。千百世之上至千百世之下有聖人出焉，此心同此理亦莫不同也。宇宙不曾限隔人，人自限隔了宇宙。

此仍是唯心論，但不限在個人。正緣一人之心，即上下古今千萬人之心，即長宙廣宇無窮無盡之心，決非個人的。；故非個人唯心論，但亦是一種宇宙唯心論。實不如程、朱提出「性」字，又說「性即理」，又把理、氣分說之較爲近情；而且亦決非孟子所謂「人心之所同然」之心矣。象山說「心不該從軀殼上起念」，亦不如明道「心在腔子裏」，以及朱子「心屬氣」之說之較更近理也。故若把心性從人類推擴到萬物身上去，則謂物皆有性猶可，謂物皆有心，此論便費周折。朱子亦說天地萬物亦有心，然較象山說法顯然近情。或謂：人有良知，草木瓦礫之類亦有良知否？陽明曰：

> 人的良知即是草木瓦石的良知。若草木瓦石無人的良知，不可以為草木瓦石矣。豈惟草木瓦

石，天地無人之良知，亦不可為天地。蓋天地萬物與人原是一體，其發竅最精處是人心一點靈

明，風雨露雷，日月星辰，禽獸草木，山川土石，與人原只一體，故五穀禽獸之類皆可以養

人，藥石之類皆可以療疾，只為同此一氣，故能相通耳。

此等說法似近象山之宇宙唯心論，然實皆朱子所已言。惟在朱子言之，較無病，在陽明言之，則甚覺其

牽強。朱子就物論性，近易、庸；陽明就心論性，近論、孟。若就物論性，儘可說性外無物，枯槁木

石死物皆有性。若就心論性，卻不能說心外無物，不能說枯槁木石死物皆有心。「性」為人物所兼有，

「心」則人類所獨靈。就性言，則人物平等，各自有一性，會合言之，是一理，亦可說物我一體。若

就心論之，或有心、或無心、或心靈、或心蠢，人物已不平等。再說物我一體，如陽明以上諸條之所

說，則循此推演，上天下地，惟我獨尊，有不為狂禪之歸者幾希？若就孟子原來議論，只就人心善端

推擴出去，則「親親而仁民，仁民而愛物」，果從此觀點而說天地萬物一體，亦尚無不可。惟要說成

天地萬物本屬一體，則勢必從宇宙外面說來，即宋儒所謂從「氣」的方面說之方得也。濂溪〈太極圖

說〉，即屬此路，故爲象山所不喜。至橫渠〈西銘〉，二陸兄弟與朱子亦曾馳書相辯。大抵陸氏主從「心」

上推擴而見其如此，朱子則主從「物」上窮格而見其如此。此兩條路截然分明。今陽明倡說良知，自

是偏屬孟子、象山一路，而其議論，時不免夾襍了程、朱見解。如此等處，正是王學自身之病痛。陽

明見爲象山粗，其實陽明則幾成爲妄矣。故從人生實踐言，孟子之說本極平實。就哲理玄學言，象山

之說似尚較允。而陽明之發揮象山，則未盡其功能也。

上文述孔孟、易庸、程朱、陸王四派論性異同竟。若再扼要說之，則不妨將孟子、中庸、晦翁、陽明作爲此四派之代表。大抵孟子重在「卽心見性」，一切從人心人事上推擴。中庸則重在「因物見性」，一切從天行物理上來和會。孟子切實簡易，中庸濶大恢宏。孟子由內以及外，中庸舉物而包人。這是顯相殊異的兩條路。晦翁偏近中庸，陽明偏近孟子。惟此兩人似乎都承認孟子、中庸自有障隔，因此晦翁常要牽拉孟子到中庸一邊去，陽明又常要牽拉中庸到孟子這邊來。因此兩家思路便不免各生幾許罅隙與漏洞。大抵晦翁講宇宙方面，思路較完密；但其所謂「理」，則規範的意味重，推動的力量薄，平舖沒氣力，落到人生方面，使人感到一種拘檢與散漫疲弱無從奮力之感。故朱子定要在「心」上做工夫。亦可謂宇宙之主宰在理，而人生之主宰則在心。要之在「太極」之外還須自立一「人極」。卽橫渠所謂「爲宇宙立心，爲生民立命」也。故朱子闡發孔、孟，多尊二程，而仍必兼尊濂溪、橫渠，其意在此。抑且大學論心不及性，朱子奉爲學者入德之門，在四書中當先讀。中庸論性不及心，朱子謂當讀論、孟後始讀。其間實寓甚深妙義。惜乎後儒對此尚少闡發，此亦中國學術思想史上一大堪惋惜之憾事也。陽明在人生方面言之，若親切易簡，當下可使人用力向前，此乃其長處。但要把心來包羅宇宙萬物，又嫌唐大不實，在理論方面太單薄，牢籠不住。此則王學之所短。但此處亦並非謂孟子、中庸兩條路，竟不能會通和合；只是說朱子在此方面工夫較深，陽明則工夫較淺。若更求圓融渾成，更求簡易明白，更求少流弊誤解，則實宜從朱子方面進而求之耳。自晚明以下，中國

儒學衰竭，亦竟無大氣魄人能將孟子、中庸、晦翁、陽明四家和會融通，打倂歸一。其有調和折衷與夫出主入奴，皆未能深入此四家中而超乎此四家外來鎔鑄一新的天地。此下果是儒學復興，這一關定是關頭的第一關。中庸說：「尊德性而道問學，致廣大而盡精微，極高明而道中庸。」孟子說：「可欲之謂善，有諸己之謂信，充實之謂美，充實而有光輝之謂大，大而化之之謂聖，聖而不可知之之謂神。」無論如中庸之大氣包舉，無論如孟子之孚尹旁達，總之必有如此境界，乃始得爲將來儒學開新天地。而比較上，朱子所闡，於此路近，陽明所論，卻不免要遠離此路。此爲本篇分析闡述之主要論點，幸學者再詳之。

（民國三十三年九月思想與時代三十六期）

象山龍川水心

宋學到朱子，可謂已發展到極精細極圓宏的地步。但卽在朱子時，思想界便起了分裂，有所謂朱、陸之異同。這在思想史上，一切進展，都逃不了此例。

由濂溪「主靜立人極」，轉到明道之「主敬」，再由伊川補充爲「敬、義夾持」，於是而有朱子之「居敬、窮理」兩邊做工。但照明道原義，寫字便一心在寫字上，只此便是敬；則窮理只一心在窮理上，亦早是敬了，不須在「窮理」外再有一個「居敬」；然如此則豈不將精神全傾向到外邊去？而且物理紛繁，急切苦尋不到一統會。象山理論正對此而發。

傅子淵自槐堂歸其家，陳正己問之，曰：「陸先生教人何先？」對曰：「辨志。」復問曰：「何辨？」曰：「義、利之辨。」

伊川曾說：「只知用敬，不知集義，卻是都無事。」故又說：「涵養須用敬，進學則在致知。」如此則

敬以直內，義以方外，敬、義分成內外兩截。象山所謂辨義、利，與伊川意有別。象山只就人之居心與動機言，故曰：「凡欲爲學，當先識義利、公私之辨。」象山所謂義，只是一個公的動機或居心。其所謂利，則只是一個私的動機或居心。其間之公與私，其人當下向內反省自知，並不如格物窮理、進學致知，須另外工夫。故照象山意見，便可由伊川回返到明道，心中常主一個公，一個義，卽是常主一個天理，更沒有伊川所譏「都無事」之病。

惟此天理，則在內不在外。故象山對人心如何能分辨義、利的一番工夫，只說要「收拾精神在內」。他說：

人精神在外，至死也勞攘，須收拾作主宰。收得精神在內，當惻隱卽惻隱，當羞惡卽羞惡，誰欺得你，誰瞞得你。見得端的後常涵養，是甚次第。

又說：

大綱提掇來，細細理會去，如魚龍游於江海之中，沛然無礙。

是謂收拾精神在內，乃是辨義、利的先行工夫。照象山意，似謂只要能收拾精神在內，便自能辨

義、利。

象山又說「心不可泊著事」。他說：

人心只愛去泊著事，教他棄事時，如鵾孫失了樹，更無住處。

心不可泊一事，只自立心。人心本來無事，胡亂被事物牽將去。若是有精神，卽時便出便好。

若一向去，便壞了。

又說：

人不肯只如此，須要有個說話。

人不肯心閑無事，居天下之廣居。

此說「心閑無事」，亦卽是辨義、利之先行工夫。只要此心「不泊著事」，便亦自能辨義、利。

故又說：要「一刀兩斷，軒昂奮發，莫自沉埋蒙蔽」。他說：

此理在宇宙間，何嘗有所礙。是你自沉埋，自蒙蔽，陰陰地在個陷穽中。要決裂破陷穽，窺測

又說：

破羅網。

激厲奮迅，決破羅網，焚燒荊棘，蕩夷汙澤。

要當軒昂奮發，莫恁地沉埋在卑陋凡下處。

龌鶒終日營營，無超然之意，須是一刀兩斷，何故縈縈如此，縈縈底討個甚麼？

又說：要「決去世俗之習」。

必有大疑大懼，深思痛省，決去世俗之習。如去穢惡，如避寇讎，則此心之靈，自有其仁，自有其智，自有其勇。私意俗習，如見晛之雪，雖欲存之而不可得。此乃謂之知至，乃謂之先立乎其大者。

又說：「人心要剝落」。

人心有病，須是剝落。剝落得一番，即一番清明。後又隨起來，又剝落，又清明。須是剝落得淨盡，方是。

後又隨起來，又剝落，又清明。須是剝落得淨盡，方是。

斬斷、決去、剝落，亦皆是辨義、利之先行工夫。只要能斬斷、決去、剝落，自然心中能不泊著事，精神自然在內，則自能辨義、利。

故照象山意見，只要人把心上一切私意俗習、一切病痛盡情剝去，則其居心動意，自然能公與義，故說：

今之論學者，只務添人底，自家只是減他底，此所以不同。

其實象山此種見解，亦可謂是直承濂溪、明道而來。濂溪要「主靜立人極」，而曰「無欲故靜」。明道說：「學者今日無可添，只有可減，減盡便沒事。」見獵心喜的故事，便是明道早年從遊濂溪所得的一段真血脈。明道之所謂「敬」，亦只是「心中沒事」。心中沒事自無私意俗習。心中真個一無私意俗習，則智仁勇皆人心自然之德，自然發露，自能生長。天德、王道只是一本，敬、義亦只是一事，不煩居敬、窮理分兩邊做工。

象山因此主張他的「心即理」論。但象山原義，亦頗爲後來批評象山者所誤解。象山說：

又說：

心只是一個心，某之心，吾友之心，上而千百載聖賢之心，下而千百載復有一聖賢，其心亦只如此。心之體甚大，若能盡我之心，便與天同，為學只是理會此。

東海有聖人出焉，此心同也，此理同也。西海有聖人出焉，此心同也，此理同也。南海北海有聖人出焉，此心同也，此理同也。千百世之上，至千百世之下，有聖人出焉，此心同也，此理同也。

象山兄弟與朱子會鵝湖，其兄子壽先有一詩云：

提孩知愛長知欽，古聖相傳只此心。

象山不以爲是，和之云：

墟墓興哀宗廟欽，斯人千古不磨心。

大抵子壽言心，猶是常義。孟子可學得孔子之心，孔子可學得周公之心，故曰「古聖相傳只此心」。

象山則謂人可別而心則一，我心即是孟子心、孔子心、周公心，故曰「斯人千古不磨心」。故象山爲

學工夫，只重在自己這一個「心」上。他只著眼在孟子所謂此心之「同然」處。此同然之心，實則

是外於人而自存自在。無空間，無時間，心有其大同，此始是自存自在之眞心。實則象山意，與孟子

人心猶有別。象山所指，乃是一心體，此心體似外於人而存在，故曰「東海有聖人，西海有聖人，此心同，此

理同」。但此心體非盡人能達，惟聖人乃得此心，故曰「心即理」。又曰「此心同，此

理同」，則未到聖人地位，未得此心，即未必能心同、理同也。此聖人之心，則爲人之本心，即心之本

體。而常人之心所以未到心同、理同境界者，則由於私意俗習之所蒙蔽與纏縛。此後象山弟子楊慈湖

好舉「心之精神是爲聖」一語，可知人心有見精神與不見精神之別。聖人之心，只是常人之心之更精

神者。常人之心，則是聖人之心之較不精神者。人心必到更精神處始見心之眞體，乃能到達同然之

境。今問人心如何見精神？則當如上舉「收拾精神在內」以下各條，切實用工，則心之精神自顯。象

山在此處，卻頗不贊成明道之所謂「主敬」。象山有與曾宅之書，論持敬與存誠之辨。象山弟子舒璘

廣平類稿，亦對程門持敬之說有駁議。舒璘說：「敬字工夫，未免從外束縛，如篾箍桶，如籐束薪，

轉失自然處。」又明道謂「心只在腔子裏」，子壽說心正如此。象山則只主從人心之自立自由下手，

教人收拾精神在內，並不是教人要心在腔子裏。故象山之所謂「心」，實亦與孟子有異，與明道有異。

象山所謂「心即理」，亦與程、朱「性即理」的「理」字有不同。程、朱所謂理，乃統括事物之理言；其所謂性，亦兼人物言，如水性潤下，火性炎上，此即水火自然之理；故曰「性即理」。性之於心，似在心外而來入心中，人心只是一個虛明靈覺，人因有此虛明靈覺，始可格物窮理，但不可謂此虛明靈覺者即是理。理與性屬「本體」，心則是「作用」一邊，故以心屬「氣」以別於「理」。至象山之所謂「理」，乃偏重人事，不兼物言。一切人事之理，乃全從人心中流出。如人有仁孝之心，乃有此仁孝之理。但歷史上仁孝之事，千差萬別，象山似乎不管了。照象山意見，只把握了此理，自能流出許多事。

故象山又說：

宇宙即我心，我心即宇宙。

此語正是近代西方人所主的極端惟心論，似乎宇宙亦只從此心流出。象山高第弟子如楊慈湖輩，亦確有此傾向。但細論象山本意，則似尚有分辨。象山又說：

當知無論宇宙內事與己分內事，象山意，皆從人心中流出；而此處所指所謂「宇宙內事」，窺象山意，實亦偏指人事言。若水流花放，豈得謂亦己分內事。故知象山所指宇宙內事，宜亦有其分限，謂「宇宙即我心」者，正謂宇宙內事皆由人心中自然流出。而象山此處所謂「宇宙」，猶云世界，更應說是人類歷史。象山所云「宇宙內事」，實指世界上人類歷史之一切人事言，始更允愜。象山又云：

宇宙不能限隔人，只人自限隔了宇宙。

可知象山所謂宇宙者，實指歷史人事言。歷史人事，可謂其與我不限隔，故謂宇宙內事即己分內事也。否則日出日落，水流花放，皆宇宙內事，豈可謂亦即吾分內事！然即就人類歷史言，人生短促，歷史無盡，縱謂宇宙即歷史，又如何謂宇宙內事只己分內事。蓋象山之意，人之生命雖有限，人心之活動亦有限，然仁人君子之事，所謂人心之「理」，則終古無窮無限。故惟仁孝乃宇宙內事，亦即人心內事，同一無窮而亦無限。何以知我心之仁孝，即看宇宙間仁人君子已往行事即得，故曰「宇宙即我心」。仁孝無窮，斯我心亦無窮，故曰「我心即宇宙」。故知象山所謂「宇宙」，乃至「宇宙內事」，實指人文大羣之歷史文化界而言，不指山川草木之自然界而言。象山之所謂「心即理」，乃是人生哲

學上的論題，並非宇宙論方面的論題。故象山始教，便著重在辨義、利，此只是人生一實踐問題，並非宇宙一本體問題。在宋學的第二、第三期裏，算只有象山思路似乎淨盡擺脫了宇宙本體論的圈套與束縛。故他對朱子之格物窮理，要譏之為「支離」了。但楊慈湖張皇師說，便又不免陷入宇宙論的深穽中，要說成我心便是宇宙萬物之本體，此義究難圓成。陽明良知學，最先立腳在人生實踐上，很近象山。後來要邁進宇宙論範圍，也就窒礙叢生了。

故必明得象山論學，只重人生實踐，乃始為把握到象山之真精神。象山說：

今天下學者，惟有兩途，一途樸實，一途議論，足以明人心之邪正，破學者之窟宅矣。

又說：

千虛不博一實，吾生平學問無他，只是一實。

若拋棄人之內心，轉從宇宙萬物廣大渺茫處立說，此即是議論，亦即是虛，更是邪，更不說是支離了。故依象山意見，在人生實踐的立場上看，天下學者，總只是議論不實，是虛是邪是支離。

然象山著重「踐履」，亦非看輕「講明」。他說：

為學有講明，有踐履。大學致知格物，中庸博學審問慎思明辨，孟子始條理者智之事，此講明也。……講明有所未至，則雖材質之卓異，踐行之純篤，如伊尹之任，伯夷之清，柳下惠之和，不思不勉，從容而然，可以謂之聖矣，而孟子顧有所不願學。拘儒瞽生，又安可以其硜硜之必為而傲知學之士哉！然必一意實學，不事空言，然後可以謂之講明。若謂口耳之學為講明，則又非聖人之徒矣。（文集卷十二答趙詠道）

此等處，象山分析自己立場，可謂深切著明。後人所譏評於象山者，象山皆可不承受。或問：先生之學，亦有所受乎？曰：「因讀孟子而自得之於心也。」學孟子而自得於心，這是象山自道其學問之真血脈。讀孟子，只是一引端，一頭緒。自得於心，始是落實到家了。但象山似乎只著眼在人類歷史文化之高處進步處看，如「墟墓興哀宗廟欽」，似乎象山只注重在此心之哀與敬，卻不注意到墟墓宗廟如何興起之具體事實上。若要從低處技術處來修墟墓、建宗廟，則朱子之格物窮理，似乎仍有用處。

象山又云：

朱元晦曾作書與學者，云：「陸子靜專以『尊德性』誨人，故游其門者多踐履之士，然於『道問學』處欠了。某教人豈不是道問學處多了些子，故游某之門者，踐履多不及之」。觀此則是

元晦欲去兩短，合兩長。然吾以為不可。旣不知「尊德性」，焉有所謂「道問學」？

這又是象山對於朱、陸異同最扼要的自白。象山之「道問學」，只出發在「尊德性」上，亦歸宿在「尊德性」上。換辭言之，象山哲學徹頭徹尾，只是一種人生哲學，象山卻不認離卻人之德性還有學問。其實偏重人生問題，偏重人之德性，亦本是宋學正統。故朱、陸異同，亦只是站在宋學正統裏面的問題。朱子亦云：「南渡以來，八字著腳，理會著實工夫者，惟某與陸子靜二人而已。」

但此問題，有直接的，有間接的。如此心之哀與敬，是德性問題，是直接性的。但修墟墓、建宗廟，此等像是間接性的。工匠之修建，似乎只是一種技，似乎不要哀與敬。但沒有墟墓宗廟，哀敬之心，如何興起，如何著落？這裏卻是「道問學」處要多了些。討究朱、陸異同者，此等處似亦宜注意到。

同時又有站在宋學正統外面來反對朱子者，則爲浙東學派。遠在北宋，荆公、溫公，卽以經學、史學分幟。二程實近荆公，重經學；蘇東坡父子兄弟則近溫公，重史學。洛、蜀之爭，亦由其學術立場之不同。南渡以還，呂氏一家以門第師承而獨得中原文獻傳統，故呂東萊（祖謙）與朱子交好，而自以史學名家。彼嘗欲調和朱、陸，鵝湖寺之會，卽由其發起。但朱子亦頗不滿東萊，嘗云：

伯恭失之多，子靜失之寡。

又云：

撫學有首無尾，婺學有尾無首，禪學首尾皆無，只是與人說。

又云：

伯恭門徒宇厭厭，四分五裂，各自為說，久之必至銷歇。子靜則不然，精神緊峭，其說分

明，能變化人，使人旦異而晡不同，其流害未艾也。

可見朱子意見，還是近象山而遠浙東，因亦看重象山而看不起浙東派。今再引上論申述之，象山只注

意在人心哀敬上，東萊重史學，似乎更注意在墟墓宗廟上。故朱子要說「伯恭失之多，子靜失之寡」。

又要說「撫學有首無尾，婺學有尾無首」。墟墓宗廟只是尾，但此等便多了。哀敬之心是首，此處便

寡了。朱子要經史並重，首尾兼顧，多寡酌中。所舉雖是淺例，推申實有深蘊。

但後來的浙學，到底也成爲朱學之勁敵。舉其著者，在前有永康陳龍川亮，稍後有永嘉葉水心正

則。龍川與朱子力爭王、霸之辨。龍川謂：

本朝伊、洛諸公辨析天理、人欲而王霸義利之說大明。然謂三代以道治天下，漢、唐以智力把持天下，其說固已不能使人心服。而近世諸儒，遂謂三代專以天理行，漢、唐專以人欲行，其間有與天理暗合者，是以亦能久長。信斯言也，千五百年之間，天地亦是架漏過時，而人心亦是牽補度日。萬物何以阜蕃，而道何以常存乎？

又曰：

心之用有不盡，無常泯，法之文有不備，無常廢。人之所以與天地並立而為三者，非天地常獨運而人為有息也。人不立則天地不能以獨運。若謂……舍人可以為道，而釋氏之言不誣矣。……天地而可架漏過時，則塊然一物也。人心而可牽補度日，則半死半活之蟲也，道於何處而常不息哉？

又曰：

天地人為三才，人生只是要做個人。聖人，人之極則也。……纔立個儒者名字，固有該不盡之

處矣。學者所以學為人也,而豈必其儒哉?

盡絕一世之人於門外,而謂二千年之君子,皆盲眼不可點洗,二千年之天地日月,若有若無,

世界皆是利欲,斯道之不絕者僅如縷耳。此英雄豪傑所以自絕於門外,以為立功建業別是法

門。這些好說話,且與留著妝景足矣。若知開眼即是簡中人,安得撰到此地位乎?(文集復朱元

晦書)

龍川大意,只謂三代以下,未必全是利欲。非可與三代以前,判然劃分為兩世界。其實此意,亦可以

象山撫學來證成。象山謂「宇宙即我心,我心即宇宙」。人文歷史之形成,全由人心。豈可謂唐、虞、

三代有人心,而漢、唐獨無心。象山又曰「斯人千古不磨心」,何以至漢、唐而此心都磨了。故應

放寬看,不得謂經學裏有人心,史學裏獨無人心。惟儒者有人心,而老、釋俱無心。其實此一爭

論,亦可從當時經學與史學之分線上來稍加說明。經學重理想,所謂唐、虞、三代,可謂是經學上之

理想國。儒家一切理想,俱託之於唐、虞、三代,而咒詛現實,則歸罪於漢、唐。漢代表章六經,罷

黜百家,也即是罷黜了秦與戰國來專尊唐、虞、三代。宋人要貶抑唐,也來尊唐、虞、三代。此皆以

經學為主。若從史學立場看,則三代未全是,漢、唐未全非,此一也。經學家過重理想,遂謂人事現

實不合道,實則道正從人事現實中生。若謂人事現實全不合道,則道豈非可以

離人事現實而獨立,人事現實亦可離道而自存。此種人、道兩分觀,便有叛儒歸釋之嫌,此其二。經

學家過重理想，認理是一單純的，而人事現實則始終複雜，故儒學實嫌該不盡人生，而人道亦不必全合於儒義，此其三。但龍川此等理論，早已超出了當時理學正軌。朱、陳異同，較之朱、陸異同，在思想衝突上應是更嚴重。但宋學一絕大中心論點。陳龍川的力量，到底推不倒這一個傳統。龍川同時有陳傅良，專修漢、唐制度吏治，但無更上一層的理論，與龍川仍爲同陷於功利窟穴，不足與理學正統相抗衡。稍後葉水心繼起，在他的習學記言裏，批評漢、唐，謂其：「以勢力威令爲君道，以刑政末作爲治體，漢之文、宣，唐之太宗，雖號賢君，其實去桀、紂尚無幾。」又說：「漢高祖、唐太宗，與羣盜爭攘競殺，勝者得之，皆爲已富貴，何嘗有志於民？以人民相乘除，而我收其利，猶可以爲功乎？」此是十足的贊助了朱子意見。但水心卻又另從別幾方面來與當時正統的理學樹異。

最要者，爲其對於當時道統論的抗議。北宋初期，建立了自孟子下迄韓愈的道統，但不久此種道統論卽消失。第二期宋學，大體或尊顏回，或尊孟子，很少提到孟子以下的人物。這與他們的王霸、義利之辨，有很大關係。他們看不起漢、唐功業，自然連帶要看不起漢、唐儒學。直到朱子，一種新道統說才完成，上面是孔、曾、思、孟，下面是周、張、二程。水心則開始對此孔、曾、思、孟的新道統提出異議。他說：

孔子歿，或言傳之曾子，曾子傳子思，子思傳孟子。

孔子自言德行，顏淵而下十人，無曾子。

水心此等意見，乃以客觀的學術思想史的考訂與批評來駁難朱子的孔、曾、思、孟四書的新道統。這實是一種極有力量極有意義的異議。水心在另一面，又竭力增強了孔子以前堯、舜、禹、湯、文、武、周公舊道統的地位。他說：

> 曰「參也魯」，……曾子之學，以身為本，容色辭氣之外不暇問，於大道多遺略，未可謂至。……子思作中庸，若以為遺言，則顏、閔猶無是告，而獨閔其家，非是。若所自作，則高者極高，深者極深，非上世所傳也。孟子開德廣，（言性、言命、言仁、言天，皆古人所未及。）語治驟，（齊、滕大小異，而言行王道皆若建瓴。）處己過，（自謂庶人不見諸侯，然彭更言其後車從者之盛。）涉世疏，（孔子亦與梁邱據語，孟子不與王驩言。）學者趨新逐奇，忽亡本統，使道不完而有迹。

> 孔子之先，非無達人，六經大義，源深流遠。取舍予奪，要有所承。使皆蕪廢詭雜，則仲尼將安取斯？今盡捐前聞，一歸孔氏，後世所以尊孔氏者固已至矣，推孔子所以承先聖者，則未為得也。

陳龍川要把歷史現實來推翻經學理想，把漢祖、唐宗來爭美孔、孟，這一番意見是失敗了。水心乃轉而把理想來壓理想，把堯、舜、禹、湯來替換漢祖、唐宗，把古經籍來壓在程、朱新定四書的身上。

此乃水心自占地位，較龍川聰明處。他又分別孔子以前與孔子以後的道統說：

唐、虞、三代，內外無不合，故心不勞而道自存。今之為道者，務出內以治外，故常不合。

又說：

以心為官，出孔子之後。以性為善，自孟子始。然後學者盡廢古人之條目，而專以心為宗主。

故虛意多，實力少，測知廣，凝聚狹，而堯、舜以來內外相成之道廢矣。

又說：

置身於喜怒是非之外者，始可以言好學。一世之人，常區區乎求免於喜怒是非之內而不獲，如

撏泥而揚其波也。

又曰：

「正誼不謀利，明道不計功」，初看極好，細看全疏闊。古人以利與人，而不自居其功，故道義光明。旣無功利，則道義乃無用之虛語耳。

宋學宗旨，本求內外一體，心性功利匯歸一源；其分理、氣，分心、性，敬、義兩翼，內、外一體，圓宏細密處，卻看似支離分散。象山太看重此心，把外面事務不免忽了，故只重「尊德性」，而擱輕「道問學」。水心則不喜觸到本體幽玄上去，不喜重內而輕外，故多在人事現實上立論。象山要引朱子向內，專從心性本原上用力。龍川要引朱子向外，專向功利實事上建樹。但從大體看，則水心與朱子究竟更遠了。水心說：

水心說：

鄭玄雖曰「括囊大典，網羅眾家，刪裁繁蕪，刊改漏失」，然不過能折衷眾俗儒之是非耳，何曾望見聖賢藩牆。

又曰：

隨世見聞，轉相師習，枝纏葉繞，不能自脫，錮人之才，室人之德。

又曰：

世道之衰，雖緣人才日下，然其病根正緣做下樣子，不敢回轉。

理學家在當時，正已做下了樣子，有使人不敢回轉之勢。水心門下有周南仲，紹熙元年以進士對策，述時弊三，道學居其首，謂「天下之禍，始於道學而終于皇極」。可見水心論學，實在要軼出當時正統理學之軌轍，另來一套新花樣。這方面自近龍川，而與象山大異。畢竟仍是婺學，異撫學，只同要與朱子爲敵。但不久南宋卽亡，朱學在北方復興。雖不得謂其是朱學之真精神，卻亦不再有水心所謂理想的新花樣出現。以後元、明、清三代，象山尚時見稱述，龍川亦有人道及，而如水心，則似乎更少人提及。但若專從學術史立場來批評朱子所定之四書，則水心意見，終爲可取。故茲意特以象山、龍川、水心三人並述之。

（此文約成於民國三十一年左右）